DON BOSCO
VERLAG

Don Bosco

Peter Dyckhoff

Tiefer *als der* Ozean

Fragen des Lebens und die Weisheit der Wüste

Die Deutsche Bibliothek – CIP-Einheitsaufnahme

Ein Titeldatensatz für diese Publikation
ist bei Der Deutschen Bibliothek erhältlich.

1. Auflage 2002 / ISBN 3-7698-1365-0
© 2002 Don Bosco Verlag, München
Umschlag: Margret Russer
Foto: Kevin Schafer, The Image Bank Bildagentur GmbH
Produktion: Don Bosco Grafischer Betrieb, Ensdorf

Übervoll wie das Meer ist sein Sinn,
sein Rat ist tiefer als der Ozean.
Jesus Sirach 24,29

INHALT

Ein Wort zuvor

Tiefer als der Ozean ist ein Buch für Menschen jeden Alters – sowohl für den Einzelnen als auch für Gruppen. Zu Fragen aus verschiedensten Lebenssituationen erhalten Sie mögliche Antworten durch die „Weisheit der Wüste" (4. und 5. Jh.) und die Heilige Schrift. Das Buch enthält die unterschiedlichsten Probleme mit brennenden aktuellen Fragen. Daher können Sie je nach Anliegen ein Thema auswählen, das Sie in Ihrer augenblicklichen Situation besonders anspricht.

Aus den ältesten christlichen Quellen werden Antworten angeboten, die Sie dabei unterstützen,
- dem eigentlichen Sinn des Lebens näher auf die Spur zu kommen
- Ihr religiöses Bewusstsein zu entwickeln oder zu vertiefen
- mögliche Antworten zu Lebensfragen aus der Heiligen Schrift anzunehmen
- sich eigenen Problemen zu stellen und ihnen auf den Grund zu gehen, statt sie zu verdrängen
- Unabwendbares anzunehmen und nicht daran zu zerbrechen
- eigene Schwierigkeiten zu relativieren
- mit Grenzsituationen besser umzugehen
- die eigene Wahrnehmungs- und Unterscheidungsfähigkeit zu schärfen

- zu erkennen, dass es vielfach mehrere und nicht nur eine Lösung gibt
- Verständnis für andere Menschen zu entwickeln und Lebenshilfe zu geben
- mit anderen (wieder) ins Gespräch oder in die Diskussion zu kommen

Sollten Sie selbst sich in einer der geschilderten Situationen mit einer ungelösten Lebensfrage wiederfinden, so wünsche ich Ihnen, dass die am Ende gestellten Fragen Sie zu einer eigenen Antwort führen. Vielleicht können Sie auch mit einem Partner und Freund darüber sprechen? Die „Weisheit der Wüste" und die Heilige Schrift möchten Sie auf Ihrem Weg weiter unterstützen.

Peter Dyckhoff

EINLEITUNG

Tiefer als der Ozean

Seid euch stets der Gegenwart Gottes bewusst.
Macht es wie die Fische.
Wenn sich ein Sturm erhebt und
der Wind die Wellen hochpeitscht,
bleibt der Fisch gewiss nicht an der Oberfläche des Wassers.
Er taucht in die silberne Tiefe hinab und findet dort Ruhe.
Macht es wie der Fisch:
Wenn ihr spürt, dass sich ein Tumult erhebt,
vertieft euch sogleich in die Betrachtung,
bergt euch in den Armen Christi,
und ihr werdet gegen jede Anfechtung der Welt
und der dunklen Kräfte geschützt sein.
(Petrus von Alcántara, 16. Jh.)

Wie oft haben Sie sich schon gefragt, warum ein Schick-
salsschlag Sie trifft – und warum gerade Sie?
Der Grund vieler Ereignisse im menschlichen Leben bleibt
uns vorerst verschlossen. Wir staunen über das Geheimnis
des Lebens und versuchen, seinen Sinn zu ergründen.
Auf der anderen Seite stehen wir betroffen und fragend vor
der Wirklichkeit unsagbaren Leidens und dem Tod. Die
Wunden und Schmerzen, die uns Menschen zugefügt
werden, trüben unseren Blick. Sie können eine Tiefe
erreichen, in der wir „blind" sind – aus der wir glauben,
nicht mehr entkommen zu können. Wenn es auch heißt,

durch Wunden wird eine Tiefe geschlagen, die in der Ewigkeit wohnt, so ist es doch für den betroffenen Menschen sehr schwer, in seinem Schmerz die Ewigkeit zu erkennen und wahrzunehmen.

An einem sonnigen Tag im Mai schellt mittags das Telefon und ich wurde dringend in die Ambulanz des Krankenhauses gerufen. Ich ahnte Schlimmes. Hier musste eine andere Aufgabe auf mich warten als die, einem Kranken oder Sterbenden beizustehen. Die Krankenschwester führte mich in eine Kabine zu einer Bahre. Der Arzt, der seine Untersuchungen beendet hatte, begrüßte mich kurz und sagte: „Der Junge hätte eigentlich nicht mehr zu uns gebracht werden dürfen, da er am Unfallort bereits verstarb. Die Eltern werden gleich eintreffen. Übernehmen Sie bitte das Weitere." Ich wartete und sprach leise ein Gebet. Die Schwester holte mich und flüsterte mir zu, die Eltern seien da und glaubten noch, ihr Sohn könne gerettet werden. Ich stand vor ihnen – doch weiß ich nicht mehr, wie ich ihnen die Wahrheit zu verstehen gab – auf jeden Fall wortlos. Dann führte ich sie zu ihrem elfjährigen Soh und nahm das Laken von seinem Gesicht. Krampfhaft hielten sich sowohl die Mutter als auch der Vater an mir fest und starrten wie gebannt auf ihren Sohn. Mir war, als würde ich mit ihnen zusammen in eine bodenlose Tiefe gerissen.

> *O Tiefe des Reichtums, der Weisheit*
> *und der Erkenntnis Gottes!*
> *Wie unergründlich sind seine Entscheidungen,*
> *wie unerforschlich seine Wege!*
> *Römerbrief 11,33*

Fragen des Lebens

Haben Sie einen Menschen, bei dem Sie sich Rat holen können und der Ihnen helfend zur Seite steht? Dann dürfen Sie sich glücklich schätzen!

Können Sie sich an eine Grenzsituation in Ihrem Leben erinnern? Wissen Sie noch, wie schwer es für Sie war, die aufkommenden Fragen „richtig" zu beantworten?

Fast in jeder Lebensphase gibt es Ereignisse und Grenzsituationen, mit denen die Betroffenen nicht allein fertig werden. Viele versuchen es zwar, doch würde ihnen größere und schnellere Hilfe zuteil, wenn sie ihre Betroffenheit und Ratlosigkeit anderen Menschen gegenüber ausdrücken würden. Oft sind es Fragen von äußerster Intensität, Fragen, die sich auf einer Grenze bewegen, an die der Mensch gelangt, wenn ihm die Wirklichkeit des Dunklen und die Vergänglichkeit schmerzhaft bewusst werden. Die Fragen werden aus einer großen Anspannung der Seele gestellt, und der Fragende hat den Wunsch bleibende geistliche Werte zu erfahren. Diese können letztlich nur in der Wirklichkeit Gottes gründen. Jede geschilderte Lebenssituation endet mit einer Fragestellung – entweder mit einer direkt ausgesprochenen Frage oder einem Verhalten, das „fragwürdig" ist.

Die Fragenden möchten den Grund erfahren, warum sie oder ihre Mitmenschen dieses oder jenes Schicksal auf sich nehmen müssen. Sie möchten Einsicht in die Fehler der Vergangenheit nehmen, um sie nicht zu wiederholen. Und sie möchten nicht länger unter den Verletzungen leiden, die ihnen zugefügt wurden. Die Suchenden möchten endlich in ihrem Inneren Ruhe finden und in ihrer Seele gesund werden.

Lebenshilfe ist für viele Menschen von heute zu einem großen Bedürfnis geworden. Der Wunsch besteht aber nicht darin, dass Entscheidung abgenommen wird, sondern dass Entscheidungshilfen gegeben werden. Wenn Mut oder Gelegenheit fehlen, das Eigentliche auszusprechen, besteht die Gefahr, eigene Bedürfnisse zu bekämpfen oder sie zu verdrängen. Die zum Heilungsprozess notwendige Um- und Verwandlung kann somit nicht erfolgen, und die Störung oder das Leid graben sich umso tiefer ein. Warum müssen so viele Menschen erst Um- und Irrwege gehen, um den richtigen Weg zu erkennen? Oft bedarf es einer Überwindung, zu einem anderen Menschen über die eigenen Verletzungen und die enttäuschten Hoffnungen zu sprechen, über ungeordnete Strukturen und geistliche Dürre. Aber gerade dort, wo das Leben an Grenzen stößt, oder da, wo es keine Antworten mehr zu geben und das Leben zu Ende zu sein scheint, kann es wieder neu beginnen.

Weisheit der Wüste

Wer lange in der Wüste gelebt hat,
versteht manche Dinge, deren Bedeutung
vorher verschlossen war, besser:
Er taucht tiefer in die Geheimnisse des Lebens ein.
Fritz Kortler

Die großen Aufbrüche der Menschheit und der Menschen
werden in der Wüste entschieden.
Alfred Delp

Die Wüste ist der Ort,
wo der Auszug aus der Knechtschaft
in die Freiheit geschieht.
Carlo Caretto

Wieso sollen gerade Wüstenväter helfen, brennende Fragen unserer Zeit zu beantworten, die „tiefer als der Ozean" sind? Die Mönche der Wüste (4. und 5. Jh.) versuchten, Lebenshilfen zu geben, indem sie von der Oberfläche in eine geistliche Tiefe tauchten. Sie fanden dort ihre eigene tiefe Ruhe und konnten von hieraus gemeinsam mit Ratsuchenden den störenden oder hemmenden Ursachen auf den Grund kommen.

Der radikalste Kulturkritiker des 20. Jahrhunderts, der rumänische Philosoph Émile Michel Cioran (1911–1995), schreibt über die Wüstenväter: „*Gesegnet war die Zeit, als Einsame ihre Abgründe erproben konnten, ohne als Besessene* oder Gestörte zu gelten. Ihr Mangel an Gleichgewicht wurde nicht negativ bewertet, wie es bei uns der Fall ist. Sie opferten zehn, zwanzig Jahre, ein ganzes Leben einer Ahnung, einem Blitz des Absoluten zuliebe. Das Wort ‚Tiefe‘ hatte nur Sinn in Bezug auf Epochen, in denen der Mönch als die edelste Form des Menschtums galt ... Hätte das Mönchtum nur hassenswerte Aspekte, es taugte immer noch mehr als jedwedes andere Ideal."

Auch Martin Luther schätzte die Wüstenväter sehr hoch – besonders den Einsiedler Antonios, über den er 1521 schrieb, seine Regel sei nichts anderes als Christi Regel gewesen.

Zwischen dem 3. und 6. Jahrhundert lebten zahllose Mönche in der Wüste Ägyptens und Syriens. Sie waren davon überzeugt, dass durch ihr asketisches Leben, besonders aber durch ihr Gebet, die Welt heller und heiler werden könnte. Sie beteten und arbeiteten. Dabei bevorzugten sie eine solche Arbeit, die auch von Ungeübten ausgeführt werden konnte: Sie flochten Körbe und Matten. Bei dieser einfachen Tätigkeit konnten die Wüstenväter den Gang ihrer Gedanken bewusst wahrnehmen, das Gespräch des Herzens mit Gott führen und das innere Gebet üben.

Darüber hinaus wurden viele dieser Mönche zu Seelsorgern und Lebenshelfern für Ratsuchende. Durch Arbeit kam nicht nur jeder für seinen eigenen Lebensunterhalt auf, sondern sie war auch – so sagten sie – eine absolute Notwendigkeit für die Gesundheit der Seele. Gerade die von vielen als niedrig angesehene Handarbeit wurde für die Wüstenväter zu einer wirksamen Medizin der Seele.

Ihre Behausung, „Kellion" genannt, begriffen sie als Zelle innerster Einkehr. Ungefragt sprachen die Mönche nicht, denn bei ihnen galt die Wortkargheit als besondere Tugend. Die Voraussetzung, um auf dem geistlichen Weg weiterzukommen, bestand für sie darin, sich erst einmal selbst zu begegnen und die eigene Wirklichkeit aufzudecken. Dazu gehörte es, die in jeder Versuchung steckende Leidenschaft nicht zu bekämpfen, sondern diese Kraft anzunehmen, damit sie verwandelt werden kann. Daraus entsteht – so der Wüstenvater *Evagrius Pontikos* – die Sehnsucht nach dem unendlichen Gott und der Zustrom unerschöpflicher Energie. Aus dieser Wandlung entwickelt sich eine noch tiefere Erkenntnis des Wahren, die zusammen mit dem inneren Gebet die Mönche über sich selbst hinauswachsen ließ und eine größere Nähe Gottes erfahrbar machte. Aus dieser Erfahrung wussten sie nicht nur, was Menschsein bedeutet, sondern sie kannten auch die Wege, die zu Gott führen und die Verhaltensweisen, die von Gott trennen.

Viele Menschen strömten in die ägyptische Wüste, um sich bei den Altvätern Rat und Weisung für ihr Leben zu holen. Mit der Bezeichnung „Altvater" oder „Greis" ist nicht das Lebensalter, sondern die Reife der geistlichen Erfahrung gemeint. Die Mönchsväter erkannten das innere Leben eines anderen an seinen Körperbewegungen, an seiner Stimme, an der Art und Weise, wie er seine Probleme beschrieb und vor allem, welche Fragen er stellte. Ihre Antworten kamen aus einer unmittelbaren Erfahrung – nicht aus erlernten Methoden. Um den Fragenden nicht zu überfordern, stellte sich der Mönch ganz auf ihn ein. Er richtete nicht, sondern tröstete und richtete auf; er brach nie den Willen des anderen, sondern verwies den Fragenden auf sich selbst. Ein immer wiederkehrender Rat bestand darin, zu sich selbst zu stehen und zu erkennen, was gut ist. Die

Altväter boten Übungen an, die den Prozess der Selbstwerdung in Bewegung brachten. Der Fragende lernte dabei zunächst, seine Fehlhaltungen selbst anzuschauen und sich lebenswahrhaftig vor Gott zu stellen. Es war ein mystischer Weg, auf dem die Väter ihre Schüler begleiteten. Sie führten in eine Erfahrung, die jenseits des menschlichen Willens liegt, so dass eine Beziehung zu Gott entstehen konnte, die dann zum wichtigsten Thema im Leben des Ratsuchenden wurde.

Das Wort oder die Antwort des Altvaters war immer einem bestimmten Menschen in einer bestimmten Situation zugedacht. Doch spiegelte sehr häufig die Not des Einzelnen die Nöte vieler Menschen wider. Damit gewannen die Aussprüche der großen Altväter mehr und mehr eine weittragende und allgemeine Bedeutung. Die Mönche gaben diese heilbringenden Worte zunächst mündlich weiter, bis sie gegen Ende des 5. Jahrhunderts aufgeschrieben und in Spruchsammlungen, den so genannten Apophthegmata Patrum (Aussprüche der Väter), zusammengefasst wurden. Diese authentischen Überlieferungen der Wüstenväter beinhalten keine Theologie, sondern das Leben, das Ringen des Verstandes, des Herzens und der Seele. Die Apophthegmata zeigen, dass der Mensch sich wandeln kann und nicht so bleiben muss wie er ist. Eine große Kraft der Ermutigung geht von ihnen aus.

Die Wüstenväter waren Meister in der geistlichen Begleitung. Daher interessieren sich besonders Psychologen und Therapeuten dafür, mit welchen Methoden die Mönche die Gedanken und Gefühle beobachteten und mit ihnen umgingen.

Die Erfahrungsweisheit der Wüstenväter hat bleibende Aktualität, denn sie trägt nach wie vor zur Regeneration geistlicher Lebenskraft bei und wirkt heilend auf Körper, Geist und Seele. Die Weisheit der Wüste ist keine eigenständige Lehre, sondern ein Weg, der die unmittelbare Verwirklichung des Evangeliums zum Inhalt hat. Daher werden in diesem Buch die Aussprüche der Väter durch Impulse aus der Heiligen Schrift ergänzt.

MITMENSCHLICHKEIT LEBEN

VOM EGO ZUM DU ...

Noch bevor sein Sohn geboren wurde, „wusste" der Vater, was dieser später einmal studieren und welchen Beruf ausüben würde. Jedes Mal, wenn der Junge Eigenschaften zeigte oder entwickeln wollte, die nicht in das vorgegebene Programm seines Vaters passten, wurde er zurückgewiesen. Entsprach er jedoch den Erwartungen seiner Eltern – die Mutter hatte sich aus Gewohnheit und Bequemlichkeit den Vorgaben ihres Mannes angeschlossen – war er das liebste Kind, und sie erfüllten ihm jeden Wunsch.

Zwischen seinem 14. und 18. Lebensjahr zeigte sich dann eindeutig, dass er die an ihn gestellten Anforderungen nicht erfüllen konnte. Er gab die Schule auf und arbeitete einmal hier und einmal dort. Im Grunde liebte er seine Eltern und verstand es daher erst recht nicht, dass sie Unmögliches von ihm verlangten und keine Rücksicht auf seine eigene Lebensart nahmen.

Als eines Tages die Polizei vorfuhr und den Eltern sagte, ihr Sohn sei während einer Demonstration wegen gewalttätiger Ausschreitungen festgenommen worden, waren sie nicht nur fassungslos, sondern auch über alle Maßen wütend. Nach einem mehrstündigen Verhör wurde ihr Sohn freigelassen und kam nach Hause zurück. Der Vater sah ihn, und im gleichen Augenblick brachen die Aggressionen auf, die sich gegen seinen Sohn aufgestaut hatten. Er warf ihn aus dem Haus und schrie hinterher, er solle sich nicht mehr blicken lassen.

Als am nächsten Morgen der Vater die Haustür öffnete, fand er seinen Sohn – genau an der Stelle, wo er ihn von sich gestoßen hatte.

Wie empfinden Sie die „Liebe" des Vaters, der sicherlich für seinen Sohn nur das Beste wollte – was mag in diesem Vater vorgegangen sein? Aus welchen Gründen, glauben Sie, ist der Sohn nicht für immer fortgegangen?

Eine mögliche Antwort aus der Wüste
Abbas Rhomaios sagte: „Ein Alter hatte einen guten Schüler, aber aus Geringschätzung jagte er ihn mit dem Mantel zur Tür hinaus. Der Bruder aber blieb draußen vor der Tür sitzen. Als der Alte schließlich die Tür öffnete, fand er ihn, wie er dasaß, und da ergriff ihn Reue, und er warf sich zu Boden und sprach: „O Vater, die Demut deines Ausharrens hat meine Geringschätzung besiegt. Komm herein, von nun an bist du der Alte und Vater, ich bin der Jüngere und der Schüler." (1)

Impulse aus der Heiligen Schrift
„Wenn ihr begriffen hättet, was das heißt:
Barmherzigkeit will ich, nicht Opfer,
dann hättet ihr nicht Unschuldige verurteilt."
(Matthäus 12,7)

„Denn das Gericht ist erbarmungslos gegen den,
der kein Erbarmen gezeigt hat. Barmherzigkeit
aber triumphiert über das Gericht."
(Jakobusbrief 2,13)

„Der Vater sah ihn schon von weitem kommen,
und er hatte Mitleid mit ihm. Er lief dem Sohn entgegen,
fiel ihm um den Hals und küsste ihn."
(Lukas 15,20b)

„Darum, o König, nimm meinen Rat an:
Lösch deine Sünden aus durch rechtes Tun,
tilge deine Vergehen, indem du Erbarmen
hast mit den Armen. Dann mag
dein Glück vielleicht von Dauer sein."
(Daniel 4,24)

VORSCHNELL URTEILEN ...

Beruflich wie auch in meinem Privatleben bin ich viel mit Menschen zusammen. Anders könnte ich mir mein Leben überhaupt nicht vorstellen – es gefällt mir einfach. Ich glaubte, eine gute Menschenkenntnis entwickelt zu haben.

Allmählich jedoch beginne ich daran zu zweifeln, denn nahezu jede Begegnung führt zu einem scharfen Urteil über den anderen. Dies wiederum verleitet mich, ihm bei passender Gelegenheit die ‚Wahrheit‘ zu sagen. Ich tue es, damit er sein Fehlverhalten ablegt und sein Leben besser in den Griff bekommt – nicht zuletzt, um ihn zu warnen, wenn ich sehe, dass er in sein Unglück läuft.

Nun stelle ich in der letzten Zeit fest, dass mein ständiges Eingreifen zu Schwierigkeiten sowohl in meinem beruflichen als auch privaten Leben führt – besonders mit Jugendlichen. Ich dachte immer und war überzeugt davon, dass sich meine Liebe zum Nächsten auch in dieser Weise ausdrücken müsse. Nun erlebe ich jedoch eher Verhärtungen sowohl bei den anderen als auch bei mir selbst. Die erhofften positiven Veränderungen, die zu einer gemeinsamen Lebensfreude führen sollen, bleiben aus.“

Wie erleben Sie es, wenn andere Menschen ungefragt und unreflektiert in Ihr Leben eingreifen?

Wie kann man Ihres Erachtens andere Menschen am ehesten an eine andere Sichtweise heranführen?

Eine mögliche Antwort aus der Wüste

Ein Bruder fragte Abbas Matoe: „Was soll ich tun, meine Zunge bringt mich in Schwierigkeiten. Kaum bin ich unter Menschen, kann ich sie nicht mehr im Zaume halten, sondern ich beurteile die Menschen in jedem guten Werk oder tadle sie. Was soll ich tun?"

Der Alte antwortete: „Wenn du dich nicht zurückhalten kannst, fliehe und lebe für dich allein. Es ist nämlich eine (nicht geringe) Schwäche. Wer mit den Brüdern zusammen sitzt, darf nicht viereckig, sondern muss rund sein, damit er sich allen zuwenden kann."

Und er gestand: „Nicht um der Tugend willen sitze ich hier in Einsamkeit, sondern wegen der Schwäche. Die Starken sind es, die unter den Menschen leben können." (2)

Impulse aus der Heiligen Schrift

„Als der Erzengel Michael mit dem Teufel rechtete und über den Leichnam des Mose stritt, wagte er nicht, den Teufel zu lästern und zu verurteilen, sondern sagte: Der Herr weise dich in die Schranken."
(Judasbrief 9)

„Wie lange noch wollt ihr ungerecht richten?
Verschafft Recht den Unterdrückten und Waisen,
verhelft den Gebeugten und Bedürftigen zum Recht!"
(Psalm 82,2a.3)

„Darum bist du unentschuldbar – wer du auch bist, Mensch –, wenn du richtest. Denn worin du den andern richtest, darin verurteilst du dich selber, da du, der Richtende, dasselbe tust." (Römerbrief 2,1)

„Diese frechen und anmaßenden Menschen schrecken nicht davor zurück, die überirdischen Mächte zu lästern, während die Engel, die ihnen an Stärke und Macht überlegen sind, beim Herrn nicht über sie urteilen und lästern." (2. Petrusbrief 2,10b–11)

DA-SEIN ...

Dieter war der einzige Junge in der Familie; er hatte vier Schwestern, die älter waren als er. Die Eltern führten ein alteingesessenes Schuhgeschäft. Sie verkauften nicht nur Markenschuhe und alles, was dazu gehörte, sondern unterhielten auch eine Werkstatt, in der Spezialschuhe für Gehbehinderte – oft unentgeltlich – angepasst und gefertigt wurden.

Dieter sollte das Geschäft übernehmen, doch er starb früh an einer unheilbaren Krankheit. Die Mädchen wünschten sich andere Berufe und wollten heiraten. Die Eltern blieben allein. Das, was sie konnten, gaben sie ihren Töchtern mit auf den Weg. Nach dem Tod ihres Mannes führte die Mutter das Schuhgeschäft mit großem Engagement auch in schwierigen Zeiten weiter. Als es ihr Alter und eine beginnende schwere Krankheit nicht mehr zuließen, verkaufte sie all ihren Besitz und teilte den Erlös durch Vier.

Lange Aufenthalte in Krankenhäusern blieben ihr nicht erspart. Eine selten auftretende ansteckende Krankheit wurde von den Ärzten der Universitätsklinik bestätigt. Therapien, die zum Teil sehr schmerzhaft waren, brachten keinen Erfolg. Als die Mutter nach Monaten die Klinik als Pflegebedürftige verlassen sollte, stellte der Oberarzt den vier Töchtern die Frage, wie es außerhalb der Klinik weitergehen solle und welche von ihnen die Mutter als Erste übernehmen würde. Sie berieten sich lange untereinander mit dem Ergebnis: keine.

In der Zeit der weiteren Überlegungen starb dann die Mutter noch in der Klinik: (un)erwartet.

Glauben Sie, dass die Mutter die Distanz ihrer Töchter gespürt hat? Wenn Ja: Wie wird sie diese Haltung empfunden haben? Wie würden Sie als Tochter nach dem Tod Ihrer Mutter mit dieser Zurückweisung weiterleben können? Welche Möglichkeit der „Verarbeitung" gibt es?

Eine mögliche Antwort aus der Wüste

Als einmal der Altvater Agathon in eine Stadt kam um kleine Gefäße zu verkaufen, fand er neben dem Wege einen Aussätzigen. Der fragte ihn, wohin er gehe. Altvater Agathon antwortete: „In die Stadt, um Gefäße zu verkaufen." Da sprach er zu ihm: „Tu mir die Liebe und bring mich dort hin." So nahm er ihn auf und trug ihn in die Stadt. Er sprach zu ihm: „Da, wo du deine Gefäße verkaufst, da lege mich hin." Und Agathon tat so. Nachdem er ein Gefäß verkauft hatte, fragte ihn der Leprose: „Um wie viel hast du es verkauft?" Er antwortete: „Um so und so viel ..." Und der Leprose bat ihn: „Kaufe mir einen Kuchen!" Er kaufte ihn. Und wiederum verkaufte Agathon ein Gefäß und der andere fragte: „Um wie viel das?" „Um soviel ..." Und er sprach zu ihm: „Kaufe mir das ..." Und er kaufte es. Nachdem er alle Gefäße verkauft hatte und heimkehren wollte, sagte der Kranke zu ihm: „Du gehst?" Er antwortete: Ja." Da sprach er zu ihm: „Tu mir den Gefallen und bringe mich wieder dahin, wo du mich fandest." Agathon nahm ihn auf die Schulter und brachte ihn an seinen Ort. Der Aussätzige aber sprach: „Gesegnet bist du, Agathon, vom Herrn im Himmel und auf Erden." Als Agathon seine Augen erhob, sah er niemanden. Denn es war ein Engel des Herrn, der gekommen war, ihn zu prüfen. (3)

Impulse aus der Heiligen Schrift

„Lass deine Mutter nicht im Stich, sondern halte sie in Ehren so lange sie lebt. Tu, was sie erfreut, und mach ihr keinen Kummer! Denk daran, mein Sohn, dass sie deinetwegen viel Beschwerden hatte, als sie dich in ihrem Schoß trug."
(Tobit 4,3b–4a)

„Alles, was ihr also von anderen erwartet,
das tut auch ihnen!"
(Matthäus 7,12a)

„Was meinst du: Wer von diesen dreien hat sich als der Nächste dessen erwiesen, der von den Räubern überfallen wurde? Der Gesetzeslehrer antwortete: Der, der barmherzig an ihm gehandelt hat. Da sagte Jesus zu ihm: Dann geh und handle genauso!"
(Lukas 10,36–37)

FÜREINANDER DA SEIN ...

Meine Freundin und ich leben schon einige Jahre zusammen. Das Thema ‚Heirat' wird nicht nur von ihr, sondern auch von unseren Eltern immer wieder angesprochen. Ich möchte mich einfach nicht festlegen und fühle mich überfordert, wenn so viele auf mich einreden. Wir verstehen uns gut, sind beide berufstätig, haben die gleichen Interessen und sind immer füreinander da. Was will ich mehr? Durch unsere Einkommen decken wir nicht nur die anfallenden Lebenskosten, sondern können uns noch zusätzlich zweimal im Jahr einen Urlaub leisten.

Meine Freundin aber wollte und will mehr. Da ich mit dem, was wir haben und uns leisten können, voll und ganz zufrieden bin, habe ich geglaubt, sie sei es auch. Ich habe von mir aus nie über Hochzeit und Familie geredet und die Gespräche, die von meiner Freundin ausgehen, habe ich schnell beendet. Und so ist mir ihr starker Wunsch nach einem Kind nicht aufgefallen. Obwohl ich immer sehr aufpasse, hat sie es doch erreicht, ein Kind zu bekommen. Natürlich habe ich – wie sie – Ja dazu gesagt und allem gelassen entgegen gesehen. Unser Sohn ist jetzt sieben Monate alt – aber bereits seit einem Jahr dreht sich bei der Mutter alles nur um das Kind. Das, was ich eigentlich immer befürchtet habe und nicht wollte, ist vorzeitig eingetreten. Ich fühle mich nicht nur total überfordert, sondern auch überflüssig. Anerkennung finde ich eher in meinem Beruf als zu Hause. Das Kind steht an erster Stelle, und seine Mutter reagiert Tag und Nacht auf die leiseste Regung. Das Schreien des Säuglings und die Mutter-Kind-Beziehung gehen mir allmählich derart auf die Nerven, dass ich wirklich überlege, auszuziehen."

Fühlen Sie mehr mit dem Mann oder mit der Frau mit? Warum?
Was vermisst die Mutter bei ihrem Mann, so dass sich ihre ganze Liebe auf das Kind konzentriert?
Wie könnte Ihrer Meinung nach dem überforderten Vater geholfen werden?

Eine mögliche Antwort aus der Wüste
Der Bruder des Altvaters Poimen sagte zu ihm: „Lasst uns von diesem Orte weggehen; denn die Klöster hier belästigen uns, und wir verlieren unsere Seelen: Siehe, die weinenden, kleinen Kinder lassen uns nicht zur Ruhe kommen." Da sagte ihnen Abbas Poimen: „Wegen der Stimmen der Engel wollt ihr von hier fortgehen?" (4)

Impulse aus der Heiligen Schrift
„Herr, unser Herrscher,
wie gewaltig ist dein Name auf der ganzen Erde;
über den Himmel breitest du deine Hoheit aus.
Aus dem Mund der Kinder und Säuglinge schaffst du dir Lob,
deinen Gegnern zum Trotz;
deine Feinde und Widersacher müssen verstummen."
(Psalm 8,2–3)

„Eine Krone der Alten sind Kindeskinder,
der Kinder Ruhm sind ihre Väter."
(Sprichwörter 17,6)

„Wer so klein sein kann wie dieses Kind, der ist im
Himmelreich der Größte. Und wer ein solches Kind um
meinetwillen aufnimmt, der nimmt mich auf."
(Matthäus 18,4–5)

„Gewiss, von da an hast du mir zugerufen:Mein Vater,
der Freund meiner Jugend bist du.
Wird er denn ewig zürnen oder immerfort nachtragen?"
(Jeremia 3,4–5a)

KLUG SEIN ...

Meine Schwester führt zusammen mit ihrem Mann eine Buchhandlung. Da sie auch Zeitungen und Zeitschriften führen, muss einer von beiden morgens schon sehr früh zur Stelle sein, um die Anlieferungen anzunehmen. Gleichzeitig müssen die nicht verkauften Exemplare vom Vortag oder der vergangenen Woche zurückgegeben werden. Beide – meine Schwester und ihr Mann – hatten sich das Führen einer Buchhandlung leichter vorgestellt. Im Gegensatz zu früheren Jahren war der Buchmarkt im Umsatz sehr zurückgegangen; auch Bestseller, Kriminalromane und Frauen-Literatur hatten nicht das gebracht, was man erwartete. Vielleicht wäre es klug gewesen, Büro- und Computermaterial mit aufzunehmen. Doch als ausgebildete Buchhändler waren beide dazu zu stolz. Vor Enttäuschung und aus Hilflosigkeit begann mein Schwager zu trinken. Im Geschäft fiel er mehr und mehr aus, so dass eines Tages alles auf den Schultern meiner Schwester ruhte. Es müssen schreckliche Szenen zwischen beiden abgelaufen sein, wenn mein Schwager sie mit Gewalt dazu zwang, ihm Geld zu geben. Es zeigten sich erste Schulden und der Teufelskreis begann.

Eines Tages besuchte mich meine Schwester und bat unter Tränen um finanzielle Hilfe. Sie ahnte, dass ich ein nicht geringes Sparguthaben besaß. Ich sagte ihr jedoch – und das fiel mir schwer genug –, dass ich kein Geld zur Verfügung hätte und ich ihr somit auch nicht helfen könne.

Sehr enttäuscht fuhr meine Schwester zurück. Einige Monate später wurde das Insolvenzverfahren eingeleitet."

War Ihrer Meinung nach die auf einer Lüge basierende Weigerung richtig?
Welche Argumente sprechen für eine finanzielle Hilfe – und welche dagegen?

Eine mögliche Antwort aus der Wüste

Ein Bruder saß ruhig in seinem Kellion, da wollten ihn die Dämonen in Gestalt von Engeln verführen, indem sie ihn zum Gebet aufweckten und ihm leuchteten. Jener aber begab sich zu einem Altvater und sagte zu ihm: „Vater, Engel kamen zu mir und leuchteten mir zum Gebet." Der Greis sagte zu ihm: „Höre nicht auf sie, denn es sind Dämonen. Wenn sie wiederkommen, dich zum Gebet aufzuwecken, dann sprich: Ich stehe auf, wann ich will, auf euch aber höre ich nicht." Nachdem er die Weisung des Alten empfangen hatte, kehrte er in sein Kellion zurück. In der folgenden Nacht aber kamen nach ihrer Gewohnheit die Dämonen und weckten ihn auf. Jener aber antwortete ihnen, wie ihn der Greis geheißen hatte und sagte: „Ich stehe auf, wann ich will, und auf euch höre ich nicht!" Darauf sagten diese: „Gewiss hat dich jener alte Bösewicht angeleitet, dieser Falsche, zu dem ein Bruder kam, um von ihm Geld zu entleihen, er aber, obwohl er es hatte, leugnete ihm gegenüber und sagte, er habe nichts, und gab ihm auch nichts." Am Morgen stand der Bruder auf, begab sich zu dem Greis und meldete ihm dies. Dieser antwortete: „Wirklich, ich hatte Geld, und es ist auch wahr, dass jener Bruder kam, um zu entleihen, aber ich wusste, dass ich seine Seele verdorben hätte, wenn ich ihm geliehen hätte. Ich dachte also, es sei besser, ein Gebot zu umgehen, als zehn zu übertreten. Wir wären alle in Verwirrung geraten, wenn ich ihm das Geld gegeben hätte. Du aber höre nicht auf die Dämonen, wenn sie dich verführen wollen." Von diesen Worten des Greises gestärkt, ging er wieder in sein Kellion. (5)

Impulse aus der Heiligen Schrift
„Wo keine Ochsen sind, bleibt die Krippe leer,
reicher Ertrag kommt durch die Kraft des Stieres.
Ein zuverlässiger Zeuge lügt nicht,
aber ein falscher Zeuge flüstert Lügen zu."
(Sprichwörter 14,4–5)

„Des Geldes wegen haben schon viele gesündigt;
wer es anzuhäufen sucht, schaut nicht genau hin."
(Jesus Sirach 27,1)

„Wer dem Nächsten borgt, erweist Liebe,
wer ihm unter die Arme greift, erfüllt die Gebote.
Viele sind nicht aus Härte zurückhaltend,
sie fürchten nur unnötigen Ärger.
Setz dein Geld ein für den Bruder und Freund,
lass es nicht rosten unter dem Stein, bis es verdirbt."
(Jesus Sirach 29,1.7.10)

RADIKAL SEIN ...

Mein Mann ist selbstständiger Architekt; ich helfe ihm zeitweise im Büro. Nachdem unser einziger Sohn aus dem Haus gegangen ist, bin ich sehr glücklich über diese Arbeit. Unter harten Bedingungen war es uns möglich, einen lang gehegten Wunsch zu erfüllen: Wir haben vor einigen Jahren ein Haus gebaut und im Untergeschoss das Architekturbüro eingerichtet. Manfred, unser Sohn, hatte alles, was er brauchte – sogar einen Studienplatz an der Universität unserer Stadt hat er bekommen. Er könnte alles bei uns zu Hause so einfach haben und trotzdem ist er ausgezogen. Er sagt, bei uns sei es ihm zu normal und langweilig, zu spießig. Manchmal hält er sich mit einigen ‚Kollegen' in seinem früheren Zimmer bei uns auf. Sie hinterlassen ein Chaos. Manfred ist zwar an der Universität eingeschrieben, ob er allerdings auch wirklich studiert, wissen wir nicht. Geld bekommt er von meinem Mann – ohne Dank und ein freundliches Wort. Zwischen den beiden Männern herrscht Spannung, Ablehnung und zeitweise sogar so etwas wie Hass. Ich stehe dazwischen und versuche auszugleichen, denn ich liebe ja auch meinen Sohn.

Als mein Mann vor kurzem erfuhr, dass Manfred in äußerst radikalen Kreisen verkehrt und sich entsprechend politisch engagiert, hat er ihm nicht nur verboten unser Haus zu betreten, sondern ihn auch – soweit es überhaupt möglich ist – enterbt. Dieser Schritt tut mir entsetzlich

weh, und ich spüre, dass mein Mann unter seiner eigenen
Härte ebenso leidet."

**Hat der Sohn bei seinem Auszug wirklich
das Elternhaus verlassen?
Ist das radikale Engagement des Sohnes auf
seine politische Überzeugung zurückzuführen
oder bedeutet es mehr eine Opposition gegen
seinen „bürgerlichen" Vater?**

Eine mögliche Antwort aus der Wüste
*Der Priester von Pelusium hörte einmal über einige Brüder, dass
sie andauernd in der Stadt seien, ins Bad gingen und sich so
selbst vernachlässigten. Als er in die Versammlung kam, nahm
er ihnen das Mönchsgewand. Hernach aber ließ es ihm keine
Ruhe, sein Herz pochte, es reute ihn und er ging zu Abbas
Poimen – wie berauscht von seinem Gedanken, er brachte auch
die Gewänder mit und berichtete dem Abbas die Sache. Der
Greis sprach zu ihm: „Hast du nicht etwas vom alten Menschen
an dir? Hast du ihn ausgezogen?" Der Priester antwortete: „Ich
habe am alten Menschen noch teil." Darauf der Alte: „Siehe
nun: wie Du, so sind auch die Brüder. Wenn du noch ein wenig
vom alten Menschen hast, dann bist du genauso der Sünde ausgeliefert." Da ging der Priester weg, rief die Brüder zusammen,
warf sich den Elfen zu Füßen, zog ihnen das Mönchsgewand
wieder an und entließ sie.* (6)

Impulse aus der Heiligen Schrift

„Ertragt euch gegenseitig und vergebt einander, wenn einer dem andern etwas vorzuwerfen hat. Wie der Herr euch vergeben hat, so vergebt auch ihr! Vor allem aber liebt einander, denn die Liebe ist das Band, das alles zusammenhält und vollkommen macht."
(Kolosserbrief 3,13–14)

„Haben wir noch Anteil oder Erbe im Haus unseres Vaters? Gelten wir ihm nicht wie Fremde?"
(Genesis 31,14–15a)

„Wer aber seinen Bruder hasst, ist in der Finsternis. Er geht in der Finsternis und weiß nicht, wohin er geht; denn die Finsternis hat seine Augen blind gemacht."
(1. Johannesbrief 2,11)

„Legt den alten Menschen ab, der in Verblendung und Begierde zugrunde geht, ändert euer früheres Leben und erneuert euren Geist und Sinn!"
(Epheserbrief 4,22–23)

ZU IHNEN STEHEN ...

Heute noch bin ich sehr stolz darauf, dass ich über zehn Jahre den Seniorchef unseres Betriebes fahren konnte. Nach seinem Tod wurde meine Stelle gestrichen. Heute lenken die jungen Unternehmer ihr Auto selbst und lassen es sich auch nicht nehmen. Ich habe meinen Beruf geliebt; während der tagelangen Fahrten durch Deutschland wurde mir viel Persönliches anvertraut, und ich konnte oft durch mitfühlende Worte wie auch Taten helfen. Doch das stand außerhalb meines Dienstplanes ...

Nun arbeite ich im Lager unseres mittelständischen Textilunternehmens und fahre hier den Gabelstapler. Ich darf sagen, dass ich gut verdient habe. Meine Frau konnte es sich somit erlauben, zu Hause bei unserem Sohn zu bleiben, um ihn großzuziehen. Wir beide haben alles für ihn getan und ihn gefördert, wo wir nur konnten. Unser gemeinsamer Wunsch war es, ihn studieren zu lassen. Und das, was wir uns niemals erträumt haben, ist aus ihm geworden: An der Universität Aachen hat er einen Lehrstuhl für Chemie inne. Doch leider – und das ist für meine Frau und mich so entsetzlich bitter – schämt er sich seiner Eltern, da er in „besseren" Kreisen verkehrt und – wie er meint – verkehren muss. Aus seinem Leben sind wir ganz ausgeschlossen; nur selten kommt er nach Hause. Wir sind dann durch ihn überfordert und werden traurig. Unsere Sehnsucht, unsere Lebensgeschichte und unsere Nöte berücksichtigt er nicht.

Der Weg gemeinsam mit unserem Sohn zum Leben und zur Liebe ist versperrt …"

Haben die Eltern die Größe, die bisher „investierte" Liebe in den Sohn noch so weit zu steigern, dass sie ihn für das ihnen selbst unbekannte Leben ganz freigeben?
Was muss geschehen und wie lange wird es dauern, bis der Sohn die bisherige wahre Liebe seiner Eltern in ihrer vollen Dimension erkennt?

Eine mögliche Antwort aus der Wüste

Ein Bruder kam zu Abbas Poimen und sagte zu ihm: „Ich bestelle meinen Acker und gebe davon Almosen." Der Altvater sagte: „Du tust gut daran." Er ging mit Zuversicht weg und gab noch mehr Almosen. Abbas Anub hörte von dem Ausspruch und sagte zu Abbas Poimen: „Fürchtest du Gott nicht, dass du so zu dem Bruder sprichst?" Der Greis schwieg. Nach zwei Tagen schickte der Altvater Poimen zu jenem Bruder und sagte zu ihm, wobei der Abbas Anub ihn hörte: „Was hast du mir gestern gesagt? Mein Geist war anderswo." Der Bruder sagte: „Ich bestelle meinen Acker und gebe davon Almosen." Abbas Poimen sprach nun zu ihm: „Ich glaube, dass du von deinem Bruder in der Welt sprichst. Wenn du also dieses Werk tust, so ist es kein mönchisches!" Als der Bruder das hörte, wurde er traurig und sagte: „Ich verstehe kein anderes Werk als dieses, ich kann nichts als meinen Acker bestellen." Als er nun weggegangen war, warf sich der Abbas Anub auf die Knie und sagte: „Verzeihe mir!" Und Abbas Poimen antwortete: „Auch ich wusste von Anfang an, dass es kein Mönchswerk ist, aber ich sprach gemäß seiner

Fassungskraft, und ich gab ihm auch Mut zur Vermehrung der Almosen. Nun aber ist er traurig weggegangen, und er tut das gleiche Werk." (7)

Impulse aus der Heiligen Schrift

„Als Israel jung war, gewann ich ihn lieb,
ich rief meinen Sohn aus Ägypten.
Je mehr ich sie rief,
desto mehr liefen sie von mir weg.
Ich war es, der Efraim gehen lehrte,
ich nahm ihn auf meine Arme.
Ich war da für sie wie die Eltern,
die den Säugling an ihre Wangen heben.
Ich neigte mich ihm zu und gab ihm zu essen."
(Hosea 11,1–2a.3a.4b)

„Ehre deinen Vater und deine Mutter, wie es dir der Herr, dein Gott, zur Pflicht gemacht hat, damit du lange lebst und es dir gut geht in dem Land, das der Herr, dein Gott, dir gibt."
(Deuteronomium 5,16)

„Ein kluger Sohn macht dem Vater Freude,
nur ein törichter Mensch verachtet seine Mutter.
Hör auf deinen Vater, der dich gezeugt hat,
verachte deine Mutter nicht, wenn sie alt wird."
(Sprichwörter 15,20 und 23,22)

SCHWEIGEN SCHENKEN ...

Meine 78-jährige Mutter sah leidenschaftlich gern Krimis im Fernsehen. Sie lebte allein in einem Haus mit Zimmern zu ebener Erde. In ihrem Schlafzimmer hatte sie ein Fernsehgerät, das sie von ihrem Bett aus bediente. An Abenden mit einem Programm, das sie liebte, ging sie dann schon sehr früh zu Bett, um den Film in aller Gemütlichkeit genießen zu können. Eines Abends hörte Mutter unter ihrem Schlafzimmerfenster seltsame Geräusche. Es war Sommer und sie hatte das Fenster weit geöffnet, die beiden Blendläden jedoch geschlossen. Plötzlich sah sie, wie Hände mit weißen Handschuhen die Blendläden aus den Angeln hoben, und starrte voll Angst auf das offene Fenster. Dann ging alles sehr schnell: Fünf vermummte Männer sprangen in ihr Schlafzimmer, rissen ihren Kleiderschrank auf und warfen ihre Blusen auf den Boden. In Windeseile wurden die Ärmel aus den Blusen gerissen und aneinander geknotet. Dann wurde Mutter mit diesem „Strick" und der Telefonschnur gefesselt. Dann durchsuchten die Einbrecher das Haus nach Wertsachen, während einer zur Bewachung auf ihrem Bettrand sitzen blieb. Mutter, die niemals Angst zeigte, begann ein Gespräch und machte ihrem Bewacher die schlimmen Folgen eines solchen Einbruchs deutlich. Der junge Mann sagte, er sei zum ersten Mal dabei und habe starkes Herzklopfen. Er warnte Mutter davor zu schreien und um Hilfe zu rufen. Dann nahm er ihr

Armreifen und Ringe ab und versteckte sie mit der Geld-
börse, die auf dem Nachttisch lag, weit hinten in der Nacht-
tischschublade. ,Damit meine Leute Ihnen nicht auch das
noch wegnehmen', sagte er leise. Die Einbrecher hatten
das, was ihnen wertvoll erschien, in Kissenbezüge gestopft
und genauso schnell, wie sie gekommen waren, verschwan-
den sie mit ihrer Beute wieder.

Mutter konnte sich befreien und die Polizei rufen. Gefasst
wurde niemand. Nach mehr als einem Jahr sollte sie bei der
Kriminalpolizei einen Mann identifizieren, der angeblich
an dem Einbruch beteiligt war. Mutter erkannte ihn – es
war der Mann, der auf ihrer Bettkante gesessen hatte. Sie
drückte ihm ein Auge und sagte: ,Ich hab ihn noch nie zuvor gesehen.'"

**Aus welchen Gründen, meinen Sie, identifizierte
die alte Dame den Einbrecher nicht?
Glauben Sie, dass der junge Mann ohne die
gerichtliche Strafverfolgung eher wieder zu einem
„geordneten" Leben zurückfindet – oder wäre ein
Strafverfahren für ihn „heilsamer" gewesen?**

Eine mögliche Antwort aus der Wüste
*Als er (Abbas Spyridon) noch Hirte war, besaß er schon eine so
große Heiligkeit, dass er gewürdigt wurde, auch Hirte der
Menschen zu werden. Denn er wurde für eine Stadt auf Zypern,
namens Trimithunton, zum Bischof gewählt. In seiner großen
Bescheidenheit weidete er auch als Bischof noch die Schafe.
Mitten in der Nacht kamen Diebe in die Hürde der Schafe und
wollten Schafe stehlen. Gott aber, der den Bischof retten wollte,*

rettete auch die Schafe. Denn die Diebe wurden durch eine unsichtbare Macht neben der Hürde in Fesseln geschlagen. Es wurde Morgen, und der Hirte kam zu seinen Schafen. Wie er sah, dass sie die Hände auf dem Rücken hatten, erkannte er das Geschehene, betete und löste die Diebe. Er gab ihnen viele Winke und Mahnungen, sie sollten sich bemühen, mehr von rechtlicher Arbeit als von Unrecht zu leben. Dann schenkte er ihnen einen Bock und schickte sie weg, indem er witzig bemerkte: „Damit ihr nicht wie solche erscheinet, die die ganze Nacht umsonst durchwacht haben."

(8)

Impulse aus der Heiligen Schrift

„Der Mund der Gerechten ist ein Lebensquell,
im Mund der Frevler versteckt sich Gewalttat.
Hass weckt Streit, Liebe deckt alle Vergehen zu."
(Sprichwörter 10,11–12)

„Aber nimm keine falsche Rücksicht
und schäme dich nicht folgender Dinge:
des Gesetzes des Höchsten und seiner Satzung,
des gerechten Urteils, das nicht den Schuldigen freispricht."
(Jesus Sirach 42,1b–2)

„Wer einen Sünder, der auf Irrwegen ist, zur Umkehr bewegt,
der rettet ihn vor dem Tod und deckt viele Sünden zu."
(Jakobusbrief 5,20)

ÜBERLEGEN ...

Es gibt Gründe, die bei einem Arbeitsverhältnis zur frist-losen Kündigung führen können. Wir haben einmal wieder einen solchen Fall in unserem Unternehmen, und ich bin als Verantwortlicher gezwungen, eine schnelle Entscheidung zu treffen. Es fällt mir bei Frau B. besonders schwer, denn sie arbeitete schon bei uns als mein Vater noch lebte, war lange Jahre Mitglied des Betriebsrates und hat besonders in Krisenzeiten viel für die Existenz unseres Textilbetriebes getan. Deshalb habe ich mich für eine Viertelstunde in mein Büro zurückgezogen, um Kraft für eine gute, klare Entscheidung zu gewinnen und über meine Enttäuschung hinwegzukommen. Frau B., zwei Zeugen und einige Mitglieder des Betriebsrates warten derweil auf mich im Aufenthaltsraum. Ich weiß, dass man von einer frist-losen Kündigung und der Erstattung einer Strafanzeige aus-geht.

Und wenn ich bei dem Wenigen, was dieser Frau zu Last gelegt wird, an mich selbst denke: Wie oft habe ich den Mitgesellschaftern und dem Finanzamt gegenüber ... Wie könnte ich mich da moralisch überlegen fühlen?

Schon seit Tagen wurde bei Frau B., die in der Waren-kontrolle arbeitet, ein verändertes Verhalten festgestellt. Der Lagermeister und einige seiner Vertrauten haben sie daraufhin besonders aufmerksam beobachtet. Und heute, kurz vor Ende der Frühschicht, wurde Frau B. dabei ertappt, wie sie mehrere hochwertige Frottier-Handtücher mit gestickter Bordüre in ihre Tasche packte und dann in ihrem abschließbaren Umkleideschrank versteckte. Sie war sofort geständig und gab zu, dass sie bereits an den Vortagen Gleiches getan hatte."

Ist ein Geschäftsführer, der Verantwortung für viele Menschen trägt, in diesem Fall gezwungen, hart durchzugreifen?
Überlegen macht überlegen. Wie würden Sie sich verhalten, wenn Sie eindeutig einem Schwächeren gegenüber überlegen sind?
Sollte die Toleranzbreite einem Menschen gegenüber, der lange Zeit viel Gutes getan hat, größer sein?

Eine mögliche Antwort aus der Wüste

Ein Bruder in der Sketis war gefallen. Man hielt eine Versammlung ab und schickte zu Abbas Moses. Der aber wollte nicht kommen. Daraufhin sandte ihm der Priester den Auftrag: „Komm, denn das Volk erwartet dich!" Moses erhob sich und kam. Er nahm einen durchlöcherten Korb, füllte ihn mit Sand und nahm ihn auf die Schulter. Die Brüder gingen ihm entgegen und sagten zu ihm: „Was ist das, Vater?" Da sprach der Greis zu ihnen: „Das sind meine Sünden. Hinter mir rinnen sie heraus, und ich sehe sie nicht, und nun bin ich heute gekommen, um fremde Sünden zu richten." Als sie das hörten, sagten sie nichts mehr zu dem Bruder, sondern verziehen ihm. (9)

Impulse aus der Heiligen Schrift

„Weil du über Stärke verfügst, richtest du in Milde und be-
handelst uns mit großer Nachsicht; denn die Macht steht dir
zur Verfügung, wann immer du willst."
(Weisheit 12,18)

„Verlass dich nicht auf die Vergebung,
füge nicht Sünde an Sünde,
indem du sagst: Seine Barmherzigkeit ist groß,
er wird mir viele Sünden vergeben.
Denn Erbarmen ist bei ihm, aber auch Zorn."
(Jesus Sirach 5,5–6a)

„Da sagte Jesus zu ihr (Ehebrecherin):
Auch ich verurteile dich nicht.
Geh und sündige von jetzt an nicht mehr!"
(Johannes 8,11b)

Aber nimm keine falsche Rücksicht
und schäme dich nicht folgender Dinge:
des Gesetzes des Höchsten und seiner Satzung,
des gerechten Urteils, das nicht den Schuldigen freispricht."
(Jesus Sirach 42,1b–2)

LIEBE DECKT ZU ...

Meine Mutter arbeitete während des zweiten Weltkrieges in einem Unternehmen, das auch Zwangsarbeiterinnen und Zwangsarbeiter beschäftigte. Ihre Sorge galt vor allem den Ukrainerinnen, die aus ihrer Heimat verschleppt wurden und entsetzlich unter dem Zwang und der damit verbundenen Arbeit litten. Mutter half, wo sie nur konnte, und setzte sogar ihr Leben ein, als sie gegen Ende des Krieges über Monate einige Frauen versteckt hielt. Sie sprach niemals darüber. Als jedoch in späterer Zeit im Rahmen von Wiedergutmachungs-Leistungen ihr lebensgefährlicher Einsatz für die Ukrainerinnen bekannt wurde, erhielt sie das Bundesverdienstkreuz.

Nach der offiziellen Feier im Rathaus – wir mussten Mutter überreden, diese Ehrung anzunehmen – gab es ein Essen, zu dem der Bürgermeister und Vertreter der Stadt eingeladen hatten. Die Tafel war festlich gedeckt: kostbares Geschirr, Blumenarrangements und Kerzen, an jedem Platz mehrere Gläser und Bestecke und für jeden Gast eine kleine silberne Schale zum Waschen der Finger. Als alle Platz genommen hatten – neben Mutter saß zur Rechten der Bürgermeister und zur Linken meine Großmutter – hielt der Stadtdirektor eine kleine Ansprache und forderte auf, zum Wohle meiner Mutter anzustoßen. Bis auf meine Mutter standen alle auf. Meine Großmutter, die mit einem Empfang dieser Art nicht vertraut war, nahm die Fingerschale und setzte an, daraus zu trinken. Der Bürgermeister und nacheinander alle Gäste taten das gleiche: Sie nahmen ihre Schale statt der Gläser und tranken wie selbstverständlich daraus. Mutter – wie sie später sagte – „versank im Boden".

Sicher halten wir alle das Verhalten der Gäste für sensibel und taktvoll. Hätten sich die Gäste anders verhalten und die Großmutter „bloßgestellt": Für wen wäre die Situation peinlich gewesen: für die Großmutter oder für die Gäste?
Eine größere Ehrerbietung gegenüber der Tochter und der Mutter hätte es bei diesem Anlass kaum geben können. Würden Sie als Tochter hierauf bei den Gästen noch einmal eingehen oder stillschweigend darüber hinweggehen?

Eine mögliche Antwort aus der Wüste
Zu guter Stunde trafen sich Greise in der Sketis und hielten miteinander Mahl. Unter ihnen war auch Johannes Kolobos. Da stand ein angesehener Presbyter auf und bot einen Becher mit Wasser an – aber niemand wollte ihn von ihm annehmen, außer Johannes Kolobos. Sie wunderten sich und sagten: „Wie? Du, der du zu den Jüngeren gehörst, du hast es gewagt, dich von einem Älteren bedienen zu lassen?" Er entgegnete ihnen: „Wenn ich aufstehe, um einen Becher anzubieten, dann freue ich mich, wenn alle ihn annehmen, damit ich ein Verdienst habe. Und so habe auch ich angenommen, um ihm Verdienst zu verschaffen, damit er nicht betrübt ist, weil keiner etwas von ihm nehmen will." Als er dies gesagt hatte, wunderten sie sich und hatten Gewinn von seiner Unterscheidungsgabe. (10)

Impulse aus der Heiligen Schrift

„Sorge (bei Tisch) für deinen Nächsten wie für dich selbst
und denk an all das, was auch dir zuwider ist.
Iss wie ein gesitteter Mann, was vor dir liegt.
Wer bei Tisch anständig isst, wird gelobt,
sein guter Rat steht fest.“
(Jesus Sirach 31,15–16a.23)

„Die Liebe tut dem Nächsten nichts Böses.
Also ist die Liebe die Erfüllung des Gesetzes.“
(Römerbrief 13,10)

„Wer Fehler zudeckt, sucht Freundschaft;
wer eine Sache weiterträgt, trennt Freunde.“
(Sprichwörter 17,9)

„Jeder von uns soll Rücksicht
auf den Nächsten nehmen,
um Gutes zu tun und
(die Gemeinde) aufzubauen.“
(Römerbrief 15,2)

VOR WEM MÜSSEN
WIR UNS SCHÄMEN?

Nach einem Unfall musste mein Mann viele Wochen im Krankenhaus liegen. Durch eine orthopädisch-therapeutische Maßnahme durfte und konnte er während der ganzen Zeit seine Arme nicht bewegen. Der Heilungs-prozess machte gute Fortschritte, doch er benötigte – wie uns schien – unendlich viel Zeit. Aber auch ich wurde auf die Probe gestellt: die Kinder, der Haushalt, die Einkäufe, meine Halbtagsbeschäftigung in einem Büro und der täg-liche Besuch im Krankenhaus. Meist kam ich abends zu Karl-Heinz, wenn die Pflichten des Tages hinter mir lagen. So hatten wir mehr voneinander. Ich konnte ihm von mei-nem Tagesablauf berichten, von den Kindern und von allen Neuigkeiten, die uns betrafen. Er freute sich immer sehr auf mein Kommen und wartete den ganzen Tag darauf. Oft schwiegen wir lange miteinander, und ich hielt seine Hand. Dann wieder machten wir Pläne und nahmen uns vor, ei-niges in unserem Alltag zu Gunsten unserer Beziehung zu verändern, sobald Karl-Heinz wieder zu Hause wäre. Wir wollten wieder mehr Zeit miteinander verbringen.

Eine Begebenheit während des langen Krankenhaus-Auf-enthaltes ist mir im Rückblick heute noch peinlich. Wie gern hätten wir manches Mal Zärtlichkeiten ausgetauscht – aber wie das anstellen, wo wir doch da keine Privatsphäre hatten? Eines Abends bat mich mein Mann etwas verlegen, aber doch lieb darum, ihn doch endlich einmal wieder von seiner aufgestauten „Manneskraft" zu befreien – er selbst konnte es ja mit seinen „still gelegten" Armen nicht tun. Meine Antwort war vermutlich verletzend, aber ich genierte mich und sagte: ‚Aber doch nicht hier, wir müssten uns doch schämen.'"

Hat der Wunsch des Mannes etwas mit der Liebe und Vertrautheit zu seiner Frau zu tun oder nur mit körperlicher Befriedigung?
Wie hätten Sie sich als Frau verhalten?

Eine mögliche Antwort aus der Wüste

Ein andermal, als Ephraem vorüberging, kam auf jemandes Anstiften eine Dirne herzu, um ihn zur Unzucht zu verführen – oder ihn doch wenigstens zum Zorn zu reizen, weil ihn noch niemand zornig gesehen hatte. Er sprach zu ihr: „Folge mir!" Als sie zu einem Orte kamen, der von Menschen wimmelte, sagte er zu ihr: „Hier, an diesem Orte tu, was du willst." Sie aber sah die Menge und antwortete: „Wie können wir das tun, wo soviel Volk herumsteht? Wir müssten uns doch schämen!" Da sprach er zu ihr: „Wenn wir uns vor Menschen schämen, wieviel mehr müssen wir uns vor Gott schämen, der auch das im Dunkeln Verborgene richtet." Da wandte sie sich beschämt um und ging ohne eine Tat. (11)

Impulse aus der Heiligen Schrift

„Richtet also nicht vor der Zeit; wartet, bis der Herr kommt,
der das im Dunkeln Verborgene ans Licht bringen und
die Absichten der Herzen aufdecken wird. Dann wird jeder
sein Lob von Gott erhalten."
(1. Korintherbrief 4,5)

„Der Mann soll seine Pflicht gegenüber der Frau erfüllen und
ebenso die Frau gegenüber dem Mann. Nicht die Frau verfügt
über ihren Leib, sondern der Mann. Ebenso verfügt nicht der
Mann über seinen Leib, sondern die Frau. Entzieht euch
einander nicht, außer im gegenseitigen Einverständnis."
(1. Korintherbrief 7,3–5a)

Wenn ein Bruder oder eine Schwester ohne Kleidung ist und
ohne das tägliche Brot und einer von euch zu ihnen sagt: Geht
in Frieden, wärmt und sättigt euch!, iht gebt ihnen aber nicht,
was sie zum Leben brauchen – was nützt das?"
(Jakobusbrief 2,15–16)

MITEINANDER REDEN

AUS-SPRECHEN ...

Ich denke an meine Eltern zurück und bin ihnen für all das sehr dankbar, was sie für mich getan haben. Doch erst durch meinen Freund – wir werden in Kürze heiraten – ist mir bewusst geworden, dass ich eine wesentliche Dimension meines Lebens bisher ausgeblendet habe. Zu Hause hatte ich kaum die Möglichkeit, meine Gefühle und damit meine Gedanken auszudrücken. Ich hörte auch meine Eltern niemals über persönliche Angelegenheiten oder gar Herzensangelegenheiten sprechen. Und da sie auch mich nicht nach meinen Gedanken oder heimlichen Wünschen fragten, habe ich es nie gelernt, mein Inneres lebenswahrhaftig auszudrücken. Das war für mich immer dann besonders quälend und drückend, wenn ich mich verrannt hatte oder es sich um Fragen und Gefühle der Sexualität handelte.

Wir bezeichneten uns als weltoffene Familie, sozial, politisch wie auch kirchlich engagiert, und ich dachte, ich wäre offen und frei. In der Schule ging es mehr um Leistungen als um gelebte und zum Ausdruck gebrachte Innerlichkeit. Ich fühlte mich innerlich oft an etwas ausgeliefert, das mich ganz einnahm und fesselte. Was habe ich anderes gelernt, als die quälenden und bestimmt schädlichen Gedanken mit ihrer suggestiven Kraft in meinem Herzen zu verheimlichen?

Erst durch meinen Freund lerne ich langsam meine versteckten Gedanken und Gefühle auszusprechen, sie mit ihm gemeinsam anzuschauen und eventuell auch mit ihnen zu ringen. Seither mache ich wunderbare Erfahrungen: Sobald ein dunkler Gedanke ans Licht kommt und offenbar wird, verliert er seine Kraft."

Halten Sie es für besser, mit Fragen und Problemen allein umzugehen oder halten Sie es für hilfreicher, mit einem Vertrauten darüber zu sprechen?
Haben Sie einen Menschen, dem Sie sich voll anvertrauen können? Wenn dies nicht so ist und Sie sich danach sehnen: Was können Sie tun, um eine solch tiefe Freundschaft aufzubauen?

Eine mögliche Antwort aus der Wüste

Wenn du von unreinen Gedanken bedrängt wirst, verbirg sie nicht, sondern offenbare sie sofort deinem geistlichen Vater und vernichte sie. Denn in dem Maß, in dem man seine Gedanken verbirgt, vermehren sie sich und werden stärker. Ähnlich wie eine Schlange, die aus ihrem Versteck entweicht und sogleich davon läuft, so schwindet der Gedanke sofort, wenn er offenbart ist. Und wie ein Wurm das Holz, so zerstört der schlechte Gedanke das Herz. Wer seine Gedanken offenbart, wird sogleich geheilt, aber wer sie verbirgt, wird krank vor Stolz. (12)

Impulse aus der Heiligen Schrift

„Doch berate dich mit einem stets Besonnenen,
von dem du weißt, dass er die Gebote hält,
mit einem, dessen Herz denkt wie dein Herz
und der dir hilft, wenn du strauchelst.

Der Anfang eines jeden Werkes ist das Wort,
der Anfang jeder Tat die Überlegung.
Die Wurzel der Pläne ist das Herz."
(Jesus Sirach 37,12.16–17)

„Der Herr aber sagte nachts in einer Vision zu Paulus:
Fürchte dich nicht! Rede nur, schweige nicht! Denn ich
bin mit dir, niemand wird dir etwas antun."
(Apostelgeschichte 18,9–10 a)

„Denn die Weisheit hat den Mund der Stummen geöffnet,
und die Zungen der Unmündigen hat sie beredt gemacht."
(Weisheit 10,21)

VERGELTEN ...

Als ich mit meiner Mutter von einer Reise nach Hause zurückkehrte – nach dem Tod meines Vaters wohnte ich noch einige Jahre bei ihr –, überraschte sie ein Paket von meinem Bruder. Noch bevor ich die Koffer aus dem Auto getragen hatte, war das Paket bereits geöffnet. Nichts Gutes ahnend hielt ich mich zurück, ohne zu fragen. Mutter setzte sich, nahm den Inhalt des Paketes, zwei dicke Aktenordner, auf ihren Schoß und begann, den beigefügten Brief zu lesen. Nach ein paar Sekunden blickte sie auf und sagte zu mir: ‚Eine Rechnung!' Was war geschehen?

Mein Bruder ist als Steuerberater tätig. Er hatte sich angeboten – für Mutter war das selbstverständlich – die Steuererklärungen für sie zu machen, was sie nun zum zweiten Mal gerne angenommen hatte. Einige Wochen vor unserer Reise hatte mein Bruder unsere Mutter gebeten, ihm und seiner Frau ein Vorab-Erbe auszuzahlen. Sie wollten dieses Geld selbst anlegen und bereits heute für sich arbeiten lassen. Da dies eine erhebliche Einschränkung des Lebensraumes meiner Mutter bedeutete, war sie sehr erstaunt über dieses Ansinnen. Sie ließ mit ihrer Antwort auf sich warten, überlegte lange und fragte vertraute Menschen um Rat. Alle rieten ihr davon ab, ihr Leben für etwas einzuschränken, was für die anderen nicht lebensnotwendig war.

Nun waren sämtliche Steuerunterlagen kommentarlos zurückgekommen. Eine Rechnung mit überhöhten Beratungskosten war beigefügt. Mutter durchschaute sofort die Zusammenhänge und fühlte sich zutiefst getroffen. Erst schimpfte sie an diesem Abend, dann weinte sie … Niemals in ihrem Leben habe ich sie über diese Angelegenheit mehr sprechen hören."

Hätte nach Ihrer Ansicht die Mutter über dieses schmerzhafte Erlebnis mit ihrem Sohn und über seine Rechnung sprechen sollen? Glauben Sie, dass das Verhältnis zwischen beiden auf irgendeine Weise noch „zu retten" ist?

Eine mögliche Antwort aus der Wüste
Zum Altvater Achilas kam einmal ein Bruder und sah, dass er Blut aus dem Mund spuckte. Da fragte er ihn: „Was ist das, Vater?" Der Greis erwiderte: „Das ist die Rede eines Bruders, die mir wehe getan hat. Ich kämpfte mit mir, es ihm zu verstehen zu geben. Doch dann bat ich Gott, dass die Rede von mir genommen werde, und sie wurde Blut in meinem Munde, und ich spuckte es aus – so bekam ich Ruhe und vergaß das Leid.

(13)

Impulse aus der Heiligen Schrift
„Du sollst in deinem Herzen keinen Hass gegen deinen Bruder tragen. An den Kindern deines Volkes sollst du dich nicht rächen und ihnen nichts nachtragen. Du sollst deinen Nächsten lieben wie dich selbst."
(Levitikus 19,17a.18)

„Wer sich rächt, an dem rächt sich der Herr;
dessen Sünden behält er im Gedächtnis.
Vergib deinem Nächsten das Unrecht,
dann werden dir, wenn du betest,
auch deine Sünden vergeben."
(Jesus Sirach 28,1–2)

„Herr, wie oft muss ich meinem Bruder vergeben,
wenn er sich gegen mich versündigt? Siebenmal?
Jesus sagte zu ihm: „Nicht siebenmal,
sondern siebenundsiebzigmal."
(Matthäus 18,21–22)

„Tut eure Arbeit gern, als wäre sie für den Herrn und nicht
für Menschen; ihr wisst, dass ihr vom Herrn euer Erbe als Lohn
empfangen werdet. Dient Christus, dem Herrn! Wer Unrecht
tut, wird dafür seine Strafe erhalten, ohne Ansehen der Person."
(Kolosserbrief 3,23–25)

ERWARTUNGEN ...

Es geht mir letztlich nicht um materiellen Besitz – das ist mir vollkommen klar. Besteht jedoch ein Familienunternehmen schon zweihundert Jahre, so darf ich doch von meinem Sohn annehmen, dass er es eines Tages, wenn ich mich zurückziehe, allein weiterführen wird. Solange ich denken kann, gab es in meinem Leben keine andere Wahl als in die Fußstapfen meines Vaters zu treten. Und wenn ich an die Gebote denke, so hat doch das vierte Gebot eine Aussage, die verpflichtet. Meine Frau und ich führten mit Andreas viele Gespräche, in denen wir versuchten, ihm die Vorteile eines selbstständigen Unternehmers vor Augen zu führen. Er kann uns verstehen und stimmt uns auch zu, aber ich habe immer den Eindruck, dass er mit seinem Herzen ganz woanders ist. Was mag nur in dem Jungen vorgehen? Ich spüre förmlich, dass er uns nicht wehtun möchte, auf der anderen Seite jedoch muss sich in ihm etwas entwickeln, das wohl ganz und gar nicht unseren Vorstellungen entspricht. Es muss doch einen Weg geben, dem zuvorzukommen und einen jungen Menschen in die ‚richtige‘ Richtung zu führen und anzuleiten.

Nach seinem Abitur hat Andreas – auf meinen eindringlichen Wunsch – mit dem Studium der Betriebswirtschaft begonnen. Und dann hörte ich, dass er auch in theologische Vorlesungen und Seminare ging. Als ich ihn darauf ansprach, sagte er, ein geistlicher Beruf entspreche ihm doch wohl mehr als der eines Unternehmers. Geahnt haben wir es seit langem, doch Andreas hat es nie so deutlich ausgesprochen wie jetzt. Und dann ging er in unserem Gespräch, das ruhig, sachlich und doch liebevoll verlief, noch einen Schritt weiter. Er schien zu spüren, dass jetzt der rechte Augenblick für ihn gekommen war. Ich hörte nicht seinen Verstand, sondern seine Seele sprechen, als er sagte: ‚Ich möchte – erst einmal für zwei Jahre – in ein Trappistenkloster nach Frankreich gehen.'

Wie weit geht aus Ihrer Sicht das vierte Gebot? Hätte der Sohn seinem Vater zunächst einmal die Hoffnung lassen und nicht von seinem Plan reden sollen?

Eine mögliche Antwort aus der Wüste

Der Altvater Longinos fragte den Altvater Lukios über drei Gedanken. „Ich möchte auf Pilgerfahrt gehen." Der Greis sagte dazu: „Wenn du nicht Herr über deine Zunge wirst, bist du kein Fremdling, wohin du auch gehst. Beherrsche also deine Zunge, und du bist ein Fremdling." Wiederum sagte der Bruder: „Ich will fasten." Der Greis erwiderte: „Der Prophet sprach: Wenn du deinen Nacken niederbeugst wie eine Kette und wie einen Reif, so wird auch das nicht ein genehmes Fasten genannt werden. Vielmehr beherrsche deine schlechten Gedanken." Nun brachte er den dritten Punkt vor: „Ich will die Menschen fliehen." Der Greis sagte dazu: „Wenn du nicht vorher mit den Menschen zurechtgekommen bist, dann kannst du auch nicht in der Einsamkeit zurechtkommen." (14)

Impulse aus der Heiligen Schrift

„Zur Freiheit hat uns Christus befreit."
(Galaterbrief 5,1a)

„Ehre deinen Vater und deine Mutter, wie es dir der Herr,
dein Gott, zur Pflicht gemacht hat, damit du lange lebst
und es dir gut geht in dem Land, das der Herr, dein Gott,
dir gibt."
(Deuteronomium 5,16)

„Mein Sohn, warum willst du dir so viel Mühe bereiten?
Es bleibt doch keiner ungestraft,
der zu hastig vorandrängt.
Läufst du zu rasch, erreichst du das Ziel nicht;
fliehst du zu schnell, entkommst du nicht.
Mein Sohn, steh fest in deiner Pflicht und geh ihr nach,
bei deinem Tun bleibe bis ins Alter!"
(Jesus Sirach 11,10.20)

STETER TROPFEN ...

Die seelische Not ist schwerer als ein körperliches Leiden zu ertragen. Meine Tochter ist behindert. Sie lebt Tag und Nacht an meiner Seite. Und das geht schon seit ihrem dritten Lebensjahr so. Ihre mit zunehmendem Alter stärker werdende Behinderung ist das Resultat einer Hirnhautentzündung, die nicht rechtzeitig erkannt und somit zu spät behandelt wurde. Mit ihr zusammen zu sein ist mir nach dem Tod meines Mannes noch mehr zu einer liebenden Gewohnheit geworden. Sie hat ihr kindliches Gemüt bewahrt und kann sich über kleine Dinge noch so unbändig freuen. Sorgen machen mir dagegen meine anderen drei Kinder. Mein Mann und ich haben versucht, sie religiös zu erziehen, und uns bemüht, ihnen Vorbild zu sein. Schon von klein auf haben wir sie am Sonntag mit in die Kirche genommen und ihnen zu Hause biblische Geschichten vorgelesen oder erzählt. Auch die Schulen, die sie dann später besuchten, legten Wert auf religiöse Erziehung.

Zu meinem großen Kummer jedoch muss ich heute mit ansehen, wie ihr Herz sich dem christlichen Glauben gegenüber verhärtet hat. Zur Kirche geht keiner, und zwei von ihnen haben sich nur standesamtlich trauen lassen. Meine Enkelkinder sind zwar getauft, doch meine Schwiegertochter vertritt den Standpunkt, dass die Kinder später selbst ihre Glaubensrichtung finden sollen. Wie kann man aber etwas ‚Besseres‘ finden, wenn man nicht einmal eine einzige

Glaubensrichtung kennt? Es fällt mir schwer, mich zurück-zunehmen und allen die Freiheit zu lassen, die ihnen – wie sie sagen – so überaus wichtig ist. Manchmal jedoch kommt es ansatzweise zu einem Gespräch. ‚Gott finden wir überall, da brauche ich nicht extra in die Kirche zu gehen.' Ich ant-worte: ‚Ja, aber wir bedürfen zusätzlich der Erinnerung an das, was Seine Liebe für uns getan hat, weil wir so schnell alles Gute wieder vergessen und verhärten. Daher sollten wir immer wieder das Wort Gottes hören und das Gedächt-nis Jesu Christi feiern.'"

Aus welchen Gründen könnte die Mutter mehr unter der „Kirchenferne" ihrer Kinder als unter der Behinderung ihrer Tochter leiden?
Wie stehen Sie zu dem Satz: „Gott finden wir überall, da brauche ich nicht extra in die Kirche zu gehen."?

Eine mögliche Antwort aus der Wüste
Abbas Johannes sprach: „Wir kamen einmal aus Syrien zum Abbas Poimen und wollten ihn über die Herzenshärte fragen. Aber der Alte verstand nicht Griechisch und ein Dolmetscher war gerade nicht da. Wie der Greis unsere Verlegenheit bemerkte, begann er in griechischer Sprache zu reden: ‚Die Natur des Wassers ist weich, die des Steines hart – aber der Behälter, der über dem Steine hängt, lässt Tropfen um Tropfen fallen und durchlöchert den Stein. So ist auch das Wort Gottes weich, unser Herz aber hart. Wenn nun aber ein Mensch oft das Wort Gottes hört, dann öffnet sich sein Herz für die Gottesfurcht." (15)

Impulse aus der Heiligen Schrift

„Denn, was man von Gott erkennen kann, ist ihnen offenbar; Gott hat es ihnen offenbart. Seit Erschaffung der Welt wird seine unsichtbare Wirklichkeit an den Werken der Schöpfung mit der Vernunft wahrgenommen, seine ewige Macht und Gottheit. Daher sind sie unentschuldbar. Denn sie haben Gott erkannt, ihn aber nicht als Gott geehrt und ihm nicht gedankt."
(Römerbrief 1,19–21a)

„Er (dein Gott) wollte dich erkennen lassen, dass der Mensch nicht nur von Brot lebt, sondern dass der Mensch von allem lebt, was der Mund des Herrn spricht."
(Deuteronomium 8,3b)

„Jesus, der Herr, nahm in der Nacht, in der er ausgeliefert wurde, Brot, sprach das Dankgebet, brach das Brot und sagte: Das ist mein Leib für euch. Tut dies zu meinem Gedächtnis! Ebenso nahm er nach dem Mahl den Kelch und sprach: Dieser Kelch ist der Neue Bund in meinem Blut. Tut dies, sooft ihr daraus trinkt, zu meinem Gedächtnis!"
(1. Korintherbrief 11,23b–25)

AUF DEN GRUND GEHEN ...

Um meine Mutter nicht allein zu lassen, lebte ich nach dem Tod meines Vaters noch einige Jahre in meinem Elternhaus. Dann richtete ich mir eine eigene Wohnung ein, was bei einigen Verwandten Gerede nach sich zog. Als der Wunsch laut wurde, mich einmal zu besuchen, lud ich sie in mein neues Zuhause ein. Das Essen wurde gern angenommen und die Einrichtung bestaunt. Jedes Mal jedoch, wenn jemand im Badezimmer gewesen war, kam er mit etwas sonderbarem Gesichtsausdruck zurück.

Auf den Badewannenrand hatte ich eine Schale mit zwei Spritzen gestellt, die früher einmal meine Schwester in ihrer Ausbildung zur Medizinisch-Technischen Assistentin mit nach Hause gebracht hatte. Das Besteck war wohl irrtümlich in meinen Umzug geraten.

Niemand sprach mich auf die Spritzen an – auch nicht unter vier Augen – und das allgemeine Gespräch blieb sehr oberflächlich. So gern hätte ich es gesehen und erlebt, dass man sich ein wenig mehr und tiefer mit meiner Wirklichkeit auseinandersetzen würde.

Wie konnte es anders sein als erwartet? Hinter vorgehaltener Hand erzählte man schon sehr bald, ich sei ausgezogen, um ungestört meine Sucht ausleben zu können."

Warum sprach Ihrer Meinung nach niemand den jungen Menschen direkt an?

Warum wohl führt er seine Gäste absichtlich in die Irre?

Eine mögliche Antwort aus der Wüste

Als einer von den städtischen Richtern beschlossen hatte, einen Altvater in Unterägypten zu besuchen, gingen ihm Kleriker voraus und sagten: „Vater, bereite dich vor! Denn ein städtischer Richter, der von deinen frommen Werken gehört hat, kommt zu dir und möchte durch dich erbaut werden." Der Greis aber sprach: „Ich werde mich entsprechend verhalten und werde mich vorbereiten." Bekleidet mit einem Sackgewand, nahm er Brot und Käse in die Hände, setzte sich breitbeinig vor seine Tür und begann zu essen. Als aber der Richter mit seinem Gefolge kam und ihn sah, sprach er: „Ist dieser der Anachoret, von dessen Askese wir so viel gehört haben?" Und er verachtete ihn und ging davon. (16)

Impulse aus der Heiligen Schrift

„Schlechtes zu kennen ist keine Weisheit,
der Rat der Sünder ist keine Klugheit.
Es gibt eine Schläue, die ein Gräuel ist,
und es gibt Einfältige, die nichts Schlechtes tun."
(Jesus Sirach 19,22–23)

„Johannes der Täufer ist gekommen, er isst kein Brot und trinkt keinen Wein und ihr sagt: Er ist von einem Dämon besessen. Der Menschensohn ist gekommen, er isst und trinkt; darauf sagt ihr: Dieser Fresser und Säufer, dieser Freund der

Zöllner und Sünder! Und doch hat die Weisheit durch
alle ihre Kinder Recht bekommen."
(Lukas 7,33–35)

„Warum siehst du den Splitter im Auge deines Bruders,
aber den Balken in deinem Auge bemerkst du nicht?
Du Heuchler! Zieh zuerst den Balken aus deinem Auge,
dann kannst du versuchen, den Splitter aus dem Auge
deines Bruders herauszuziehen."
(Matthäus 7,3.5)

„Das ist das Schlimme an allem … dass in den Menschen
überdies die Lust zum Bösen wächst und Verblendung ihren
Geist erfasst, während sie leben und danach, wenn sie zu den
Toten müssen – ja, wer würde da ausgenommen?"
(Kohelet 9,3–4a)

ZU VIEL REDEN ...

Vor einigen Jahren wurde uns ein lang ersehnter Wunsch erfüllt. Nach langem Suchen fanden wir in der Bauerschaft eine Wohnung – weit ab von der Straße und allem Lärm. Wir sind glücklich und dankbar, dass wir hier inmitten der Wiesen und Felder nach der Pensionierung meines Mannes wohnen dürfen. Die langen Spaziergänge direkt vom Haus aus genießt natürlich in besonderer Weise unser Hund. Doch müssen wir bei einem benachbarten Landwirt vorbei, der jedes Mal auf uns zukommt, um mit uns zu sprechen. Und das hat kein Ende ...

Er weiß alles, jede Kleinigkeit, und spricht von vielen Dingen in unserer Umgebung und über jeden. Wenn er wenigstens ‚von' den anderen spräche statt ‚über' sie. Das ist für uns auf die Dauer so belastend, dass wir uns nicht mehr wohl fühlen. Unsere Versuche, ihm geschickt aus dem Weg zu gehen, misslingen meist.

Er ist ein ganz lieber Mensch, hilfsbereit und freundlich, im Reden über andere kennt er jedoch keine Grenzen. Wenn wir ihn treffen – und das geschieht fast täglich –, überschüttet er uns derart mit seinem Redeschwall, dass wir oft nicht einmal ein einziges Wort an ihn richten können. Daher gelingt es uns auch nicht, sein drastisches Reden über andere Menschen positiv zu beeinflussen. Wenn wir sagen, dass wir es eilig haben, ignoriert er das; das stimmt ja auch nicht. Und ihn direkt zurückweisen wollen und können wir auch nicht ..."

Worin können Sie tiefere Ursachen
für das ständige Reden „über" andere sehen?
Wie könnten die Eheleute –
ohne unehrlich zu sein – hieran etwas ändern?

Eine mögliche Antwort aus der Wüste

*Brüder besuchten von der Sketis aus den Altvater Antonios. Sie
bestiegen ein Schiff um zu ihm zu kommen. Dort trafen sie einen
Alten, der auch dorthin kommen wollte, doch die Brüder kannten
ihn nicht. Als sie im Schiffe waren, unterhielten sie sich über
Aussprüche der Väter, über Worte der Schrift und auch über
ihre Handarbeit. Der Alte aber schwieg. Als sie nun am Lande-
platz waren, zeigte es sich, dass der Alte auch auf dem Weg zum
Altvater Antonios war. Als sie dann bei diesem ankamen, sprach
Antonios zu ihnen: „An diesem Alten habt ihr einen guten Begleiter gefunden." Er sagte aber auch zu dem Greis: „Treffliche
Leute hast du bei dir." Der Greis erwiderte: „Gut sind sie schon,
aber ihr Gehöft hat kein Tor, und jedermann kann in den Stall
hineingehen und den Esel losbinden." Das sagte er, weil sie alles
herausschwätzten, was ihnen in den Mund kam.*   (17)

Impulse aus der Heiligen Schrift

*„Dräng die Worte zusammen, fasse dich kurz,
sei wie einer, der etwas weiß, aber auch schweigen kann."
(Jesus Sirach 32,8)*

„Bei vielem Reden bleibt die Sünde nicht aus,
wer seine Lippen zügelt, ist klug."
(Sprichwörter 10,19)

„Der Weise schweigt bis zur rechten Zeit,
der Tor aber achtet nicht auf die rechte Zeit.
Wer viele Worte macht, wird zum Ekel."
(Jesus Sirach 20,7–8a)

„Darum schweigt in dieser Zeit, wer klug ist;
denn es ist eine böse Zeit.
Sucht das Gute, nicht das Böse;
dann werdet ihr leben."
(Amos 5,13–14a)

SICH ANNÄHERN ...

Es hatte für mich immer etwas Faszinierendes und gleichzeitig Aufregendes, wenn mein Vater mich fragte – und das kam sehr selten vor –, ob ich mit ihm allein eine Wanderung unternehmen möchte. Er merkte, wie sehr ich ihn in meinen kritischen Jahren als Junge zwischen 15 und 20 brauchte. Einerseits fühlte ich mich stark von ihm angezogen, andererseits aber auch wieder abgestoßen. Wenn wir so nebeneinander hergingen, hatte ich das starke Gefühl, jeden Augenblick würde etwas Wesentliches geschehen, etwas, das mich treffen könnte. Um nicht in Schwierigkeiten zu geraten und mich zu schützen, hielt ich mich zurück. Und Vater, der mich gerufen hatte, um eine nötige Stärke für einen inneren Aufbruch bei mir zu entwickeln, tat das Gleiche: Er schwieg.

Ich hatte in diesen Augenblicken Angst vor ihm, denn ich fühlte deutlich, dass seine Erfahrungen gereifter und weitaus vollkommener waren als die meinen. Obwohl äußerlich und durch Worte nichts geschah, ließ er mich reifes Mitgefühl spüren. Selbst meinem Berufswunsch gegenüber, der in keiner Weise seinen Vorstellungen entsprach, blieb er nicht gefühllos oder unbewegt. Vater hatte einen klaren Blick und die Fähigkeit, die Dinge genau so zu sehen wie sie sind. Immer neu versuchte er, sich weise und behutsam mir anzunähern. Doch gerade dann lehnte ich ihn ab und war umso mehr bestrebt, mir unabhängig von ihm einen Platz in der Welt zu schaffen. Meine Absage an ihn und mein extremes Suchen nach unabhängiger Identität müssen ihm sehr wehgetan haben. Ich war unfähig, die Umarmung und die Liebe meines Vaters zu empfangen, die er für mich schweigend bereithielt. Und er wollte so gern, dass meine Seele robuster würde, damit sie die Bürde des Erbes tragen kann …"

Wie könnte die Blockade zwischen Vater und Sohn durchbrochen werden?
Was hätte Ihrer Meinung nach der Sohn am dringendsten gebraucht?

Eine mögliche Antwort aus der Wüste
Altvater Sisoes der Thebaner sprach zu seinem Schüler: „Sage mir, was du an mir siehst, und ich sage dir, was ich an dir sehe!" Da sagte sein Schüler zu ihm: „Du bist edel im Geiste, aber ein wenig rau." Und der Greis sagte zu ihm: „Du bist gut, aber weichlichen Sinnes." (18)

Impulse aus der Heiligen Schrift
„Wer den Sohn verzärtelt,
muss ihm einst die Wunden verbinden;
dann zittert bei jedem Aufschrei sein Herz.
Stirbt der Vater, so ist es, als wäre er nicht tot;
denn er hat sein Abbild hinterlassen."
(Jesus Sirach 30,7.4)

„Dann brach er auf und ging zu seinem Vater.
Der Vater sah ihn schon von weitem kommen
und er hatte Mitleid mit ihm. Er lief dem Sohn entgegen,
fiel ihm um den Hals und küsste ihn."
(Lukas 15,20)

„Mein Sohn, ehre deinen Vater in Wort und Tat,
damit aller Segen über dich kommt.
Der Segen des Vaters festigt die Wurzel.
Such deinen Ruhm nicht darin,
den Vater herabzusetzen,
denn das ist keine Ehre für dich.
Die Ehre eines Menschen ist die seines Vaters."
(Jesus Sirach 3,8–9a.10–11a)

DANK ERNTEN ...

Nach dem Krieg bauten meine Eltern ihr zerstörtes Haus unter großen Mühen und Entbehrungen wieder auf. Infolge der schlechten Baustoffe waren auch später Renovierungen immer wieder nötig. Doch je mehr wir an Arbeitszeit und Mitteln in die Haus- und Gartenpflege investierten, desto mehr liebten wir auch unser Zuhause. Nach Vaters Tod und meinem Weggang zum Studium und in den Priesterberuf wohnte Mutter im Haus ganz allein. Ihre Heimat war ihr Ein und Alles, und sie verzichtete auf Reisen und Einladungen, nur um in ihrem geliebten Haus und Garten bleiben zu können. Sie starb mit 84 Jahren – dreißig Jahre nach Vater. Bis zu ihrer Beerdigung lag sie vier Tage in ihrem Wohnzimmer – zugedeckt mit ihrer weißen Wolldecke, die sie immer zum Mittagsschlaf benutzt hatte.

Das Haus hatte sie mir vererbt. Nachdem ein Jahr vergangen war und alle Formalitäten und Notwendigkeiten erledigt waren, überlegte ich, wie ich in Mutters Sinne das Haus nutzbar machen könnte. Selbst konnte ich es aus beruflichen Gründen nicht bewohnen. So bot ich es einer sozialen Einrichtung an, zum Beispiel für ein Hospiz oder ein Tagesheim für Senioren. Ich war von dieser Idee begeistert und engagierte mich dafür – die soziale Einrichtung aber zeigte sich zurückhaltend. Nur schleppend bequemte man sich, das Haus überhaupt anzuschauen. Die vielen Vorbehalte, Bedenken und Einschränkungen taten mir weh.

Und dann vergingen Monate, bis ich einen Bescheid bekam, der einige „Bedingungen" für die Übernahme enthielt. Wie konnte das sein, wo ich doch gewillt war, Mutters geliebtes Haus der sozialen Einrichtung kostenlos zu übergeben? Als ich dann in einem Gespräch erfuhr, dass ich sogar noch zusätzliche Belastungen übernehmen sollte, zog ich kurzerhand mein Angebot zurück."

Glauben Sie, dass diese „Verschleppung" in einer Nicht-Flexibilität einzelner Menschen zu suchen ist? Woran mag die späte Entscheidung gelegen haben? Darf man eigentlich eine solche Begebenheit öffentlich machen?

Eine mögliche Antwort aus der Wüste
Ein Bruder fragte den Altvater Poimen: „Man hat mir ein Erbe hinterlassen, was soll ich damit tun?" Der Greis sagte ihm: „Geh und nach drei Tagen komme wieder, und ich werde dir Auskunft geben." Zu der ihm festgesetzten Zeit kam er, und der Greis sprach zu ihm: „Wenn ich dir sage: Gib es in die Kirche, dann werden sie daraus ein Frühstück machen. Wenn ich aber sage: Gib es deinen Verwandten, dann hast du kein Verdienst dabei. Wenn ich sage: Gib es den Armen, dann bist du dabei unbekümmert. Wenn du also etwas willst, dann tue es, ich habe mit der Sache nichts zu schaffen!" (19)

Impulse aus der Heiligen Schrift

„Gebt lieber, was in den Schüsseln ist, den Armen,
dann ist für euch alles rein."
(Lukas 11,41)

„Ein getäuschter Bruder ist verschlossener als eine Festung,
Streitigkeiten sind wie der Sperrriegel einer Burg."
(Sprichwörter 18,19)

„Es gibt Geschenke, von denen man nichts hat,
es gibt Geschenke, die man doppelt vergüten muss.
Wenn du Gutes tust, wisse, wem du es tust,
dann wirst du Dank ernten für deine Wohltat."
(Jesus Sirach 20,10 und 12,1)

„Meister, sag meinem Bruder, er soll das Erbe mit mir teilen.
Er erwidert ihm: Mensch, wer hat mich zum Richter oder
Schlichter bei euch gemacht?"
(Lukas 12,13–14)

ZUHÖREN ...

Früher war es mir unverständlich, wie jemand eine Heiratsanzeige aufgeben konnte. Ich gebe zu, dass ich sie wiederholt und gern gelesen habe. Nicht selten musste ich schallend über den Anzeigentext lachen. Heute jedoch denke ich ganz anders darüber. Schon seit Jahren würde ich gern eine Frau kennen lernen, um sie später auch zu heiraten. Ich bin Vertreter von Beruf und komme täglich mit vielen Menschen in Kontakt – vornehmlich mit Frauen. Das Unternehmen, das ich vertrete, produziert hochwertiges Kochgeschirr. Mein Einkommen ist hervorragend, ich fahre einen Firmenwagen und habe darüber hinaus noch etliche Vergünstigungen, die ich auch privat nutzen kann.

Mein großer Wunsch besteht darin, eine Familie zu gründen, um dann auch endlich ein festes Zuhause zu haben. Ich muss sagen, dass ich sehr viele nette jüngere Frauen kenne, von denen ich mir durchaus vorstellen könnte, dass sie zu mir passen würden. Auch habe ich auf mehrere Heiratsanzeigen Zuschriften von „passenden" Frauen bekommen. Das Sonderbare dabei ist, dass alle Kontakte, die ich knüpfe, nur von kurzer Dauer sind. Jede Bekanntschaft – und mag sie noch so vielversprechend sein – verläuft bereits nach wenigen Treffen wieder im Sande. Ich denke, dass ich ein gepflegtes Äußeres habe und recht redegewandt bin – schließlich legt auch mein Unternehmen hierauf größten Wert. Ich verstehe es einfach nicht, warum ich in meinem Privatleben keinen Erfolg habe und sich alle Menschen nach kurzer Zeit wieder von mir zurückziehen. Ich halte mich für jemanden, der offen ist und alles von sich erzählt. Mein Gegenüber soll doch wissen, wer ich bin und wie ich denke und fühle. Ich schenke einer neuen Bekanntschaft gleich viel Vertrauen und Entgegenkommen, indem ich aus meinem Leben berichte und mein Herz öffne. Ich finde es schlimm, einem anderen etwas zu verschweigen – besonders in meinem Fall, wo ich doch Absichten hege."

Woran mag es liegen, dass der Wunsch des Vertreters nach einer dauerhaften Beziehung nicht erfüllt wird? Wie sollte sich ein Mensch verhalten, der eine neue Beziehung knüpfen und diese pflegen möchte?

Eine mögliche Antwort aus der Wüste

Am Anfang seines Mönchslebens kam der Altvater Euprepios zu einem Alten und sprach zu ihm: „Vater, sag mir ein Wort, wie ich gerettet werde." Er antwortete: „Willst du gerettet werden, so sprich, wenn du einen besuchst, nicht, bevor jener dich fragt." Der Bruder war von diesem Wort betroffen, machte einen Fußfall und sagte: „Wahrhaftig, ich habe viele Bücher gelesen, aber eine solche Unterweisung habe ich nirgends gefunden." Und mit großem Nutzen ging er weg. (20)

Impulse aus der Heiligen Schrift

„Alles hat seine Stunde.
Für jedes Geschehen unter dem Himmel
gibt es eine bestimmte Zeit:
eine Zeit zum Schweigen und
eine Zeit zum Reden."
(Kohelet 3,1.7b)

„Belehrt mich, so werde ich schweigen;
worin ich fehlte, macht mir klar!"
(Ijob 6,24)

„Als Jüngerer ergreife das Wort nur, wenn du musst,
wenn man dich nachdrücklich zwei- oder dreimal auffordert.
Dräng die Worte zusammen, fasse dich kurz,
sei wie einer, der etwas weiß, aber auch schweigen kann."
(Jesus Sirach 32,7–8)

„Schweig still, damit ich dich Weisheit lehre."
(Ijob 33,33b)

PARTNERSCHAFT UND EHE
PFLEGEN UND WERTSCHÄTZEN

SICH NICHT VERLIEREN ...

Wir haben zum Glück keine Kinder, denn sonst würde ich diese Überlegungen nicht anstellen und um Rat fragen. Wir sind seit drei Jahren verheiratet und beide berufstätig. Mein Mann ist Arzt und arbeitet in der Universitätsklinik. Ich bin Augenärztin und teile mir die Praxis mit einem Kollegen. Diese Regelung ist optimal: Wir können uns gegenseitig vertreten, ohne dass die Praxis oder das Privatleben darunter leidet. Ich liebe meinen Beruf, freue mich aber auch täglich auf mein Zuhause, besonders auf das Zusammensein mit meinem Mann.

In letzter Zeit ist er allerdings sehr verschlossen und eigenwillig. Es gelingt mir nicht, ihn zu erreichen – weder durch Worte noch durch Zärtlichkeiten. Von seiner Mutter habe ich gehört, dass sein verstorbener Vater mit zunehmendem Alter auch diese Verhaltensweisen zeigte. Wenn ich mir nun vorstelle, Karl würde sich auf die Dauer noch mehr verschließen und ein Eigenleben führen, halte ich unsere Ehe nicht länger aus. Nüchtern betrachtet gehen wir bereits heute getrennte Wege, leben aneinander vorbei und weichen uns gegenseitig sogar aus.

Wenn er erschöpft von seinem unregelmäßigen Klinikdienst nach Hause kommt, geht er meist an den Computer und beschäftigt sich mit ihm stundenlang. Selbst wenn ich koche und ihn zum Essen rufe, will er nicht gestört werden. Übermüdet geht er dann ins Bett, ohne ein vernünftiges

Wort mit mir geredet zu haben. In diesem Rhythmus leben wir nun schon einige Monate und wir entfremden uns mehr und mehr. Einen äußeren Anlass sehe ich nicht, und es ist nicht möglich, mit ihm über innere Zustände und Veränderungen zu reden. Wie soll das weitergehen? Allmählich kann ich es nicht mehr ertragen; ich möchte ausbrechen."

Haben Sie selbst schon einmal erlebt, dass Ihr Partner sich abkapselt von Ihnen und sich völlig in sich zurückzieht? Wie sind Sie damit umgegangen? Wenn Sie diesen Zustand nicht kennen: Wie würden Sie handeln?

Eine mögliche Antwort aus der Wüste

Brüder kamen an ihrem Wohnort in Bedrängnis, und so wollten sie ihn aufgeben und kamen zum Altvater Ammonas. Der Alte befand sich gerade auf einer Schifffahrt. Als er sie neben dem Ufer wandern sah, sprach er zu den Schiffsleuten: „Setzt mich an Land." Dann rief er die Brüder und sagte: „Ich bin der Ammonas, zu dem ihr kommen wollt." Er tröstete ihre Herzen und bestimmte sie, dahin zurückzukehren, von wo sie ausgegangen waren. Denn ihre Angelegenheit war keine Schädigung für ihre Seelen, sondern eine rein menschliche Drangsal. (21)

Impulse aus der Heiligen Schrift

„Sie stieg mit ihm in den Kerker hinab und verließ ihn während seiner Gefangenschaft nicht."
(Weisheit 10,14a)

„Was ist meine Kraft, dass ich aushalten könnte,
wann kommt mein Ende, dass ich mich gedulde?
Ist meine Kraft denn Felsenkraft,
ist mein Fleisch denn aus Erz?"
(Ijob 6,11–12)

„Der Geduldige hält aus bis zur rechten Zeit,
doch dann erfährt er Freude.
Bis zur rechten Zeit hält er mit seinen Worten zurück,
dann werden viele seine Klugheit preisen."
(Jesus Sirach 1,23–24)

IN LIEBE VERSTEHEN ...

Nach einem schweren Autounfall lag meine Frau wochenlang in der Intensivstation. Unsere zwei Töchter und ich bangten um ihr Leben. Zwischendurch gab es ein wenig Hoffnung, die aber dann durch neue Komplikationen schnell wieder zunichte gemacht wurde. Ich besuchte sie täglich und saß oft Stunden – so wie es von Berufs wegen eben ging – schweigend an ihrem Bett. Sie konnte weder sprechen noch essen, eine künstliche Ernährung und die Herz-Lungen-Maschine hielten sie am Leben. Diese ständige Gratwanderung zwischen Leben und Nicht-Leben mitzuerleben war für mich eine entsetzliche innere und äußere Anstrengung. Die Mädchen lösten mich zwar ab, wo sie nur konnten, die innere Anspannung belastete mich aber auch außerhalb des Krankenhauses. Ich wusste nicht mehr, was ich tun sollte: ‚Wird sie es schaffen? Und wenn ja, in welchem Zustand und mit welchen Behinderungen wird sie dann leben?' Meine Töchter waren noch zu jung und unerfahren, als dass ich sie mit meinen Ängsten belasten wollte. Die Ärzte nahmen sich für mich keine Zeit und gaben entweder unterschiedliche oder ausweichende Antworten auf meine ständigen Fragen.

In meiner Verzweiflung und am Ende meiner Kräfte sprach und weinte ich mich bei der Schwester meiner Frau aus. Sie heißt Helena und ist in Wuppertal verheiratet. Oft schon hatte sie meine Frau besucht, war aber immer am selben

Tag noch zurückgefahren. Jetzt bot sie mir an, für einige Wochen bei uns zu Hause zu leben und uns zu unterstützen. Erleichtert nahmen wir das Angebot an und es begann eine bessere, erträglichere Zeit. Durch die Sprache der Augen meiner Frau konnte ich erkennen, dass sie dieser Lösung zustimmte. So etwas wie Alltag kehrte bei uns ein und meine Anspannung ließ nach. Und so kam es, dass durch diese Entspannung alle meine so lange aufgestauten Gefühle hochkamen. Obwohl wir es beide nicht wollten, schliefen wir in diesen Wochen mehrmals miteinander …

Nach Monaten schenkte mir das Leben und der Schöpfer meine Frau zurück. Mit jedem Tag ging es ihr besser. Später, um mein Gewissen zu entlasten, habe ich ihr von Helena erzählt. Sie zeigte Verständnis und half mir sogar noch dabei, das Problem zu verarbeiten und zu überwinden."

Wären Sie in der Lage, in einem solchen Fall die gleiche Größe zu beweisen wie diese Ehefrau? Was wäre geschehen, wenn sie anders reagiert hätte?

Eine mögliche Antwort aus der Wüste
Zwei Brüder wohnten in Kellia. Der eine war schon alt und bat einmal den Jüngeren: „Lass uns miteinander hier bleiben, mein Bruder!" Der aber antwortete: „Ich bin ein Sünder und darf nicht hier bleiben, mein Vater!" Jener aber fuhr mit Bitten fort und sagte: „Doch, wir können es!" Jener Altvater war nämlich rein und wollte es nicht glauben, dass ein Mönch in seinem Herzen auf Unzucht sinnen könne. Da sagte der Bruder zu ihm: „Lass mich noch eine Woche, dann wollen wir weiter darüber reden." Der Altvater kam also wieder, und da der Jüngere ihn

auf die Probe stellen wollte, sagte er: „Mein Vater, in dieser Woche bin ich einer großen Versuchung erlegen. Als ich wegen einer Dienstleistung in das Dorf ging, fiel ich mit einem Weib in Sünde." Da fragte ihn der Altvater: „Willst du Buße tun?" Als der Bruder bejahte, sagte der Alte zu ihm: „Ich will für dich die Hälfte deiner Schuld auf mich nehmen!" Da antwortete der Bruder: „Jetzt weiß ich, dass wir zusammenbleiben können." Und sie gingen nicht mehr auseinander bis zu ihrem Ende." (22)

Impulse aus der Heiligen Schrift

„Wenn einer sich zu einer Verfehlung hinreißen lässt, meine Brüder, so sollt ihr, die ihr vom Geist erfüllt seid, ihn im Geist der Sanftmut wieder auf den rechten Weg bringen. Doch gib Acht, dass du nicht selbst in Versuchung gerätst. Einer trage des anderen Last; so werdet ihr das Gesetz Christi erfüllen."
(Galaterbrief 6,1–2)

„Hütet euch vor der Unzucht! Jede andere Sünde, die der Mensch tut, bleibt außerhalb des Leibes. Wer aber Unzucht treibt, versündigt sich gegen den eigenen Leib."
(1. Korintherbrief 6,18)

„Denn wenn sie hinfallen, richtet einer den anderen auf. Doch wehe dem, der allein ist, wenn er hinfällt, ohne dass einer bei ihm ist, der ihn aufrichtet. Außerdem: Wenn zwei zusammen schlafen, wärmt einer den anderen; einer allein – wie soll er warm werden?"
(Kohelet 4,10–11)

SÜCHTIG SEIN ...

Wir wären längst zusammengezogen und meine Tochter Katja hätte endlich wieder eine Mutter, wenn Birgit nicht immer darauf bestünde, ihre eigene Wohnung für sich zu behalten. Es geht mit unserer kleinen Familie, nach der ich mich so sehne, drei bis vier Wochen gut, bis Birgit mir plötzlich irgendwelche Vorwürfe macht, mich beschimpft und schlimme Dinge von sich und anderen behauptet, die meines Erachtens jeder Wirklichkeit entbehren. Meine Tochter Katja weint dann viel, sie versagt in der Schule, und ich bekomme heftige Magenkrämpfe und beginne an mir zu zweifeln.

Monate vergingen, und es stellte sich heraus, dass Birgit turnusmäßig etwas Bestimmtes ‚rauchte', das sie sich in Holland besorgte. Ihr die Verantwortung aufzuzeigen, die sie sich selbst und ihrer neuen Familie gegenüber hat, reichte nicht aus, sie vom ‚Rauchen' abzuhalten. Auch der drohende Verlust des Arbeitsplatzes änderte nichts."

Was würden Sie tun, wenn Sie einen geliebten Menschen von einem solchen Tun abhalten und ihn retten wollten?

Eine mögliche Antwort aus der Wüste
In einer Stadt lebte eine hübsche und begehrte Frau, die viele Liebhaber gleichzeitig hatte.

Eines Tages begegnete ihr ein Beamter, der ihr wahres Ich erkannte, und sagte: „Versprich mir, dein Leben zu ändern, und ich nehme dich zur Frau." Sie versprach es und er führte sie heim in sein Haus.

Ihre Liebhaber jedoch suchten sie so lange, bis sie sie gefunden hatten. Einerseits hatten sie starkes Verlangen nach ihr – andererseits fürchteten sie sich vor dem Beamten. Daher überlegten sie sich eine List. „Wenn wir zu ihr gehen, wird uns der Beamte bemerken, zur Rede stellen und strafen. Doch wenn wir nach ihr pfeifen, wird sie bestimmt wie gewohnt zu uns kommen." Als die Frau den bekannten Pfiff hörte, verstopfte sie ihre Ohren mit Wachs, verschloss die Türen und eilte in das Innere des Hauses.

Die Frau ist die Seele. Die Liebhaber sind die unguten Versuchungen. Die ihr pfeifen, sind die widergöttlichen und zerstörerischen Kräfte. Der Beamte ist Christus. Das Ruhegebet führt in das Innere des Hauses. (23)

Impulse aus der Heiligen Schrift

„Glücklich der Mann, der in der Versuchung stand hält. Denn wenn er sich bewährt, wird er den Kranz des Lebens erhalten, der denen verheißen ist, die Gott lieben. Keiner, der in Versuchung gerät, soll sagen: Ich werde von Gott in Versuchung geführt. Denn Gott kann nicht in die Versuchung kommen, Böses zu tun, und er führt auch selbst niemand in Versuchung. Jeder wird von seiner eigenen Begierde, die ihn lockt und fängt, in Versuchung geführt."
(Jakobusbrief 1,12–14)

„Wer eine Frau gefunden, hat Glück gefunden
und das Gefallen des Herrn erlangt.
Manche Freunde führen ins Verderben,
manch ein lieber Freund ist anhänglicher als ein Bruder."
(Sprichwörter 18,22.24)

„Wenn einer sich zu einer Verfehlung hinreißen lässt, so sollt
ihr, die ihr vom Geist erfüllt seid, ihn im Geist der Sanftmut
wieder auf den rechten Weg bringen. Doch gib Acht, dass du
nicht selbst in Versuchung gerätst."
(Galaterbrief 6,1)

„Wer den Herrn fürchtet, den trifft kein Unheil;
fällt er in Versuchung, wird er wieder befreit."
(Jesus Sirach 33,1)

AUSDRUCK GEBEN …

Seit über zwanzig Jahren bin ich verheiratet – wir haben zwei Töchter und ich liebe meine Frau. Seit einiger Zeit aber weiß ich, dass ich mich auch zu Männern hingezogen fühle. Diese Veranlagung, sollte es wirklich eine solche sein, müsste dann wohl lange in mir geschlummert haben, bevor sie zum Vorschein kam. Natürlich verheimlichte ich meine Entdeckung vor meiner Frau, um sie nicht zu verletzen und unsere Ehe nicht zu gefährden. Aber die Sehnsucht nach einem männlichen Partner wuchs – und ich versuchte mein Bedürfnis einigermaßen unauffällig zu stillen, indem ich mir Fernsehsendungen und Filme anschaute, deren Thema die gleichgeschlechtliche Liebe war. Hinzu kam natürlich die entsprechende Literatur – angefangen bei den Griechen über Oscar Wilde und Thomas Mann bis zur Gegenwarts-literatur.

Es ging alles so lange gut, bis eines Tages meine Frau eine Anzeige in meiner Jackentasche entdeckte, in der allzu deutlich stand, dass ich einen speziellen Freund suchte. Da erzählte ich ihr alles …

Wider Erwarten eröffnete mir meine Frau Freiräume, in denen ich meine Gefühle ausdrücken konnte – wahr-scheinlich dachte sie, dass ich vielleicht davon frei würde, wenn ich dieses Bedürfnis zulasse. Wir sprachen darüber, Wochen über Wochen, oft bis in die Nacht hinein. Je länger wir beide uns mit diesem meinem „Problem" beschäftigten und mögliche Konsequenzen durchdachten, fühlte ich mehr und mehr, wie innerlich eine Last von mir abfiel."

Könnten Sie mit Ihrem Partner zusammenbleiben und ihm entsprechende Freiräume gewähren? Unter welchen Voraussetzungen? Wenn dies für Sie nicht möglich wäre: Wie würden Sie Ihrem Partner auf andere Weise helfen?

Eine mögliche Antwort aus der Wüste

Der Abbas Olympios von den Kellien wurde zur Unreinheit versucht. Sein Gedanke sagte zu ihm: „Geh und nimm ein Weib!" Da stand er auf, bereitete Lehm, bildete ein Weib und sprach zu sich: „Sieh, das ist dein Weib, jetzt musst du viel arbeiten um sie zu ernähren." Und er arbeitete mit großer Anstrengung. Nach einem Tag machte er wieder Lehm zurecht und formte daraus eine Tochter, und er sprach zu sich: „Dein Weib hat geboren! Nun musst du noch mehr arbeiten, damit du dein Kind ernähren und bekleiden kannst." Mit solchem Tun arbeitete er sich auf und sagte zu sich: „Ich vermag die Mühe nicht mehr zu ertragen." Und er sprach zu sich: „Wenn du die Mühe nicht ertragen kannst, dann verlange auch nicht nach einem Weibe." Gott sah seine Anstrengung und nahm den Kampf von ihm, und er bekam Ruhe.   (24)

Impulse aus der Heiligen Schrift

„Stell deine Überlegung zusammen mit Verständigen an, und berate alles in ihrem Kreis!"
(Jesus Sirach 9,15)

„Ein tiefes Wasser sind die Pläne
im Herzen des Menschen,
doch der Verständige schöpft es herauf."
(Sprichwörter 20,5)

„Richtet also nicht vor der Zeit;
wartet, bis der Herr kommt,
der das im Dunkeln Verborgene ans Licht bringen
und die Absichten der Herzen aufdecken wird."
(1. Korintherbrief 4,5a)

„Folg nicht deinen Begierden,
von deinen Gelüsten halte dich fern!
Wenn du erfüllst, was deine Seele begehrt,
erfüllst du das Begehren deines Feindes.
Freu dich nicht über ein wenig Lust;
doppelt so schwer wird dann die Armut sein."
(Jesus Sirach 18,30–32)

DENN SIE WISSEN NICHT,
WAS SIE TUN ...

Mein Freund und ich leben schon einige Jahre zusammen. Er hat in der Stadt ein Schmuckgeschäft und ich bin Erzieherin in einem privaten Kindergarten. Uns macht die Arbeit große Freude, und so sind wir abends fast nie abgespannt oder gestresst. Wir fühlen uns zu Hause mit unseren beiden Katzen sehr wohl. Einmal hat eine Freundin von mir ihm mehr oder weniger den Kopf verdreht. Nach heftigen Debatten aber – mein Stolz wollte eigentlich eine Versöhnung nicht zulassen – fanden wir wieder zueinander.

Es gibt allerdings ein Problem, das in letzter Zeit schlimmer wird. Dieses Problem hält mich auch davon ab, Joachim zu heiraten. Denn er will unbedingt heiraten und wünscht sich Kinder. Beides kann ich mir aber zur Zeit nicht vorstellen, und ich spüre, wie ich innerlich verhärte. Es geht ganz schlicht und einfach um meinen christlichen Glauben, der mir viel bedeutet und den ich leben möchte, wie ich es will. Joachim lässt mir diese Freiheit nicht. Ganz im Gegenteil: Mit seinen ironischen und sarkastischen Bemerkungen macht er mir das Leben wirklich schwer. Er hat mit der Kirche schlechte Erfahrungen gemacht und als Messdiener Schlimmes erlebt. Ich kann also seine Ablehnung gut verstehen. Aber ich verstehe nicht, warum er mir und meinem Glauben gegenüber so negativ, ja, manchmal sogar aggressiv ist. Jede Freude und gute Laune, die ich von einem Gottesdienst mit nach Hause bringe, wird von Joachim binnen kurzer Zeit zunichte gemacht. Er setzt sofort an, mich zu attackieren und das, was mir heilig ist, in den Dreck zu ziehen. Es gelingt mir nicht, sachlich und in Ruhe mit ihm hierüber zu reden."

**Glauben Sie, dass unter diesen Umständen
ein gemeinsames Leben überhaupt möglich ist?
Sehen Sie eine Möglichkeit, einen Menschen mit
solchen Erfahrungen wieder zurück zum
Glauben zu führen?**

Eine mögliche Antwort aus der Wüste
*Wiederum sprach er (Abbas Theodor von Pherme): „Wenn du
mit jemandem Freundschaft hast, und es geschieht, dass er in die
Versuchung zur Unzucht fällt, dann reiche ihm, wenn du kannst,
deine Hand und ziehe ihn nach oben. Wenn er aber in Ketzerei
fällt und sich von dir nicht überzeugen lässt sich abzuwenden,
dann schneide ihn augenblicklich ab von dir; denn wenn du
zögerst, wirst du mit ihm in den Abgrund gerissen."* (25)

Impulse aus der Heiligen Schrift
*„Sie kamen zur Schädelhöhe; dort kreuzigten sie ihn und
die Verbrecher, den einen rechts von ihm, den andern links.
Jesus aber betete: Vater, vergib ihnen, denn sie wissen nicht,
was sie tun."*
(Lukas 23,33–34 a)

„Ertragt euch gegenseitig, und vergebt einander,
wenn einer dem andern etwas vorzuwerfen hat.
Wie der Herr euch vergeben hat, so vergebt auch ihr!
Vor allem aber liebt einander, denn die Liebe ist das Band,
das alles zusammenhält und vollkommen macht."
(Kolosserbrief 3,13–14)

„Und es (das Tier) wurde ermächtigt, mit seinem Maul
anmaßende Worte und Lästerungen auszusprechen; es wurde
ihm Macht gegeben, dies zweiundvierzig Monate zu tun.
Das Tier öffnete sein Maul, um Gott und seinen Namen
zu lästern, seine Wohnung und alle, die im Himmel wohnen."
(Offenbarung 13,5–6)

VERSUCHT WERDEN ...

Nackte Menschen faszinieren mich – sie stellen für mich einen unwiderstehlichen Reiz dar. Meine Frau weiß das und in all den Jahren unserer Ehe hat sie diesbezüglich immer klug gehandelt. Sie geht mir zuliebe nicht in die Sauna, und in den Ferien sind wir nie an Stränden gewesen, wo zu viel „nackte Haut" zu sehen ist. Es tut mir gut, mit ihr hin und wieder über mein „Problem" sprechen zu können und vor allem aber mit ihr zusammen zu sein.

Nun sind wir beide schon über 60 Jahre und unsere drei Kinder sind längst aus dem Haus. Schon länger merke ich meiner Frau an, dass sie nicht mehr mit mir schlafen will. Aber wo soll und kann ich mit meinen sexuellen Bedürfnissen bleiben? Ich habe meine Frau viel zu lieb, als dass ich ihr auch nur im Geringsten Leid zufügen möchte. So habe ich versucht, mich so gut wie möglich zu beherrschen. Aber es hat nicht lange gedauert, bis diese Kräfte bei mir wieder vehement durchbrachen. Und seit dieser Zeit gehe ich – ohne dass meine Frau es weiß – jede Woche in die Sauna. Sie glaubt, ich ginge wegen meiner gefährdeten Bandscheibe regelmäßig zum Schwimmen. Das Anschauen der anderen und die dann bei mir aufkommenden Gefühle sind zu einer Sucht geworden. Aber dabei blieb es nicht. Viele Saunabesucher kommen regelmäßig, und so lernt man sich kennen, und manch einer spricht von seiner sexuellen Einstellung. Jetzt hat sich ein Kontakt zu einem jüngeren Mann ent-

wickelt, der mich schon lange beobachtet und sein „be-
sonderes" Interesse an mir bekundet hat. Auf der einen
Seite bin ich von dieser Begegnung fasziniert, auf der anderen
Seite belastet mich ein großes Schuldgefühl. Wie geht es
weiter und was soll ich tun? Etwa mit meiner Frau über so
etwas sprechen?"

**Sollte der Ehemann über diese Entwicklung
mit seiner Frau offen sprechen?
Würden Sie generell – unabhängig von dieser
ehelichen Beziehung – gleichgeschlechtliche
Liebe tolerieren?**

Eine mögliche Antwort aus der Wüste
Der Altvater Moses wurde einmal heftig zur Unkeuschheit ver-
sucht, und da er es im Kellion nicht mehr aushielt, ging er fort
und meldete es dem Altvater Isidor. Der Alte forderte ihn zur
Rückkehr in sein Kellion auf, was er aber mit der Begründung
ablehnte: „Ich kann es nicht, Vater!" Abbas Isidor nahm ihn mit
sich, führte ihn auf das Hausdach hinauf und sagte zu ihm:
„Schau nach Westen!" Er blickte hin und sah eine Menge von
Dämonen – unzählbar – die aufgeregt waren und Kriegslärm
machten. Und wiederum sagte der Altvater Isidor: „Schau nach
Osten!" Er blickte hin und sah unzählige Scharen heiliger Engel
in Herrlichkeit. Und Abbas Isidor sprach: „Siehe, diese sind den
Heiligen vom Herrn zur Hilfe gesandt. Die im Westen, das sind
die, die gegen sie Krieg führen. Mehr aber sind die auf unserer
Seite." Und so sagte der Altvater Moses Gott Dank, fasste Mut
und kehrte in sein Kellion zurück. (26)

Impulse aus der Heiligen Schrift

„Als der Diener des Gottesmannes am nächsten Morgen aufstand und hinaustrat, hatte die Truppe die Stadt mit Pferden und Wagen umstellt. Da sagte der Diener zu seinem Herrn: Wehe, mein Herr, was sollen wir tun? Doch dieser sagte: Fürchte dich nicht! Bei uns sind mehr als bei ihnen. Dann betete Elischa: Herr, öffne ihm die Augen, damit er sieht. Und der Herr öffnete dem Diener die Augen: Er sah den Berg rings um Elischa voll von feurigen Pferden und Wagen."
(2. Könige 6,15–17)

„Denn unerkannt gehe ich mit ihm und
prüfe ihn durch Versuchungen.
Furcht und Bangen lasse ich über ihn kommen,
bis sein Herz von mir erfüllt ist."
(Jesus Sirach 4,17)

„Noch ist keine Versuchung über euch gekommen, die den Menschen überfordert. Gott ist treu; er wird nicht zulassen, dass ihr über eure Kraft hinaus versucht werdet. Er wird euch in der Versuchung einen Ausweg schaffen, sodass ihr sie bestehen könnt."
(1. Korintherbrief 10,13)

GEMEINSAM GEHEN ...

Es ist für mich jetzt, im Nachhinein, unvorstellbar, dass ich trotz meiner wirklich guten Ehe mit einer fremden Frau geschlafen habe. Dabei vermisse ich zu Hause nichts und bin dankbar, dass wir in einer so harmonischen Familie leben. Seit dieser Episode jedoch steht etwas zwischen meiner Frau und mir. Ich leide sehr darunter, denn ich habe keineswegs den Wunsch, sie zu verlassen oder etwas in unserer Familie zu ändern.

In der letzten Zeit ist alles für mich ein wenig eintönig geworden: Die Kinder beginnen ihre Selbstständigkeit; ich habe das Gefühl, dass sie uns momentan weder brauchen noch wollen. Und Barbara nutzt nun ihre größer gewordene Freiheit, indem sie Kurse über Kurse besucht.

Als über Vierzigjähriger habe ich nun das Gefühl, zu Hause nicht mehr so wie früher gebraucht zu werden. Wahrscheinlich habe ich schon seit langem nach neuer und ganz persönlicher Anerkennung gesucht. Als sich dann die Gelegenheit bot, bin ich voll in sie eingestiegen und habe nicht einmal ein schlechtes Gewissen gehabt. Jetzt quält es mich umso mehr, obwohl ich schon längst alles bereut habe und es nie mehr tun würde."

Trägt Ihrer Meinung nach die Frau einen Teil Mitverantwortung am „Ausbrechen" des Mannes?

Würden Sie als Ehepartner – wenn Ihr Partner Ihnen dieses offenbart – weiter mit ihm zusammenleben können?

Eine mögliche Antwort aus der Wüste

Über einen Bruder, der in Sünde gefallen war, wurde erzählt, dass er sich deshalb Abbas Lot anvertrauen wollte, bei diesem jedoch ganz verstört eintrat und wieder hinausging und einfach nicht still zu sitzen vermochte. Da sagte Abbas Lot zu ihm: „Was hast du, Bruder?" Dieser antwortete: „Ich beging eine schwere Sünde, aber ich vermag sie euch Vätern nicht zu bekennen." Da sagte der Alte: „Sprich mit mir darüber, und ich werde sie mit dir tragen."

Da gestand er: „Ich bin in Unzucht gefallen und habe deswegen (den Göttern) geopfert." Der Alte darauf: „Fasse Mut, Umkehr (Reue) ist möglich: Geh, setze dich in deine Höhle und faste jeden zweiten Tag, und ich werde die Hälfte deiner Sünde mit dir tragen."

Nach drei Wochen hatte der Alte die Gewissheit, dass Gott die Reue des Bruders angenommen hatte. Der Bruder blieb dem Alten gehorsam bis zum Tod. (27)

Impulse aus der Heiligen Schrift

„Wer Ehebruch treibt, ist ohne Verstand,
nur wer sich selbst vernichten will,
lässt sich darauf ein."
(Sprichwörter 6,32)

„Er (Jesus) richtete sich auf und sagte zu ihnen: Wer von euch ohne Sünde ist, werfe als Erster einen Stein auf sie (Ehebrecherin). Als sie seine Antwort gehört hatten, ging einer nach dem anderen fort. Da sagte Jesus zu ihr: Auch ich verurteile dich nicht. Geh und sündige von jetzt an nicht mehr!"
(Johannes 8,7.9a.11b)

„Wenn einer sich zu einer Verfehlung hinreißen lässt, so sollt ihr, die ihr vom Geist erfüllt seid, ihn im Geist der Sanftmut wieder auf den rechten Weg bringen. Einer trage des anderen Last; so werdet ihr das Gesetz Christi erfüllen."
(Galaterbrief 6,1a.2)

AUSHALTEN ...

Das Erste, wenn ich von meiner Arbeit nach Hause komme: Ich rufe den Namen meiner Frau. Seit geraumer Zeit erhalte ich keine Antwort. Ich gehe durch unsere Wohnung und suche sie, aber sie ist nicht da. So geht es Tag für Tag. Früher aßen wir am Abend gemeinsam und machten ein kleines Wiedersehens-Fest daraus. Es war wunderbar. Liebevoll hatte sie den Tisch gedeckt und immer für eine besondere Gaumenfreude gesorgt. Nun geht sie ihre eigenen Wege und ist oft auch am Wochenende nicht zu Hause. Nachdem unsere beiden Kinder ausgezogen sind und meine Frau somit von Verpflichtungen befreit war, wurde sie unruhig. Anfangs sprachen wir darüber, und ich riet ihr, sich etwas Sinnvolles zu suchen, zum Beispiel sich in der Hospizarbeit zu engagieren. Aber sie fasste meine gut gemeinten Empfehlungen als Bevormundungen auf und blockte alles ab. Also schwieg ich und ließ sie gewähren. Und so geht es bis heute.

Meine Frau muss unter einem enormen Druck stehen, dem sie nicht standhält. Früher haben wir immer über alles gesprochen und das hat uns weitergeholfen. Heute weicht sie solchen Gesprächen aus und stürzt sich von einer Ablenkung in die andere. Ich bin sicher, dass kein anderer Mann im Spiel ist, sondern nur eine innere Unruhe sie aus dem Haus treibt. Indem sie vor etwas davonläuft, entfernt sie sich auch von mir. Es fällt mir äußerst schwer, damit umzugehen und ihr ihre Freiheit zu lassen. Mir kommt es vor, als habe sie den Kontakt zu ihrem eigenen Inneren verloren. Sie hält sich selbst nicht aus und kann daher auch mich nicht ertragen. Warum läuft sie vor sich selbst davon? Ich denke viel darüber nach, was ich wohl falsch mache, doch finde ich hier keinen Ansatz, der das befremdende Verhalten meiner Frau ausgelöst haben könnte. Es muss doch Wege für sie und für uns geben?"

**Was mag der Anlass sein, dass die Ehefrau vor sich selbst davon läuft?
Welche Möglichkeiten sehen Sie für ein erneutes Zueinanderfinden?**

Eine mögliche Antwort aus der Wüste

Jemand sagte zum Altvater Arsenios: „Meine Gedanken quälen mich, indem sie mir sagen: Du kannst nicht fasten und auch nicht arbeiten, so besuche wenigstens die Kranken; denn auch das ist Liebe." Der Greis aber, der den Samen der Dämonen kannte, sagte zu ihm: „Geh und iss, trinke, schlafe und arbeite nicht, nur verlass dein Kellion nicht!" Er wusste nämlich, dass das Ausharren im Kellion den Mönch in seine rechte Ordnung bringt. (28)

Impulse aus der Heiligen Schrift

„Auch der Bauer wartet auf die kostbare Frucht der Erde, er wartet geduldig, bis im Herbst und im Frühjahr der Regen fällt. Wer geduldig alles ertragen hat, den preisen wir glücklich. Ihr habt von der Ausdauer des Ijob gehört und

das Ende gesehen, das der Herr herbeigeführt hat.“
(Jakobusbrief 5,7b.11)

„Du lässt mich nicht mehr schlafen;
ich bin voll Unruhe und kann nicht reden.
Ich sinne nach über die Tage von einst,
ich will denken an längst vergangene Jahre.
Mein Herz grübelt bei Nacht,
ich sinne nach, es forscht mein Geist.“
(Psalm 77,5–7)

„Stellt euch an die Wege und haltet Ausschau,
fragt nach den Pfaden der Vorzeit,
fragt, wo der Weg zum Guten liegt;
geht auf ihm, so werdet ihr Ruhe finden für eure Seele.
(Jeremia 6,16)

ÜBLES REDEN …

Ein Klassenkamerad nahm mich beiseite, um mir etwas Wichtiges zu erzählen. Wir waren etwa 15 Jahre alt und glaubten, bei manchen Dingen schon zu wissen, worum es ging. Er sagte: ‚Ich habe deinen Vater am Baggersee gesehen. Er lag in der Badehose auf einer Decke neben einer Frau, die aber nicht deine Mutter war. Na ja, du weißt schon! So etwas gibt es also auch in eurer Familie. Und dann geht ihr sogar noch gemeinsam am Sonntag in die Kirche! Deine Mutter und du solltet wissen, was dein Vater alles noch so nebenbei treibt … Ich habe die beiden am Baggersee aus der Ferne lange beobachtet und auch meinen Eltern davon erzählt. Sie meinten nach meiner Beschreibung, dass es wohl die Sekretärin deines Vaters sei, mit der er ein Verhältnis habe. Na ja, ich sah die beiden dann gemeinsam durch den See schwimmen und habe sie aus den Augen verloren.‘

Ich war so erschüttert, dass ich den letzten Satz nur noch halb aufgenommen habe. In meiner damaligen Unfähigkeit, das Gehörte für mich zu behalten, erzählte ich Mutter die Geschichte. Sie war entsetzt und traurig zugleich – über eine lange Zeit. Ob sie jemals mit Vater darüber gesprochen hat, weiß ich nicht. Die Bilder hatten sich in mein Bewusstsein gegraben und erst viel später fiel mir ein, dass es Vater nicht gewesen sein konnte, denn er schwamm grundsätzlich nur da, wo er auch stehen konnte.“

Waren Sie selbst schon einmal „Opfer" einer
üblen Nachrede? Welche Folgen hatte dies für Sie?
Wie sind Sie mit dem „Unruhestifter" umgegangen?
Haben sie ihn ignoriert oder ihn zur Rechenschaft
gezogen? Wie auch immer: Würden Sie heute
wieder so handeln?

Eine mögliche Antwort aus der Wüste

*Abbas Poimen sprach: „Es steht geschrieben: Was dein Auge
gesehen hat, bezeuge! Ich aber sage euch: Auch wenn ihr es mit
Händen greift, so redet nicht davon. Ein Bruder wurde in dieser
Sache genarrt: Er sah etwas, wie wenn sein Bruder mit einem
Weibe sündigte. Stark angefochten ging er hin und stieß sie mit
dem Fuße, im Glauben, dass sie es seien, und sagte: ‚Hört endlich auf, wie lange denn noch.' Und siehe: Es fanden sich Ge-
treidegarben! Deshalb sage ich euch: Auch wenn ihr mit Händen
greifen könnt, urteilt nicht!"* (29)

Impulse aus der Heiligen Schrift

*„Ebenso ermahne die jüngeren Männer, in allen Dingen
besonnen zu sein. Gib selbst ein Beispiel durch gute Werke.
Lehre die Wahrheit unverfälscht und mit Würde, mit
gesunden, unanfechtbaren Worten; so wird der Gegner
beschämt und kann nichts Schlechtes über uns sagen."*
(Brief an Titus 2,6–8)

„Im Traum schließt man viele Geschäfte ab,
der Ungebildete macht viele Worte."
(Kohelet 5,2)

„Was deine Augen sahen,
bring es nicht übereilt als Streitfall vor;
denn was willst du später tun,
wenn dein Nächster dich bloßstellt?
Trag deinen Streit mit deinem Nächsten aus,
doch verrate nicht das Geheimnis eines anderen,
sonst wird dich schmähen, wer es hört,
und dein Geschwätz wird auf dich zurück fallen."
(Sprichwörter 25,7b–10)

„Verbreite niemals ein Gerede,
dann wird auch dich niemand schmähen.
Hast du etwas gehört, so sterbe es in dir;
sei unbesorgt, es wird dich nicht zerreißen."
(Jesus Sirach 19,7.10)

FREIHEIT LEBEN UND TOLERANZ ÜBEN

FREUNDSCHAFT ...

Während meiner Studienjahre hatte ich einen guten Freund. Bernhard studierte Betriebswirtschaft und ich Psychologie. Neben den vielen Ausflügen, die wir gemeinsam unternahmen, war er in meiner Familie willkommen und ich – so glaube ich – auch in seiner Familie. Wir verstanden uns immer gut und konnten über alles reden – die besten Voraussetzungen für eine lang anhaltende und tragende Freundschaft.

Und dann kam es plötzlich zu einem Bruch, über dessen Ursache und Auswirkung wir bis heute nicht gesprochen haben. Die Wochenenden verbrachten wir meist zu Hause. Die Elternhäuser lagen ungefähr 40 km voneinander entfernt. An einem Sonnabend im Oktober verunglückte mein Vater tödlich mit dem Auto. Die Nachricht erhielten wir mittags gegen 13 Uhr. Vater war frühmorgens zum nahe gelegenen Fluss gefahren, wo er vom Boot aus angeln wollte. Und auf der Rückfahrt war es geschehen ... Als ich in meinem Schock Bernhard anrief, erschien mir sein Verhalten wenig mitfühlend. Es schmerzte mich, dass er nicht gleich zu mir kam. Wegen der vielen Trauervorbereitungen konnte ich aber nicht weiter darauf eingehen. Und dann kam wieder, aber verstärkt, etwas Überraschendes: Zur Beerdigung von Vater konnte Bernhard nicht kommen, da er – wie er sagte – seinen Vater unbedingt zum Flughafen fahren müsse. In diesem Augenblick brach die gute innere

Verbindung zu ihm vollständig ab und meine Freundschaft mit ihm war zu Ende. Das Urteil, das ich mir über ihn gebildet habe, könnte kaum härter sein."

**Welche Ursachen könnte dieser „Vorwand"
des Freundes gehabt haben?
Ist die unerbittliche Härte berechtigt?
Wie könnte diese „aufgeweicht" bzw.
dem Freund vergeben werden?**

Eine mögliche Antwort aus der Wüste

Einmal kam der Altvater Isaak von Theben ins Koinobium und sah einen Bruder, der zu Fall gekommen war und verurteilte ihn. Als er aber in die Wüste hinausgegangen war, kam ein Engel des Herrn und stellte sich vor die Tür seines Kellions und sagte: „Ich lasse dich nicht eintreten." Er aber wandte ein: „Warum?" Der Engel gab ihm zur Antwort: Der Herr hat mich mit dem Auftrag gesandt: „Sage ihm: was soll ich mit dem gestrauchelten Bruder, den du gerichtet hast, anfangen?" Auf der Stelle bereute er und sagte: „Ich habe gefehlt, verzeihe mir!" Und der Engel sprach: „Steh auf, Gott hat dir verziehen. Aber sei in Zukunft auf der Hut und verurteile niemand, ehe der Herr ihn gerichtet hat." (30)

Impulse aus der Heiligen Schrift

„Denn wenn ihr den Menschen ihre Verfehlungen vergebt,
dann wird euer himmlischer Vater auch euch vergeben.
Wenn ihr aber den Menschen nicht vergebt, dann wird
euch euer Vater eure Verfehlungen auch nicht vergeben."
(Matthäus 6,14–15)

„Der Freund erweist zu jeder Zeit Liebe,
als Bruder für die Not ist er geboren."
(Sprichwörter 17,17)

„Willst du einen Freund gewinnen,
gewinne ihn durch Erprobung,
schenk ihm nicht zu schnell dein Vertrauen!
Mancher ist Freund je nach der Zeit,
am Tag der Not hält er nicht stand."
(Jesus Sirach 6,7–8)

„Die Liebe hört niemals auf.
Als ich ein Kind war,
redete ich wie ein Kind,
dachte wie ein Kind
und urteilte wie ein Kind.
Als ich Mann wurde, legte ich ab,
was Kind an mir war."
(1. Korintherbrief 13,8a.11)

FREI UND WILLIG ...

Unsere Liebe und unser einmalig gutes Verstehen wird durch eine Forderung meiner Schwiegereltern überschattet. Wir sind standesamtlich verheiratet und sie möchten unbedingt, dass wir uns so bald wie möglich auch kirchlich trauen lassen. Aber ich will nicht. Meine Frau sitzt zwischen allen Stühlen: sie möchte weder ihre Eltern noch mich verletzen und leidet.

Aber ich mag die Kirche nicht ... Meine ersten Kirchenbesuche hatten immer etwas mit Zwang zu tun. Ich erinnere mich, wie ich mich bereits als kleiner Junge mit Händen und Füßen gewehrt habe, wenn es sonntags hieß: Wir *müssen* in die Kirche gehen. Allein schon das „Schön-Anziehen" war mir zuwider. Wenn es der „liebe" Gott ist – dachte ich – nimmt er mich doch so wie ich bin! Ich muss während meiner Kindheit wohl mit einem sehr offensichtlichen Oppositionsgesicht in der Kirche gesessen haben. Und dann der Zwang, den erst meine Eltern und später die Lehrer und Pfarrer auf mich übertrugen: Stillsein, Aufpassen, Niederknien, Aufstehen, Mitbeten und Mitsingen, Fremden beim Friedensgruß die Hand geben, nicht Sprechen und erst recht nicht Lachen ... Sobald ich es mir erlauben konnte, ging ich nicht mehr hin. Wenn ich sehe, wie in der Kirche sich jeder von seiner „feinsten" Seite zeigt und alles so militant eingeübt ist und abläuft, habe ich das Gefühl, einfach keine Luft zum Atmen zu haben.

Dabei fühle ich mich als Christ und versuche, nach der Botschaft Jesu zu leben – aber eben auf meine Weise. Von Jesus geht für mich Einladung aus und kein Zwang. Wie tröstlich, dass auch er nicht in Kirchenräumen gebetet hat, sondern unter freiem Himmel, wobei er den gesamten Kosmos in sein Gebet einbezogen hat."

Mit welchen Argumenten könnten Sie diesem Mann verdeutlichen, dass Kirche mehr ist als ein Ort, an dem Ge- und Verbote einzuhalten sind. Dass Beten mehr ist als ein Nachsprechen bestimmter Formeln. Dass der Mensch auch in der Kirche „Mensch sein" kann?

Eine mögliche Antwort aus der Wüste
Einige von den Alten kamen zum Altvater Poimen und sagten zu ihm: „Wenn wir beim Gottesdienst Brüder einnicken sehen, willst du, dass wir ihnen einen Stoß geben, damit sie in der Vigilie wachen?" Er erwiderte: „Wahrlich, wenn ich einen Bruder einnicken sehe, dann leg ich seinen Kopf auf meine Knie und lasse ihn ruhen." (31)

Impulse aus der Heiligen Schrift
„Wer meint, er diene Gott, aber seine Zunge nicht im Zaum hält, der betrügt sich selbst und sein Gottesdienst ist wertlos. Ein reiner und makelloser Dienst vor Gott, dem Vater, besteht darin: für Waisen und Witwen zu sorgen, wenn sie in Not sind, und sich vor jeder Befleckung durch die Welt zu bewahren."
(Jakobusbrief 1,26–27)

„Zwei Männer gingen zum Tempel hinauf, um zu beten; der eine war ein Pharisäer, der andere ein Zöllner. Der Pharisäer stellte sich hin und sprach leise dieses Gebet: Gott, ich danke dir, dass ich nicht wie die anderen Menschen bin ... Der Zöllner aber blieb ganz hinten stehen und wagte nicht einmal, seine Augen zum Himmel zu erheben, sondern schlug sich an die Brust und betete: Gott, sei mir Sünder gnädig! Ich sage euch: Dieser kehrte als Gerechter nach Hause zurück, der andere nicht."
(Lukas 18,10–11a.13–14a)

„Achte auf den Sabbat: Halte ihn heilig, wie es dir der Herr, dein Gott, zur Pflicht gemacht hat. Sechs Tage darfst du schaffen und jede Arbeit tun. Der siebte Tag ist ein Ruhetag, dem Herrn, deinem Gott, geweiht."
(Deuteronomium 5,12–14a)

WEITE REISEN ...

Die ersten zehn Jahre unserer Ehe waren schwer für uns: Mein Mann und ich sehnten uns so sehr nach Kindern, doch unser Wunsch erfüllte sich nicht. Viele schmerzhafte Untersuchungen und Therapien habe ich über mich ergehen lassen müssen – das erhoffte Ergebnis blieb jedoch aus. Nach langen Diskussionen ließ sich auch mein Mann untersuchen, aber auch bei ihm war alles in Ordnung. Der wahrscheinliche Grund, dass wir keine Kinder bekamen: Ich war in meinem Beruf als medizinisch-technische Assistentin mehrere Jahre im Isotopen-Labor der Universität tätig. Wahrscheinlich habe ich dort zu viele Strahlen mitbekommen. Trotzdem geschah im elften Jahr unserer Ehe das Wunder: Ich erwartete ein Kind – die Freude war unbeschreiblich. Alles ging gut und unsere Tochter Barbara wurde geboren. Dieses Kind – ein Geschenk des Himmels, ein Sonnenschein für uns – entwickelte sich prächtig. Barbara wurde Ärztin und erhielt gleich nach ihrem Studium eine gute Anstellung.

Wir wissen nicht, was für sie den Ausschlag gab, als sie sich ohne Bezahlung in einem Krankenhaus in Afrika engagierte. Aber von dort aus begann ihre spirituelle Suche. Sie beschäftigte sich mit Karma und Wiedergeburt, mit den Schicksalsstufen des Menschen als Weg zu seiner Vollendung. Barbara ging nach Indien und erlernte im Ashram des Sri Aurobindo den Integralen Yoga. Zuvor hatte sie sich dem Kriya-Yoga des Paramahansa Yogananda geöffnet. Sie gab ihren Beruf auf und wurde Initiatorin für Transzendentale Meditation des Maharishi Mahesh Yogi. Dann arbeitete sie im Kreis um Jiddu Krishnamurti am ‚Erwachen der Intelligenz' mit. Und wieder machte sie sich erneut auf und blieb bei dem Weisheitslehrer Daskalos bis zu seinem Tod im Sommer 1995 auf Zypern. Barbara glaubt auch heute noch fest daran, einen wesentlichen Beitrag für die Wahrheitsforschung zu leisten. Wir sind sehr unglücklich darüber."

**Die Tochter fühlt sich wohl auf diesem Weg –
worin liegt dann Ihrer Meinung nach das „Unglück"
der Eltern?
Worin sieht die Tochter ihre Lebensaufgabe –
oder sucht sie diese noch?**

Eine mögliche Antwort aus der Wüste

Der Altvater Johannes sprach: „Ich wundere mich sehr, dass ihr die Beschwerde einer so weiten Reise auf euch genommen habt, da ihr an mir nichts sehen könnt, was eine solche Anstrengung lohnt. Denn ich bin ein niedriger und schlechter Mensch, der nichts an sich hat, was man suchen oder gar bewundern könnte. Doch wenn ihr auch meintet, an mir etwas zu finden, so wäre es nichts im Vergleich mit dem, was ihr von den Propheten und Aposteln des Herrn lest. Ihre Schriften werden daher in allen Kirchen Gottes gelesen, damit man nicht in ferne und fremde Länder zu gehen braucht, um sich Vorbilder eines frommen Lebens zu suchen, sondern damit ihr jederzeit in der Nähe und zu Hause Beispiele zur Nachahmung habt." (32)

Impulse aus der Heiligen Schrift
„Gefallen dem Herrn die Wege eines Menschen,
so versöhnt er auch seine Feinde mit ihm.
Böses zu meiden ist das Ziel der Rechtschaffenen;
wer auf seinen Weg achtet, bewahrt sein Leben."
(Sprichwörter 16,17.7)

„Wer Gott sucht, nimmt Belehrung an,
wer sich ihm zuwendet, erhält Antwort."
(Jesus Sirach 32,14)

„Jesus sagte zu ihm (Thomas): Ich bin der Weg und
die Wahrheit und das Leben; niemand kommt zum Vater
außer durch mich."
(Johannes 14,6)

„Die Weisheit aber, wo ist sie zu finden
und wo ist der Ort der Einsicht?
Kein Mensch kennt die Schicht, in der sie liegt;
sie findet sich nicht in der Lebenden Land."
(Ijob 28,12–13)

SICH ÜBERLEGEN FÜHLEN ...

Meine Schwester und ich sind noch unverheiratet. Wir haben beide einen Beruf, wohnen aber zu Hause auf dem Hof unserer Eltern. Sie benötigen unsere Mitarbeit, denn bei den geringen Erträgen aus der Landwirtschaft können wir uns keine bezahlten Kräfte erlauben. So sind wir für Vater und Mutter da, so lange es geht. Mit uns zusammen lebt noch die ältere unverheiratete Schwester von Vater. Bis ungefähr zu meinem fünfzehnten oder sechzehnten Lebensjahr habe ich Tante Sepha fast mehr geliebt als meine Mutter. Sie hatte trotz der vielen Arbeit immer Zeit für mich. Sie las mir Geschichten vor, beaufsichtigte meine Schulaufgaben, saß an meinem Bett, wenn ich krank war und steckte mir manchmal heimlich etwas Geld zu. Aber seitdem ich eine feste Freundin habe, macht sie mir bei jeder Gelegenheit Vorhaltungen, was alles passieren könne, wenn ...

Daraufhin erzählte ich ihr einmal eine Geschichte, die mich sehr beeindruckt hat. ‚In früherer Zeit gingen zwei Mönche von einem Kloster in ein anderes, das weit entfernt lag. Der Weg führte an einem breiten Fluss vorbei. Auf einmal hörten sie vom anderen Ufer ein lautes Rufen. Als sie näher kamen, erkannten sie eine Frau. Diese rief, sie müsse dringend über den Fluss, könne jedoch nicht schwimmen und bat die Mönche flehentlich um Hilfe. Einer von ihnen legte kurz entschlossen sein Habit ab, schwamm hinüber, holte die Frau und setzte sie am diesseitigen Ufer ab. Dankbar verabschiedete sie sich und ging wieder ihres Weges. Da sein Mitbruder bereits vorausgegangen war, brauchte der Mönch eine gewisse Zeit, bis er ihn eingeholt hatte. Sie gingen lange schweigend nebeneinander her. Dann machte der Mönch, der weitergegangen war, seinem Bruder heftige Vorwürfe. Ihre Ordensregel erlaube nicht einmal, eine Frau anzuschauen – geschweige denn zu berühren. Die Vorhaltungen hörten und hörten nicht auf. Als dann endlich Schweigen eintrat, sagte der Mönch, der die Frau aus ihrer Not befreit hatte: ‚Trägst du sie immer noch?'

Ich habe den Eindruck, Tante Sepha hat nicht verstanden, was ich ihr mit dieser Geschichte sagen wollte."

„Trägst du sie immer noch"? – Sind Sie schon einmal so tief beeindruckt worden, dass Sie diesen Eindruck lange nicht abgeben konnten? Welche Wege haben Sie gefunden, um davon wieder ganz frei zu werden?
Wie erklären Sie sich die Änderung im Verhalten von Tante Sepha?

Eine mögliche Antwort aus der Wüste

Ein Bruder hatte seinen Aufenthalt außerhalb des Dorfes und viele Jahre kam er nicht ins Dorf und sagte zu den Brüdern: „Seht, wie viele Jahre ich schon lebe: Und doch stieg ich noch nie ins Dorf hinauf! Ihr aber tut es ein- ums andere Mal!" Man sprach über ihn zum Altvater Poimen und dieser sagte: „Ich wäre in der Nacht hinaufgegangen und im Kreis um das Dorf herum, damit sich mein Gedanke nicht rühme, so als stiege ich nicht hinauf." (33)

Impulse aus der Heiligen Schrift

„Kohelet hat sich bemüht, gut formulierte Worte zu entdecken,
und hier sind diese wahren Worte sorgfältig aufgeschrieben.
Worte von Gelehrten sind wie Ochsenstecken, Sprüche aus
Sammlungen aber sitzen wie eingetriebene Nägel – sie sind die
Gabe eines einzigen Hirten."
(Kohelet 12,10–11)

„Der Weise höre und vermehre sein Wissen,
der Verständige lerne kluge Führung,
um Sinnspruch und Gleichnis zu verstehen,
die Worte und Rätsel der Weisen."
(Sprichwörter 1,5-6)

„An den Kindern deines Volkes sollst du dich nicht rächen
und ihnen nichts nachtragen. Du sollst deinen Nächsten
lieben wie dich selbst."
(Levitikus 19,18)

VERGEBEN ...

Ein junger Priester, der mit mir befreundet ist, leidet entsetzlich unter einem Erlebnis, das schon eine Weile zurückliegt. Er kann diese Geschichte einfach nicht loslassen. Schuldgefühle und Selbstvorwürfe quälen ihn so, dass er sich selbst verurteilt und entwertet. Obwohl er längst in der Beichte Vergebung erfahren hat, kommt er einfach nicht los von seiner „Schuld". Er umkreist sie ständig neu in seinen Gedanken und blockiert damit jegliches Angebot von Befreiung. Was ich auch versucht habe, bisher habe ich keinen Weg gefunden, der ihm helfen konnte. Ich kann nur noch für ihn beten.

Er hält sich für einen durch und durch schlechten Menschen und für unwürdig, Priester zu sein. Selbstvorwürfe ziehen ihn immer wieder nach unten und fixieren ihn auf seine Schuld. In langen Gesprächen wollte ich ihm klar machen, dass es genug sei, wenn man eine Sünde vor Gott zugibt und sie ihm damit auch übergibt. Ich versuchte, ihm deutlich zu machen, dass er letztlich an der Vergangenheit festhält und damit unfähig wird, die Gegenwart richtig zu leben. Und dann kam heraus, dass er sich selbst nicht vergeben kann. Die schlimmste Enttäuschung für ihn ist, dass er als Priester nicht so ideal ist, wie er sich das gedacht und vorgestellt hatte.

Der Grund für alles: Vor über einem Jahr lernte er eine Frau flüchtig kennen – und es kam zu einer sehr intimen Begegnung mit ihr."

Trotz der Vergebung in der Beichte lässt ihn sein Gewissen nicht zur Ruhe kommen. Können Sie das verstehen? Welchen Weg könnte der Priester gehen, um wieder in ein körperliches und seelisches Gleichgewicht zu kommen?

Eine mögliche Antwort aus der Wüste
Ein Bruder sagte zu Abbas Poimen: „Wenn ich in eine beklagenswerte Sünde geraten bin, quält mich mein Gewissen und klagt mich an: Weshalb bist du gefallen?" Da sprach der Altvater: „Wenn ein Mensch zur selben Stunde, da er einem Vergehen unterliegt, spricht: Ich habe gesündigt, dann hat die Sünde ein Ende." (34)

Impulse aus der Heiligen Schrift
„Denn gnädig und barmherzig ist der Herr;
er vergibt die Sünden und hilft zur Zeit der Not.
Weh den mutlosen Herzen und den schlaffen Händen,
dem Menschen, der auf zweierlei Wegen geht.
Weh dem schlaffen Herzen, weil es nicht glaubt;
darum wird es keinen Schutz haben."
(Jesus Sirach 2,11–13)

„Ihr sind ihre vielen Sünden vergeben, weil sie mir so
viel Liebe gezeigt hat. Wem aber nur wenig vergeben wird,
der zeigt auch nur wenig Liebe."
(Lukas 7,47)

„Dann nahm er den Kelch, sprach das Dankgebet und
reichte ihn den Jüngern mit den Worten: Trinkt alle daraus;
das ist mein Blut, das Blut des Bundes, das für viele
vergossen wird zur Vergebung der Sünden."
(Matthäus 26,27–28)

„Lobe den Herrn, meine Seele,
und vergiss nicht, was er dir Gutes getan hat:
der dir all deine Schuld vergibt
und all deine Gebrechen heilt,
der dein Leben vor dem Untergang rettet
und dich mit Huld und Erbarmen krönt."
(Psalm 103,2–4)

RESPEKTIEREN ...

Seit mehr als dreihundert Jahren gehört der Hof unserer Familie. Ich erinnere mich noch gut daran, wie glücklich mein Vater war, als ich zustimmte, den Hof von ihm mit allen Pflichten und Rechten zu übernehmen. Wir hatten Milchkühe, Schweine, Schafe, Hühner, Kaninchen und Tauben und konnten gut von den Erträgen leben. Nicht selten sahen unsere drei Mädchen, als sie noch klein waren, bei den Schlachtungen zu. Was sich allerdings dabei in ihrem Inneren ereignete, konnte ich lange nicht einschätzen. Erst heute sehe ich Zusammenhänge. Im harten Existenzkampf mit ausländischen Produkten mussten wir uns spezialisieren und entschlossen uns zunächst für die Schweinezucht. Nach der Schweinepest wechselten wir zur Kälberaufzucht und Rinderhaltung. Nach dem Auftreten der Rinder-Krankheiten mussten wir unseren Betrieb wieder auf die Schweinehaltung umstellen.

Inzwischen haben mir meine drei nun schon erwachsenen Töchter klar gemacht, dass keine von ihnen den Hof übernehmen will. Von unserer Jüngsten und Mittleren hatte ich es nicht anders erwartet, denn beide essen seit Jahren weder Fleisch noch Fisch noch Eier. Sie haben ihre vegetarische Ernährung zu einem Kult gemacht, der unangenehm und lästig auf mich wirkt. Wenn sie zu Hause sind, muss meine Frau doch tatsächlich gesondert für die beiden kochen. Und dann noch ihre Gesichter mit „langen Zähnen" bei Tisch zu sehen, ist gerade nicht sehr appetitanregend. Alles dreht sich bei ihnen nur darum, was sie essen dürfen und was nicht. Meine Frau hält sich da geschickt zurück, denn sie möchte es mit keiner verderben. Ist denn die Ernährung so wichtig, dass sie Priorität vor allem anderen hat? Gibt es nicht wichtigere Werte, die es verdient haben, dass wir uns engagierter für sie einsetzen?"

Wie können Sie sich das Verhalten der Töchter erklären? Es gibt immer mehr Menschen, die kein Fleisch essen. Welche geistige Haltung mag dahinter stehen?

Eine mögliche Antwort aus der Wüste
Einst schickte der heilige Epiphanios dem Altvater Hilarion die Aufforderung: „Komm, wir wollen einander nochmal sehen, bevor wir aus diesem Leibe scheiden." Als sie beisammen waren, freuten sie sich sehr. Beim Essen wurde Geflügel vorgesetzt und der Bischof bot dem Abbas welches an. Da sprach der Greis: „Verzeihe mir, seit ich das Mönchsgewand trage, habe ich nichts Geschlachtetes mehr gegessen." Darauf entgegnete der Bischof: „Und ich, seitdem ich das Mönchsgewand genommen habe, ließ keinen einschlafen, der etwas gegen mich hatte, und auch ich selber legte mich nicht zur Ruhe, wenn ich gegen jemand etwas hatte." Da sprach zu ihm der Altvater Hilarion: „Verzeihe mir, deine Lebensweise ist besser als die meine." (35)

Impulse aus der Heiligen Schrift

*„Wenn du deine Opfergabe zum Altar bringst und dir dabei
einfällt, dass dein Bruder etwas gegen dich hat, so lass deine
Gabe dort vor dem Altar liegen; geh und versöhne dich zuerst
mit deinem Bruder, dann komm und opfere deine Gabe."*
(Matthäus 5,23–24)

*„Nicht das, was durch den Mund in den Menschen hinein-
kommt, macht ihn unrein, sondern was aus dem Mund des
Menschen herauskommt, das macht ihn unrein."*
(Matthäus 15,11)

*„Reiß nicht wegen einer Speise das Werk Gottes nieder! Alle
Dinge sind rein; schlecht ist es jedoch, wenn ein Mensch durch
sein Essen dem Bruder Anstoß gibt. Es ist nicht gut, Fleisch zu
essen oder Wein zu trinken oder sonst etwas zu tun, wenn dein
Bruder daran Anstoß nimmt."*
(Römerbrief 14,20–21)

*„Berühre das nicht, iss nicht davon, fass das nicht an! Das
alles wird verbraucht und dadurch vernichtet. Menschliche
Satzungen und Lehren sind es. Man sagt zwar, in ihnen liege
Weisheit, es sei ein besonderer Kult, ein Zeichen von Demut,
seinen Körper zu kasteien. Doch es bringt keine Ehre ein,
sondern befriedigt nur die irdische Eitelkeit."*
(Kolosserbrief 2,21–23)

ANDERS SEIN ...

Meine Frau und ich, wir sind wegen unserem Sohn in einem großen Zwiespalt. Was er uns angetan hat, kann er nie mehr gutmachen. Und jetzt will er – nachdem er diesen unglaublichen Weg gegangen ist – tatsächlich zu uns in unsere Kleinstadt zurückkehren. Wir überlegen immer noch, ob wir es ihm erlauben oder verbieten sollen. Uns wäre es – ehrlich gesagt – am liebsten, er bliebe, wo er ist, und käme nicht mehr nach Hause zurück. Neben meinem Beruf habe ich mich politisch engagiert und mein Name steht für christliche Werte. Meine Frau wurde schon zum dritten Mal in den Pfarrgemeinderat gewählt und ich bin Mitglied des Kirchenvorstandes. Unsere beiden Töchter gehen hier zur Schule und wollen bald ihr Abitur machen. Und jetzt passiert uns so etwas ...

Christian hat bis zu seinem Studium bei uns gelebt und alles war in Ordnung. Im Stillen haben wir gehofft, er würde Priester werden. Aber er wollte Journalistik studieren und ging nach Berlin. Auf unsere Unterstützung konnte er bauen. Bei seinem letzten Besuch erzählte er uns von einem jungen Mann, in den er sich verliebt habe. Dieser arbeite in der Filmbranche. Sie seien bereits zusammengezogen, und er hätte nie gedacht, wie wunderbar ein Leben zu zweit sein könnte. Christian sagte, er habe sein Studium aufgegeben und arbeite nun auch in diesem Studio. Er ging wie selbstverständlich davon aus, dass wir seine Lebensweise tolerieren oder sogar akzeptieren. Obwohl wir selbst mit niemandem hierüber gesprochen haben, erzählt man in unserer Nachbarschaft bereits, unser Sohn sei homosexuell und arbeite auch in dem entsprechenden Milieu.

Nun ist für Christian alles in Berlin auseinandergebrochen und er will nach Hause kommen."

Sind Sie in der Lage, Menschen wie selbstverständlich anzunehmen, die von der so genannten Normalität abweichen, und ihnen den Rücken zu stärken? Was würde für Sie den Ausschlag bei Ihrer Entscheidung geben: die Liebe zu Ihrem Kind oder das Gerede der Nachbarn?

Eine mögliche Antwort aus der Wüste

Einem Bruder im Koinobion des Abbas Elias begegnete eine Versuchung. Er wurde darauf von dort verjagt und kam auf den „Berg" zum Altvater Antonios. Dort blieb der Bruder einige Zeit, dann schickte Antonios ihn in das Koinobion zurück, von dem er hergekommen war. Als sie ihn sahen, vertrieben sie ihn wieder. Da kehrte er zum Altvater zurück und sagte: „Vater, sie wollen mich nicht mehr aufnehmen." Da sandte ihnen Antonios Botschaft des Inhalts: „Ein Schiff auf dem Meer litt Schiffbruch, verlor die Fracht und wurde mit Mühe an Land gerettet. Ihr aber wollt das, was auf das Land gerettet wurde, ins Meer versenken." Wie sie hörten, dass der Altvater Antonios ihn schickte, nahmen sie ihn auf der Stelle wieder auf. (36)

Impulse aus der Heiligen Schrift

„Plötzlich brach auf dem See ein gewaltiger Sturm los, sodass das Boot von den Wellen überflutet wurde. Jesus aber schlief. Da traten die Jünger zu ihm und weckten ihn; sie riefen: Herr, rette uns, wir gehen zugrunde! Er sagte zu ihnen: Warum habt ihr solche Angst, ihr Kleingläubigen?"
(Matthäus 8,24–26a)

„Einer trage des anderen Last; so werdet ihr das Gesetz Christi erfüllen. Wer sich einbildet, etwas zu sein, obwohl er nichts ist, der betrügt sich."
(Galaterbrief 6,2–3)

„Du hast, o Gott, uns geprüft und uns geläutert,
wie man Silber läutert.
Du brachtest uns in schwere Bedrängnis
und legtest uns eine drückende Last auf die Schulter.
Du ließest Menschen über unsere Köpfe schreiten.
Wir gingen durch Feuer und Wasser.
Doch du hast uns in die Freiheit hinausgeführt."
(Psalm 66,10–12)

DAZU GEHÖRIG ...

Als ich das ,Haus Cassian', eine diözesane Bildungsstätte im Weserbergland, leitete, kam es oft vor, dass ich eine Referentin oder einen Referenten in Hannover vom Bahnhof abholte und nach dem Kurs zurückbrachte. Gerade in einer Zeit, in der ich vom Generalvikariat die Nachricht bekam, dass alle Zuschüsse gestrichen werden sollten, brachte ich eine Referentin zur Bahn. Als wir uns verabschiedet hatten, ging ich, belastet durch die Sorge um ,Haus Cassian', langsam vom Bahnsteig hinunter in die Bahnhofshalle. Und hier, unter Hunderten von Menschen, kam mir ein mittelgroßer weißer Hund entgegen, der nicht mehr von meiner Seite wich. Ehe ich mich versah, saß er bereits in meinem Auto. Alle Nachfragen ergaben, dass er niemandem entlaufen und wohl eher ausgesetzt worden war. Der Bahn-Polizeibeamte riet mir, den Hund mitzunehmen, da er sonst ins Tierheim gebracht werden müsse. Und seit dieser Zeit ist ,Burak' bei mir und trägt den Namen des weißen Pferdes von Mohammed. Ich musste mein Leben zwar sehr umstellen, erlebte aber sein Dasein als Fingerzeig und Geschenk Gottes. Ohne ihn hätte ich die notwendige Auflösung von ,Haus Cassian' psychisch nicht so glimpflich überstanden.

Doch was mir täglich zu einer neuen Freude wird, erregt bei vielen anderen Menschen einen nicht geringen Anstoß. Meine Arbeit geht weiter, und es kommen die unterschiedlichsten Menschen zu mir zum Gespräch. In dieser

Zeit kann ich Burak nicht allein lassen, da ihn sonst panische Angst überfällt, wieder allein gelassen zu werden. Er ist also immer dabei – was vielen Menschen absolut nicht gefällt. Sie sind mit bestimmten Vorstellungen und Wünschen gekommen und nun enttäuscht, dass da ein Hund, ein ‚niederes‘ Wesen, zugegen ist. Einigen gelingt es nicht, diese Situation zu akzeptieren. Und dabei liegt Burak, wenn wir uns einmal gesetzt haben, ruhig an meinen Füßen, um Kontakt zu spüren. Was soll ich anderes tun? Ich bedaure es sehr, dass einige, die früher regelmäßig kamen, nun ausbleiben. Und dann erreichen mich Briefe, in denen mir vorgeworfen wird, dass ich vornehmlich für einen Hund da sei und ihn mehr liebe als die Menschen."

Auch Tiere sind Lebewesen und Geschöpfe Gottes.
Glauben Sie, dass auch Tiere Empfindungen haben
wie Angst, Traurigkeit, Zuneigung, Liebe …?
Wie würden Sie sich verhalten, wenn Sie an
der Stelle dieses Priesters wären?

Eine mögliche Antwort aus der Wüste
Ein Bruder sprach zu einem berühmten Altvater: „Abbas, ich
möchte einen Altvater finden, der ganz nach meinem Sinn ist
und bei dem will ich bleiben." Der Altvater sagte darauf: „Du
hast Recht, mein Herr!" Jener aber bestand darauf, was der
Altvater ihm gesagt hatte. Als der Altvater sah, dass er glaubte,
Recht zu haben, sagte er zu ihm: „Also, wenn du einen Altvater
findest nach deinem Willen, dann willst du bei ihm bleiben?"
Jener antwortete: „Ja, das ist ganz mein Wunsch, vorausgesetzt,
dass ich einen nach meinem Sinn finde." Da sagte der Altvater

*zu ihm: „Du willst also nicht dem Willen dieses Altvaters folgen,
sondern du verlangst, dass jener deinem Willen folge, dann
wärest du also zufrieden?" Nun fühlte der Bruder, was der Altvater meinte, er erhob sich, warf sich zur Erde nieder zur Buße
und sagte: „Verzeihe mir, Vater, dass ich so ehrsüchtig war und
glaubte, Recht zu reden, obwohl ich nichts Gutes im Sinn hatte."*

(37)

Impulse aus der Heiligen Schrift
*„Sei gepriesen, Gott unserer Väter; gepriesen sei dein heiliger
und ruhmreicher Name in alle Ewigkeit. Die Himmel und all
deine Geschöpfe müssen dich preisen."*
(Tobit 8,5)

*„Von mir selbst aus kann ich nichts tun; ich richte, wie ich es
vom Vater höre, und mein Gericht ist gerecht, weil es mir nicht
um meinen Willen geht, sondern um den Willen dessen, der
mich gesandt hat."*
(Johannes 5,30)

*„Darum nehmt einander an, wie auch Christus
uns angenommen hat, zur Ehre Gottes."*
(Römerbrief 15,7)

VOR-URTEILE ...

Wenn ich jetzt von folgender Begebenheit berichte, so muss ich vorausschicken, dass es mir nicht leicht fällt darüber zu sprechen. Ich war Kaplan in Kevelaer, einem Wallfahrtsort am Niederrhein und mit der „Katholischen Erwachsenenbildung" betraut. Besonders im Winterhalbjahr, also außerhalb der Pilgerzeit, bot ich zwei bis drei Veranstaltungen mit namhaften Referenten an. So war auch eine Professorin für Neutestamentliche Exegese zu Gast. Ihr Zug hatte Verspätung, und wir mussten uns beeilen, um pünktlich in der angesagten Veranstaltung zu sein. Die Professorin bat mich jedoch, sie vorher noch in ihr Zimmer im Priesterhaus zu bringen, da sie sich umziehen wolle. Es war ein kalter regnerischer Wintertag. Dann rief sie mich und fragte, ob sie mich auf dem Weg ein wenig stützen könne. Als ich es – etwas fragend – bejahte, sagte sie mir leise, sie habe von Geburt an eine Behinderung an den Füßen und könne daher in diesen, zu ihrem Kostüm passenden Schuhen nur sehr unsicher gehen. Der Weg war nicht weit, doch der Kapellenplatz, den wir überqueren mussten, ist mit rauen Kopfsteinen gepflastert. Ich nahm sie daher fest in den Arm und führte sie sicher zum Ort der Veranstaltung und ebenso zurück.

Hinter meinem Rücken jedoch wurde ich beim Bischof angezeigt wegen meines ‚intimen' Verhaltens zu dieser Frau. Der Generalvikar kam persönlich zu mir und machte mir heftige Vorwürfe, ohne mich angehört zu haben. Es sei unmöglich, wie ich mich in der Öffentlichkeit mit einer Frau verhalten hätte … Ich müsse mit einer angemessenen Strafe und einer eventuellen Versetzung rechnen. Ich schwieg. Konnte ich denn das mir im Vertrauen Gesagte preisgeben?"

Könnten Sie als Beobachter „Regelverstöße", die jedoch niemandem schaden, für sich behalten? Bei welcher Gelegenheit haben Sie zu vorschnell geurteilt? Und wie haben Sie sich anschließend – nachdem die „Wahrheit" sich offenbarte – gefühlt?

Eine mögliche Antwort aus der Wüste

Ein Bruder fragte einen von den Vätern: „Wie führt der Dämon die Anfechtung wider die Menschen durch?" Der Altvater sprach zu ihm: „Es war unter den Vätern einer namens Nikon, der auf dem Berg Sina wohnte. Und als einmal jemand in das Zelt eines Pharaniten ging, fand er dessen Tochter allein und kam mit ihr zu Fall. Und er sagte zu ihr: ,Sage, dass der Anachoret Nikon es getan hat.' Als der Vater davon erfuhr, nahm er sein Schwert und ging zu dem Alten. Er klopfte und der Greis kam heraus. Er erhob das Schwert, um ihn zu töten, aber da wurde ihm der Arm gelähmt. Der Pharanit entfernte sich und meldete es den Vätern. Sie ließen den Greis holen und er kam. Man gab ihm viele Schläge und wollte ihn austreiben. Da sprach er zu ihnen: Lasst mich hier, um Gottes willen, und Buße tun. Sie bannten ihn auf drei Jahre und ordneten an, dass niemand ihn besuchen dürfe. Er hielt die drei Jahre durch, kam nur sonntags zur Kirche und tat Buße. Er bat alle: Betet für mich. Später wurde der, der die Sünde getan hatte, besessen, er, der die Heimsuchung über den Einsiedler gebracht hatte. In der Kirche bekannte er: Ich habe die Sünde begangen und ich verleumdete den Diener Gottes. Da kam das ganze Volk, warf sich vor dem Greis nieder und sagte: ‚Verzeihe uns, Vater!‘ Er antwortete ihnen: ‚Was das Verzeihen betrifft, so ist euch verziehen. Was aber das Bleiben betrifft: Ich bleibe nicht mehr bei euch, weil sich nicht einer fand, der die Unterscheidungsgabe hatte und mit mir Mitleid gezeigt hätte.‘ Und so ging er von dort fort.“ Und der Greis sprach zum Bruder: „Da siehst du, wie der Dämon die Versuchungen über die Menschen bringt.“ (38)

Impulse aus der Heiligen Schrift
„Wer den Nächsten verächtlich macht,
ist ohne Verstand,
doch ein kluger Mensch schweigt.
Wer als Verleumder umhergeht,
gibt Geheimnisse preis,
der Verlässliche behält eine Sache für sich.“
(Sprichwörter 11,12–13)

„Der Verleumder verkehrt Gutes in Böses
und deine besten Absichten bringt er in Verdacht.“
Einen Funken entfacht er zum Brand.“
(Jesus Sirach 11,31–32a)

„Trag deinen Streit mit deinem Nächsten aus,
doch verrate nicht das Geheimnis eines andern,
sonst wird dich schmähen, wer es hört,
und dein Geschwätz wird auf dich zurückfallen.“
(Sprichwörter 25,9–10)

SEXUALITÄT VERDRÄNGEN?

Es fällt mir schwer, über gewisse Gefühle und Verhaltensweisen zu sprechen. Aus der Intimsphäre zweier Menschen sollte so wenig wie möglich nach außen dringen. Das haben wir in unserer Ehe beherzigt, und es war gut so. Seit meine Frau operiert ist, lehnt sie mich ab. Die Zusammenhänge sind für mich einsehbar und psychologisch verständlich. Doch die Welt meiner sexuellen Gefühle ist mit dieser rationalen Erklärung keineswegs zufrieden. Wenn ich mich ständig zurückhalte und meine Sexualität verdränge, fühle ich mich sowohl in meinem geistigen als auch in meinem körperlichen Leben kraftlos. Ich spüre, dass in all meinen Bewegungen und in allen Vorgängen durchaus noch positive Kräfte stecken, die es neu zu entdecken und freizusetzen gilt.

Nachdem nun meine Frau sich mir versagt und mich damit allein lässt, musste ich mir einen eigenen Weg suchen. Ich denke viel darüber nach und frage mich, ob dieser Weg für mich der richtige und legitime ist. Er müsste es sein, denn er schadet niemandem und hilft mir.

Ich bin in eine „Jugend-Gewohnheit" zurückgefallen und seit dem befriedige ich mich selbst alle zwei bis drei Tage. Zum Glück weiß und ahnt das meine Frau nicht, denn ich denke, sie könnte es – allein schon von ihrem Glauben her – nicht verstehen. Mein Leben jedoch kommt durch diese Ersatz-Praktik wieder ins Lot. Ich empfinde jeweils eine abenteuerliche Freude und nachher fühle ich mich sehr wohl."

Beurteilen Sie das Verhalten dieses Ehemannes als rücksichtsvoll oder rücksichtslos? Er selbst kann gegen seine starke Sexualität nicht ankämpfen. Hätte er Ihrer Meinung nach Alternativen, und wenn ja, welche?

Eine mögliche Antwort aus der Wüste

Ein Bruder fragte den Altvater Sisoes: „Was soll ich tun, Vater, weil ich gefallen bin?" Der Altvater sagte ihm: „Steh wieder auf!" Der Bruder sagte darauf: „Ich bin aufgestanden, aber wieder gefallen." Und der Alte sagte darauf: „Dann stehe wieder und wieder auf!" Der Bruder fragte: „Wie lange?" Der Greis antwortete: „Bis du aufgenommen bist, entweder im Guten oder im Falle. Denn in dem, worin der Mensch sich befindet, geht er hinüber." (39)

Impulse aus der Heiligen Schrift

*„Folg nicht deinen Begierden,
von deinen Gelüsten halte dich fern!
Wenn du erfüllst, was deine Seele begehrt,
erfüllst du das Begehren deines Feindes.
Freu dich nicht über ein wenig Lust;
doppelt so schwer wird dann die Armut sein."*
(Jesus Sirach 18,30–32)

„Hast du auf dem ganzen Feld
einen fruchtbaren Acker ausgesucht,
streu getrost deine Saat aus
zur Fortpflanzung deines Geschlechts!
Dann werden deine Kinder dich umgeben,
sie werden groß werden im Vertrauen
auf das edle Geschlecht."
(Jesus Sirach 26,20–21)

„Lasst euch vom Geist leiten,
dann werdet ihr das Begehren des Fleisches nicht erfüllen."
(Galaterbrief 5,16)

„Flieh vor den Begierden der Jugend; strebe unermüdlich nach
Gerechtigkeit, Glauben, Liebe und Frieden, zusammen mit all
denen, die den Herrn aus reinem Herzen anrufen. Lass dich
nicht auf törichte und unsinnige Auseinandersetzungen ein."
(2. Brief an Timotheus 2,22–23)

GEWINNEN STATT VERLIEREN ...

Nach dem frühen Tod meines Mannes – er war 47 Jahre alt – veränderte sich mein Leben drastisch. Erst später wurde mir klar, was er mir alles abgenommen und wie er mich vor den Rauheiten des Lebens bewahrt hatte. Ich fühlte mich hilflos und allein. Unsere einzige Tochter war noch im Studium und kam nur sehr selten nach Hause. Wenn sie aber kam, nahm ich mich sehr zusammen und ließ sie meine tiefe Traurigkeit nicht spüren. Manchmal wusste ich nicht, ob ich den nächsten Tag bestehen würde. Ich konnte meinen Mann zwar nicht zurückholen – es ergab sich aber für mich eine wunderbare Lösung. Meine Tochter – wie sie mir später sagte – spürte meine seelische Not und tat nach ihrem Examen alles, damit sie in unserer Stadt eine Anstellung bekam. Sie wohnte zu Hause und sorgte für mich, wo sie nur konnte.

Eines Tages jedoch eröffnete sie mir, sie habe einen Freund und wolle zu ihm nach Berlin ziehen. Sie habe mir nicht eher etwas gesagt, um mir nicht weh zu tun. Ich schwieg. Als ich Gerhard kennen lernte, war ich entsetzt. Ich konnte nicht anders – ich musste es meiner Tochter sagen. Heute bereue ich das sehr, denn von diesem Zeitpunkt an hat sie sich von mir entfernt. Ich bin jedoch noch einen Schritt weiter gegangen und habe bei meinen Verwandten und Bekannten schlecht über ihn gesprochen. Ich musste mir einfach Luft machen, sonst wäre ich daran erstickt. Viele

kannten Gerhard bereits durch meine Tochter und emp-
fanden eine ähnliche Abneigung wie ich. War das eine
Wohltat, Gleichgesinnte zu finden, die ebenso entsetzt über
die Wahl meiner Tochter waren wie ich! Es gab seinerzeit
nichts Befreienderes für mich, als mit andern abfällig über
Gerhard zu sprechen: seine Herkunft und Erziehung, sein
Benehmen, seine Art zu sprechen und Witze zu machen ...
Aber jetzt lebe ich in einem noch größeren Unfrieden mit
mir selbst als in der Zeit nach dem Tod meines Mannes."

**Welche Gedanken und Gefühle mag die Tochter
nach der Reaktion ihrer Mutter gehabt haben?
„Wenn das Herz voll ist, möchte der Mund
überfließen" ... Welche Gefahren sind jedoch
mit dem Verhalten der Mutter verbunden?**

Eine mögliche Antwort aus der Wüste
*Ein Bruder fragte einen Altvater: „Wenn ein Bruder zu mir
kommt und über Dinge außerhalb zu sprechen anfängt, soll ich
ihm sagen, er möge mir davon nichts erzählen?" Der Altvater
antwortete ihm: „Sage gar nichts; denn wir können uns ja nicht
einmal selbst bewahren. Darum muss man sich hüten, dem
Nächsten zu verbieten, etwas zu tun, da wir selbst doch dasselbe
oder vielmehr noch Schlimmeres ebenfalls tun." Auf die Frage
des Bruders: „Was soll ich also machen?" antwortete der Greis:
„Wenn wir nur schweigen wollten, dann wäre dieses Beispiel für
den Nächsten schon genug."* (40)

Impulse aus der Heiligen Schrift

„Wer den Nächsten verächtlich macht, ist ohne Verstand,
doch ein kluger Mensch schweigt.
Wer als Verleumder umhergeht, gibt Geheimnisse preis,
der Verlässliche behält eine Sache für sich."
(Sprichwörter 11,12–13)

„Rede ich, hört doch mein Schmerz nicht auf;
schweige ich, so weicht er nicht von mir.
Jetzt aber hat er mich erschöpft.
Den Kreis der Freunde hast du mir verstört
und mich gepackt.
Mein Verfall erhebt sich
und tritt als Zeuge gegen mich auf;
er widerspricht mir ins Gesicht."
(Ijob 16,6–8)

„Wer Lob erteilt, bleibt vor Schimpf bewahrt. Der Weise
schweigt bis zur rechten Zeit, der Tor aber achtet nicht auf die
rechte Zeit. Er gibt wenig und schimpft viel, er reißt den Mund
auf wie ein Ausrufer. Wer weise ist im Reden, kommt voran."
(Jesus Sirach 20,3.7.15a.27a)

„Darum bist du unentschuldbar – wer du auch bist, Mensch –,
wenn du richtest. Denn worin du den andern richtest, darin
verurteilst du dich selber, da du, der Richtende, dasselbe tust."
(Römerbrief 2,1)

ZUGANG FINDEN ZU KÖRPER, GEIST UND SEELE

INNEHALTEN ...

Zunächst und beim ersten Lesen schienen mir die Worte und Erzählungen aus der Wüste recht fremd. Erst allmählich gehen mir tiefere Zusammenhänge auf, und ich erkenne, wie lebensnah und aktuell die Aussagen der Wüstenväter sind. Ich liebe meine Aufgaben als Geschäftsführer eines gut gehenden Unternehmens und habe wirklich nicht die Absicht, in ein Kloster einzutreten oder gar Mönch zu werden. Die Hinweise und Übungen, die die Altväter geben, setzen jedoch immer einen Prozess der Selbstwerdung in Gang – bei mir war es ebenso. Voraussetzung ist allerdings, dass die Suchenden auch konsequent die Worte des Abbas in die Tat umsetzen und nicht – wie heute viele Menschen es tun – ständig neu nach dem suchen, was helfen kann. Es geht immer um das Eins-Werden mit sich selbst, wobei die zerstreuten und widerstreitenden Kräfte gesammelt werden und zur Ruhe kommen sollen. Das Wort ‚Kellion‘ bedeutet ‚Zelle‘ und darüber hinaus den Raum des eigenen Inneren. Immer wieder geben die Altväter den Rat, dort zu verweilen, es dort auszuhalten und Ordnung zu schaffen, damit auch das äußere Leben gelingen kann.

Ich weiß es nur zu gut aus meiner Geschäftsführertätigkeit, wie unter dem Druck der Anforderungen wenig Zeit für mich selbst bleibt und wie ich die Pflege meiner Innerlichkeit vernachlässige. Durch die Weisheit der Wüste werde ich immer neu daran erinnert und ermutigt, mir Freiräume zu schaffen, um zum inneren Wesenskern zu gelangen. Die Antworten der Altväter nehmen mir zwar keine Entscheidung ab, aber sie geben mir wesentliche Entscheidungshilfen. Ich lerne, ehrlicher und wachsamer mit meinen Gefühlen und den Regungen meiner Seele umzugehen. Indem ich bewusster auf die Bewegungen der Seele achte, werde ich hellhöriger für die leise Stimme des Schöpfers. Ich ahne und erkenne langsam, dass der Wille und das Wesen Gottes meinem innersten Wesen entspricht."

Halten Sie es für vereinbar, einerseits ein erfolgreicher Geschäftsmann und andererseits für Gefühle und Regungen der Seele offen zu sein? Wenn Ja: Wie würde sich diese Wesensart in der „rauen" Praxis bemerkbar machen? Wie stehen Sie zu der Aussage: „Nicht auf die Fülle des Gelesenen kommt es an, sondern auf die Tiefe der Erfahrung"?

Eine mögliche Antwort aus der Wüste
Abermals sagte er (Abbas Antonios): „Wenn die Fische auf dem Trockenen liegen bleiben, dann verenden sie. So auch die Mönche. Verweilen sie außerhalb des Kellions oder geben sie sich mit Weltleuten ab, dann lösen sie sich aus dem Zug der Beschauung. Wie also der Fisch sich ins Wasser, müssen wir uns ins Kellion zurückziehen, damit wir nicht durch Verweilen außerhalb die Bewahrung des Inneren vergessen." (41)

Impulse aus der Heiligen Schrift

*„Du aber geh in deine Kammer, wenn du betest,
und schließ die Tür zu; dann bete zu deinem Vater,
der im Verborgenen ist. Dein Vater, der auch das
Verborgene sieht, wird es dir vergelten."*
(Matthäus 6,6)

*„Er (der Herr) führte mich hinaus ins Weite,
er befreite mich, denn er hatte an mir Gefallen.
Du, Herr, lässt meine Leuchte erstrahlen,
mein Gott macht meine Finsternis hell."*
(Psalm 18,20.29)

*„Jesus sagte zu ihm: Ich bin der Weg und die Wahrheit und das
Leben; niemand kommt zum Vater außer durch mich. Glaubt
mir doch, dass ich im Vater bin und dass der Vater in mir ist;
wenn nicht, glaubt wenigstens aufgrund der Werke!"*
(Johannes 14,6.11)

SPRICH DARÜBER ...

Während eines Urlaubs an der See bemerkte ich eines Nachts, dass ich ein Mann wurde. Ich war dreizehn Jahre alt, als ich diese aufregende Spannung an mir entdeckte. Männer und Frauen – ja, sogar das ganze Leben – erschienen mir auf einmal in einem ganz anderen Licht. Ich beobachtete meine Eltern mit einem neuen Blick und spürte eine mir bisher unbekannte Distanz zu ihnen. Da wir bei gutem Wetter viel am Strand waren, uns sonnten, Wanderungen unternahmen und mit Strand-Nachbarn Handball spielten, gab es für mich viel zu sehen und Neues zu entdecken. Eine ungeahnte Energie strömte auf mich ein, und ich genoss durch all meine Sinne diesen Aufbruch in meine eigene tiefere mir sich so wunderbar offenbarende Gefühlswelt. Am liebsten saß ich – ein wenig verborgen – im Strandkorb und beobachtete mit einer sich steigernden Lust die Schönheit und Formen der sich bewegenden Körper. Es tat mir unendlich gut und gab mir Sicherheit, dass Vater in meiner Nähe war. ‚Er hat einen Körper, wie ich ihn habe, und bestimmt hat er früher diese aufbrechenden männlichen Kräfte genauso erlebt!'

Unfähig, mit jemandem über das Neue an mir und mit mir zu sprechen, zog ich mich in mich selbst zurück. Vater war natürlich an meiner Seite, und ich sah und erlebte ihn täglich, doch ich vermochte nicht, mit ihm über das zu sprechen, was mich so sehr bewegte. Eine eigentümliche

Spannung zu ihm baute sich auf: Er war mein Vorbild und gleichzeitig erlebte ich einen Konkurrenten in ihm. Allzu gern hätte ich mich bei ihm angelehnt und im Vertrauen alles von mir erzählt: meine unruhigen Nächte, meine Sehnsucht, mein neues Körpergefühl. Ich hätte ihn vieles gefragt, wie er seinen Aufbruch als Junge erlebt hat, ob er auch … und wie es mit mir weitergehen würde. Doch keiner von uns beiden ging auf den anderen zu. Ich blieb allein und musste in den kommenden Jahren viele Um- und Irrwege gehen, bis ich den Sinn und Auftrag meines Lebens einsehen konnte."

Woran könnte es liegen, dass viele junge Menschen nicht mit ihren Eltern über Sexualität sprechen können?
Welche Gefahren könnten für einen jungen Menschen mit der Unsicherheit, die durch dieses „Nicht-Wissen" entsteht, verbunden sein?

Eine mögliche Antwort aus der Wüste
Ein Bruder fragte einst den Altvater Poimen: „Warum kann ich nicht offen mit den Altvätern über meine Gedanken reden?"
Der Alte antwortete: „Johannes Kolobos hat den Ausspruch getan: Über keinen freut sich der Teufel so sehr wie über jene, die ihre Gedanken nicht offenbaren."   (42)

Impulse aus der Heiligen Schrift
„Noch bin ich jung an Jahren,
doch ihr seid hochbetagt;

deshalb hielt ich mich zurück und scheute mich,
euch mein Wissen zu beweisen.
Ich dachte: Mag erst das Alter reden,
der Jahre Fülle Weisheit künden."
(Ijob 32,6b–7)

„Besser offener Tadel
als Liebe, die sich nicht zeigt."
(Sprichwörter 27,5)

„Zu dir rufe ich, Herr, mein Fels.
Wende dich nicht schweigend ab von mir!
Denn wolltest du schweigen,
würde ich denen gleich, die längst begraben sind."
(Psalm 28,1)

„Fürchte dich nicht! Rede nur, schweige nicht!
Denn ich bin mit dir, niemand wird dir etwas antun."
(Apostelgeschichte 18,9 b–10a)

ANGEPASST SEIN ...

Unsere Tochter ist auch mit 16 Jahren immer noch der Sonnenschein unserer Familie. Wir sind richtig stolz auf sie. Seit einiger Zeit jedoch hat sie sich Eigenarten in ihrer Ernährung angewöhnt, mit denen sie sich unbeliebt macht. Trotz unserer vielen Gespräche will sie nicht einsehen, dass sie anderen gegenüber sehr unhöflich ist und sie sogar provoziert. Wir können die Art ihrer Ernährung verstehen und unterstützen ihre Lebensweise sogar. Zu Hause hat sich das alles gut eingespielt: Sie isst kein Fleisch, keinen Fisch und keine Eier.

Problematisch wird es jedes Mal, wenn wir im Restaurant essen oder bei Freunden und Bekannten eingeladen sind. Unsere Tochter fragt im Restaurant langwierig nach der Zusammensetzung der auf der Karte angebotenen Gerichte und lässt alle durch ihr Abwägen peinlich lange warten, ehe sie etwas bestellt. Bei Einladungen lehnt sie die meisten Speisen ab und sucht sich kritisch und wählerisch etwas aus, von dem sie sicher weiß, dass es ihr entspricht. In letzter Zeit isst sie sogar nur das, was sie sich selbst mitbringt. Ihr übertriebenes Verhalten, von dem wir glaubten, es sei eine vorübergehende pubertäre Laune, scheint jedoch zu einer festen Charaktereigenschaft zu werden."

Was, glauben Sie, könnte sich wirklich hinter dieser angeblichen Charaktereigenschaft verbergen?

Warum sieht die Tochter ihr Verhalten nicht als Rücksichtslosigkeit anderen gegenüber?

Eine mögliche Antwort aus der Wüste
Ein Bruder, der Asket war und kein Brot mehr aß, besuchte einen berühmten Alten. Es befanden sich aber schon andere Fremde dort, und deshalb hatte der Alte eine Kleinigkeit zum Essen aufgestellt. Wie sie sich nun zum Essen setzten, legte der asketische Bruder nur einige angefeuchtete Kichererbsen vor sich hin und aß diese.

Als sie vom Essen aufgestanden waren, nahm ihn der Alte beiseite und sagte zu ihm: „Bruder, wenn du jemanden besuchst, lege deine Lebensweise nicht so offen dar. Wenn du unbedingt daran festhalten willst, so bleibe in deinem Kellion sitzen und verlasse es nicht mehr."

(43)

Impulse aus der Heiligen Schrift
„Wenn ihr fastet, macht kein finsteres Gesicht wie die Heuchler. Sie geben sich ein trübseliges Aussehen, damit die Leute merken, dass sie fasten."
(Matthäus 6,16a)

„Nicht das, was durch den Mund in den Menschen hineinkommt, macht ihn unrein, sondern was aus dem Mund des Menschen herauskommt, das macht ihn unrein."
(Matthäus 15,11)

„Ist nicht das Leben wichtiger als die Nahrung
und der Leib wichtiger als die Kleidung?"
(Matthäus 6,25b)

„Müht euch nicht ab für die Speise, die verdirbt,
sondern für die Speise, die für das ewige Leben bleibt
und die der Menschensohn euch geben wird."
(Johannes 6,27a)

„Denn es ist gut, das Herz durch Gnade zu stärken und
nicht dadurch, dass man nach Speisevorschriften lebt."
(Hebräerbrief 13,9b)

NEU BEDENKEN ...

Das Schwimmbad in unserem Kloster war jahrelang geschlossen, da es dringend überholungsbedürftig war und wir die Renovierungskosten nicht aufbringen konnten. Besonders unseren älteren Schwestern – und es werden zunehmend mehr – tut das Schwimmen oder das sich Aufhalten im warmen Wasser außerordentlich gut. Auf Bitten vieler hat sich die Provinzleitung entschlossen, unser Hallenschwimmbad von Grund auf renovieren zu lassen. Nun ist es mit den modernsten Einrichtungen und behindertengerecht ausgestattet. Ich habe den Eindruck, wesentlich mehr Schwestern als früher benutzen dieses wunderbare Angebot der heilenden Kraft des Wassers. Sie haben die anerzogene falsche Scheu abgelegt, sich im Badeanzug untereinander zu zeigen.

Auch mir tut es außerordentlich gut, zwei bis drei Mal in der Woche das Schwimmbad zu benutzen. Nach dem Schwimmen lege ich mich zum Ausruhen auf eine angewärmte Bank. Ich fühle mich rundum wohl und genieße dabei besonders die Entspannung und angenehme Schwere meines Körpers. Nach all den vom Orden wie auch von mir selbst auferlegten Verdrängungen erlebe ich nun durch dieses bewusst wahrgenommene und zugelassene Körpergefühl eine wunderbare Befreiung von Überdruck. Diese bejahende Einbeziehung des Körpers in meinen Lebensrhythmus hat viele Fragen in mir ausgelöst, so dass ich mich noch einmal ganz neu mit meinen Ordensregeln auseinander setzen möchte."

Wie ist die Berufung dieser Ordensschwester mit solchen Gefühlen in Einklang zu bringen?

Eine mögliche Antwort aus der Wüste
Einmal kam ein Bruder zum Altvater Poimen und sagte: „Was soll ich tun, Vater, denn ich werde zur Unkeuschheit versucht? Und siehe, ich ging zum Abbas Ibistion und er sagte zu mir: Du darfst sie nicht lange in dir verweilen lassen." Abbas Poimen sprach zu ihm: „Abbas Ibistion und seine Taten sind bei den Engeln droben. Es ist ihm verborgen, dass du und ich noch in der Unkeuschheit sind. Wenn aber der Mensch seinen Bauch beherrscht und die Zunge und das Wanderleben, dann habe Mut: er stirbt nicht! Lehre deinen Mund sagen, was dein Herz hat." (44)

Impulse aus der Heiligen Schrift
„Sorgt nicht so für euren Leib,
dass die Begierden erwachen."
(Römerbrief 13,14b)

„Wer den Herrn fürchtet, weiß, was recht ist,
aus dem Dunkel lässt er sicheren Rat aufleuchten.
Tu nichts ohne Rat und Überlegung,
dann hast du dir nach der Tat nichts vorzuwerfen."
(Jesus Sirach 32,16.19)

„Fragt euch selbst, ob ihr im Glauben seid, prüft euch selbst!
Erfahrt ihr nicht an euch selbst, dass Christus Jesus in euch ist?
Sonst hättet ihr ja (als Gläubige) schon versagt.
Ich hoffe aber, ihr werdet erkennen,
dass wir nicht versagt haben."
(2. Korintherbrief 13,5–6)

„Darum setzt allen Eifer daran, mit eurem Glauben die
Tugend zu verbinden, mit der Tugend die Erkenntnis, mit der
Erkenntnis die Selbstbeherrschung, mit der Selbstbeherrschung
die Ausdauer, mit der Ausdauer die Frömmigkeit, mit der
Frömmigkeit die Brüderlichkeit und mit der Brüderlichkeit
die Liebe."
(2. Petrusbrief 1,5–7)

AUFLEHNEN ...

Bei meinem Vater musste alles im Leben sehr schnell und zügig gehen. Und genauso war auch sein Tod. Als er Mutter und mich verließ – er kam durch einen Autounfall ums Leben –, war er noch relativ jung. Ich überbrachte Mutter die Nachricht, und von dieser Zeit an war sie wie gelähmt und voll innerer Opposition. Es wurde mir oft sehr schwer, sie zu verstehen, denn sie blockierte das Leben in sich selbst. Sie tätigte zwar die notwendigen Einkäufe, doch ging sie, außer täglich zum Friedhof, nirgendwo hin. Vaters Kleiderschrank und seinen Nachttisch ließ sie über Jahre unberührt. Anstatt seine Garderobe an Leute zu verschenken, die sie brauchen konnten, hütete sie sie. Wenn ich etwas gegen ihr Verhalten sagte oder mit ihr über ihre Lebenswunde sprechen wollte, wurde sie regelrecht böse. In ihrem Unverständnis, dass ihr der geliebte Mann genommen wurde, zog sie sich immer mehr zurück. Manchmal hatte ich sogar den Eindruck, dass sie mir innerlich Vorwürfe machte für den frühen Tod meines Vaters. Dann wiederum erwartete sie von mir das Unmögliche, ihn beruflich zu ersetzen. Gespräche führten nicht weiter, und ich wusste weder ein noch aus. Die sonst so schönen und heiteren Familienfeste, die meine Eltern früher mit sehr viel Liebe und Einfühlungsvermögen gestalteten, fielen aus. Weihnachten, Ostern und die Geburtstage waren Tage wie alle anderen Tage im Jahr.

Mutter lehnte sich bis zum Äußersten gegen ihr Schicksal auf – doch Vater kam nicht zurück. Sie konnte den Herrgott nicht verstehen und lehnte sich auch gegen ihn auf, dass er ihr das Liebste, was sie in dieser Welt besaß, meinen Vater, genommen hatte."

Wie ist es möglich, dass sich ein Mensch so total an einen anderen Menschen bindet, dass sein Leben sozusagen mit dem Leben des anderen „endet"? Auf welche Weise könnte dieser Frau geholfen werden, aus ihrer „Dunkelheit" herauszufinden?

Eine mögliche Antwort aus der Wüste

Ein Bruder, der von einem anderen Bruder beleidigt worden war, kam zum Altvater Sisoes und sagte zu ihm: „Ich wurde von einem Bruder beleidigt und ich möchte mir Recht verschaffen." Der Greis aber ermahnte ihn mit den Worten: „Nein, mein Kind, überlasse lieber Gott die Rache." Der aber antwortete: „Ich werde keine Ruhe geben, bis ich mich gerächt habe." Da sprach der Greis: „Bruder, komm, wir wollen beten!" Darauf erhob sich der Greis und sprach: „O Gott, wir haben dich nicht mehr nötig, du brauchst nicht mehr für uns zu sorgen. Denn wir verschaffen uns selbst unsere Rache." Als der Bruder das hörte, fiel er vor dem Greis auf die Knie und sagte: „Ich werde mit dem Bruder nicht mehr rechten, verzeihe mir, Abbas!" (45)

Impulse aus der Heiligen Schrift

„Zum Ekel ist mein Leben mir geworden, ich lasse meiner
Klage freien Lauf, reden will ich in meiner Seele Bitternis.
Ich sage zu Gott: Sprich mich nicht schuldig, lass mich wissen,
warum du mich befehdest."
(Ijob 10,1–2)

„Fürchte dich nicht vor dem Tod, weil er dir auferlegt ist.
Denk daran: Vorfahren und Nachkommen trifft es wie dich.
Er ist das Los, das allen Sterblichen von Gott bestimmt ist.
Was sträubst du dich gegen das Gesetz des Höchsten?"
(Jesus Sirach 41,3–4a)

„Jesus sagte zu ihr (nach der Auferstehung): Maria!
Da wandte sie sich ihm zu und sagte auf Hebräisch zu ihm:
Rabbuni!, das heißt: Meister. Jesus sagte zu ihr: Halte mich
nicht fest; denn ich bin noch nicht zum Vater hinaufgegangen."
(Johannes 20,16–17a)

DEMÜTIGEN ...

Als Ingenieur eines großen Unternehmens, das Stromge-winnungs-Anlagen für Stauwerke baut, bin ich schon viel in der Welt herumgekommen. Als ich noch nicht verheiratet war, freute ich mich über jeden neuen Auftrag aus dem Ausland, denn das bedeutete für mich einen mehrmonatigen Aufenthalt dort. So lernte ich nicht nur mehrere Sprachen, sondern konnte auch tiefer die jeweilige Kultur des Landes erleben. In Griechenland begegnete ich meiner zukünftigen Frau: Sie ist Griechin, Innenarchitektin und stammt aus einer sehr vornehmen Familie. Nicht zuletzt auch durch die Unterstützung ihrer Eltern konnten wir uns ein großzügiges Haus kaufen. Das Leidvolle jedoch für uns beide ist: Ich stehe noch voll im Beruf und muss häufig für Wochen, wenn nicht gar für Monate, ins Ausland. Irene ist allein; wir haben keine Kinder. Zum Glück verstehen wir uns mit unseren Nachbarn gut, so dass Irene auch in meiner Abwesenheit hin und wieder Gesellschaft hat.

Aber einmal geschah etwas, worunter meine Frau heute noch leidet. Ja, sogar ein starkes Heimweh nach Griechenland ist in ihr aufgebrochen. Die Nachbarn erwarteten Gäste, und dazu musste sich ihr Haus im schönsten Glanz zeigen. Meine Frau bot unseren Nachbarn an, ihnen beim Hausputz zu helfen. Die Nachbarn freuten sich und meine Frau, die etwas Gutes tun und sich ablenken wollte, freute sich ebenso. Meine Frau fasste mit an, wo sie nur konnte. Als sie alles so weit hergerichtet hatte, fragte sie die Hausfrau, ob noch etwas Weiteres zu tun sei. ‚Ja, sagte diese, die Toiletten müssen noch gründlich gereinigt werden.' Meine Frau, die über dieses Ansinnen sprachlos war, tat es mit der ihr angeborenen Freundlichkeit. Als am nächsten Morgen die Nachbarin anrief und um Mithilfe bat, das Haus aufzuräumen, sagte meine Frau, sie habe heute leider keine Zeit."

Gibt die Arbeit, die Sie einem anderen Menschen auftragen, zumindest unbewusst einen Hinweis auf den Grad der Wertschätzung dieses Menschen? Gemeint sind hier keine Notsituationen … Darf ein gutes nachbarschaftliches Verhältnis durch ein solches Ansinnen belastet werden oder zeigt es sich gerade dadurch, wie stabil es ist?

Eine mögliche Antwort aus der Wüste

Ein Altvater, der in der Wüste wohnte, redete sich selbst ein, er sei in allen Tugenden vollkommen. Er betete zu Gott: „Zeige mir, o Herr, die Vollkommenheit der Seele, und ich will sie üben." Gott aber wollte seine Gedanken demütigen und sprach zu ihm: „Gehe zu einem Archimandriten und tu, was er dir sagt." Und Gott offenbarte jenem Archimandriten seinen Willen, bevor der Bruder kam, und sagte ihm: „Siehe, jener Einsiedler kommt zu dir. Sag ihm also, er solle einen Stab nehmen und hingehen, deine Schweine zu hüten." Als der Greis kam, klopfte er an der Tür und trat zu jenem Archimandriten ein. Nach der Begrüßung setzten sie sich. Und es sprach zu ihm jener Einsiedler, der gekommen war: „Sage mir, was soll ich tun, damit ich gerettet werde." Und jener darauf: „Wirst du auch tun, was ich dir sage?" Und er antwortete ihm: „Ja." Da sagte er zu ihm: „Siehe, hier nimm den Stab und gehe, meine Schweine zu hüten." Jene aber, die ihn kannten und von ihm hörten, sagten, als sie ihn Schweine hüten sahen: „Habt ihr jenen großen Einsiedler gesehen, von dem wir gehört hatten? Siehe, sein Herz ist verstockt und vom Dämon besessen, und er hütet Schweine." Als Gott aber seine Demut sah, und wie geduldig er alle Beschimpfungen der Menschen ertrug, befahl er ihm, wieder an seinen Ort zurückzukehren." (46)

Impulse aus der Heiligen Schrift
„Ihr seid von Gott geliebt, seid seine auserwählten Heiligen. Darum bekleidet euch mit aufrichtigem Erbarmen, mit Güte, Demut, Milde, Geduld! Ertragt euch gegenseitig und vergebt einander, wenn einer dem andern etwas vorzuwerfen hat." (Kolosserbrief 3,12–13a)

„Wenn du Gutes tust, wisse, wem du es tust, dann wirst du Dank ernten für deine Wohltat. Gib dem Guten, nicht aber dem Bösen, unterstütze den Demütigen, gib nicht dem Hochmütigen!" (Jesus Sirach 12,1.4)

„Macht euch nicht zu Sklaven von Menschen! Brüder, jeder soll vor Gott in dem Stand bleiben, in dem ihn der Ruf Gottes getroffen hat." (1. Korintherbrief 7,23b–24)

MAß HALTEN ...

Der Dechant des Dekanates, zu dem ich als Pfarrer gehörte, lud zur Feier seines sechzigsten Geburtstags ein. Die Feier begann mit einem Gottesdienst in der Stadtkirche. Da ich nicht gern konzelebriere, sondern lieber in der Heiligen Messe still für mich bleibe, habe ich auf die gemeinsame Feier am Altar verzichtet. Als nach dem Glockenschlag die Messdiener und die Priester einzogen, spielte die Orgel die Melodie: „Happy birthday to you." Die Zelebranten machten einen feierlichen „Umweg" zum Altar, so dass die Geburtstagsmelodie mehrere Male wiederholt werden konnte. Die Kirche war voller Menschen, und einige, die in meiner Nähe standen, waren sichtlich gerührt. Mir jedoch war diese Ouvertüre derart unangenehm, dass ich am liebsten die Kirche fluchtartig verlassen hätte.

Es begann ein feierliches Hochamt und selbst Weihrauch fehlte nicht. Ich konnte nicht anders, als mich wiederholt zu fragen: Für wen wird gefeiert? Die Peinlichkeit, die ich empfand, steigerte sich noch um ein Weiteres. Der Dechant hielt die Predigt zu seinem Geburtstag selbst und erzählte – einem Fotoalbum folgend – seine eigene Lebensgeschichte. Außerhalb dieser Feier hätte seine Biografie, die den meisten bereits bekannt war, einen wohl weitaus besseren Platz gefunden. Nach dem Gottesdienst fand im Pfarrgarten ein Empfang statt. Die Reihe der Gratulanten schien endlos zu sein; ich reihte mich ein. Mit jedem wechselte der Dechant ein paar freundliche Worte und stieß mit ihm an. Schritt um Schritt ging es langsam weiter. Als ich vor ihm stand und gratulierte, bemerkte ich, wie er ein wenig schwankte und sich festhalten musste. Seine Augen waren trübe und seine Stimme verlangsamt. Das Ganze war mir so peinlich, dass ich gleich nach Hause fuhr. Bin ich nun herzlos oder intolerant, wenn ich diese Gefühle und Gedanken habe und das alles auch noch ausspreche?"

**Worin mag das „peinlich Berührtsein"
begründet sein?
Wie stehen Sie dazu, wenn sich ein „Diener Gottes"
im Hause Gottes selbst auf diese Weise feiern lässt?**

Eine mögliche Antwort aus der Wüste

Wiederum sagte er (Abbas Kassian): Wir besuchten einen anderen Greis und er veranlasste uns, etwas zu genießen. Wir waren schon gesättigt, da trieb er uns an, noch von der Speise zu nehmen. Als ich sagte, ich könne nicht mehr, antwortete er: „Als Brüder da waren, habe ich sechsmal den Tisch gedeckt, ich forderte jeden einzeln auf und aß mit ihm, und jetzt noch habe ich Hunger. Du aber hast einmal gegessen und bist so satt geworden, dass du nicht mehr kannst." (47)

Impulse aus der Heiligen Schrift

*„Er muss wachsen, ich aber muss kleiner werden.
Er, der von oben kommt, steht über allen;
wer von der Erde stammt, ist irdisch und redet irdisch.
Er, der aus dem Himmel kommt, steht über allen."*
(Johannes 3,30–31)

„Die Bruderliebe soll bleiben.
Vergesst die Gastfreundschaft nicht; denn durch sie
haben einige, ohne es zu ahnen, Engel beherbergt."
(Hebräerbrief 13,1–2)

„Mein Sohn, bei all deinem Tun bleibe bescheiden
und du wirst mehr geliebt werden als einer, der Gaben verteilt.
Je größer du bist, umso mehr bescheide dich,
dann wirst du Gnade finden bei Gott."
(Jesus Sirach 3,17–18)

„Vor dem Hagel leuchtet der Blitz,
vor dem Bescheidenen leuchtet die Gunst.
Wenn es Zeit ist, bleib nicht länger,
geh nach Haus und sei nicht ausgelassen."
(Jesus Sirach 32,10–11)

SEXUELLES AUSSCHWEIFEN ...

Es fällt mir nicht leicht, über etwas zu reden, was mir einerseits große Freude bereitet, andererseits jedoch im Laufe der Zeit viele Fragen hervorruft, die bisher unbeantwortet blieben. Als Student genieße ich momentan mein Leben. Ich gehe vieles lockerer an, als ich es von zu Hause aus gewohnt war. Dazu gehört auch meine Sexualität, die ich fast täglich durch ein oder zwei Selbstbefriedigungen sehr genieße. Es geht schon lange so. Zuerst empfand ich nach der eigentlichen Lust ein wohliges Gefühl, das sogar einige Stunden danach noch anhielt.

Seit einiger Zeit aber – und das veranlasst mich auch, darüber zu sprechen – mischt sich in dieses wohlige Gefühl ein fader Geschmack auf der Zunge. Dabei bleibt es jedoch nicht. Etwas Fremdes legt sich seit geraumer Zeit wie ein Ring um mein Herz und engt mich ein. Kann denn mein Verhalten, das ich als völlig normal und natürlich empfinde, zu einer seelischen Belastung werden?"

Welche Antwort können Sie eventuell aus eigener Erfahrung diesem Studenten auf seine Frage geben?

Eine mögliche Antwort aus der Wüste
Ein Bruder fragte den Altvater Xoios: „Wenn ich mich irgendwo auswärts befinde und ich esse drei Stücke Brot – das ist doch

nicht viel?" Der Greis sprach zu ihm: „Bist du etwa auf eine Dreschtenne gekommen?" Der Bruder fragte weiter: „Und wenn ich drei Becher Wein trinke, ist das viel?" Er antwortete: „Wenn der Teufel nicht dabei ist, dann ist es nicht viel, wenn er aber dabei ist, dann ist es viel.

Ich gebe dir eine Übung mit auf den Weg, die dich entlastet und dir wortlos eine Antwort auf dein Fragen gibt: Stelle dir beim Einatmen vor, du atmest durch dein Geschlechtszentrum ein. Führe dann in deiner Vorstellung langsam den eingeatmeten Luftstrom in deine Wirbelsäule hinauf bis in den Kopf. Atme jetzt durch die Mitte deiner Stirn aus, durch das sogenannte dritte Auge."

(48)

Impulse aus der Heiligen Schrift

„Jeder wird von seiner eigenen Begierde, die ihn lockt und fängt, in Versuchung geführt. Wenn die Begierde dann schwanger geworden ist, bringt sie die Sünde zur Welt."
(Jakobusbrief 1,14–15a)

„Legt den alten Menschen ab, der in Verblendung und Begierde zu Grunde geht, ändert euer früheres Leben und erneuert euren Geist und Sinn!"
(Epheserbrief 4,22–23)

„Wer im Fleisch gelitten hat, für den hat die Sünde ein Ende. Darum richtet euch, so lange ihr noch auf Erden lebt, nicht mehr nach den menschlichen Begierden, sondern nach dem Willen Gottes! Denn lange genug habt ihr in der vergangenen Zeit ... ein ausschweifendes Leben voller Begierden geführt."
(1. Petrusbrief 4,1b–3a)

GESPALTEN SEIN ...

Ich weiß, dass mein Mann mich liebt und in allem zu mir steht. Das spüre ich zutiefst. Ich möchte auch meine Hand dafür ins Feuer legen, dass Helmut während der Zeit unserer Ehe zu keiner anderen Frau gegangen ist. Für unsere beiden Kinder ist er ein Vater, wie man sich keinen besseren wünschen kann. Auch im Beruf hat er Erfolg und in unserer Gemeinde ist er schon zum zweiten Mal als erster Vorsitzender des Kirchenvorstandes gewählt worden. Doch was ich jetzt über ihn erfahren musste, darf unter keinen Umständen nach außen dringen. Die Kinder würden ebenso wenig damit fertig, und wenn die Kirchengemeinde davon erführe, könnten wir von hier fortziehen. Doch, Gott sei Dank, ist es noch nicht so weit. Der Druck lastet vorerst allein auf meiner Seele – aber vielleicht leidet auch Helmut genauso darunter und ist selbst unglücklich. Ich nehme es an, denn gesprochen haben wir noch nicht darüber. Vielleicht kann ich ihm ja helfen? Aber im Augenblick fühle ich mich vollkommen ratlos und bin selbst auf Hilfe angewiesen – nicht zuletzt auf die Hilfe Gottes.

Jeder von uns in der Familie hat ein eigenes Zimmer, das heißt eine eigene Welt, die von den anderen respektiert wird. Im Zimmer von Helmut steht neben dem Fernseher ein Computer. Neulich musste wegen einer neuen Einstellung ein Techniker kommen. Dieser Service war während der Arbeitszeit meines Mannes, so dass ich mich länger in seinem

Zimmer aufhielt. Vergeblich suchte ich in seinem Schreibtisch die Bedienungsanleitung des Scanners. Dabei machte ich eine schockierende Entdeckung. Als der Computerfachmann gegangen war, konnte ich – entgegen unserer Abmachung – nicht anders als Helmuts Zimmer genauer durchsuchen. Ich fand in seinem Schreibtisch stapelweise Pornohefte mit den übelsten Fotos von Männern und Frauen, Videos der gleichen Art und sonderbare Gummi- und Plastikteile, von denen ich mir nur ungefähr denken kann, wozu sie gedacht sind. Was läuft da im Verborgenen ab?"

Glauben Sie, dass diese heimliche Vorliebe des Ehemannes etwas mit der geistigen und körperlichen Liebe zu seiner Frau zu tun hat?
Wie sollte sich die Ehefrau nun verhalten?

Eine mögliche Antwort aus der Wüste
Abbas Gerontios – der von Petra – sprach: „Viele von denen, die von fleischlichen Begierden versucht werden, berühren zwar keinen Leib, aber in ihrem Denken haben sie dennoch Ehebruch getrieben. Sie bewahren zwar den Leib jungfräulich, sind aber in der Seele ganz ehebrecherisch. Gut ist es also, Geliebte, die Schrift zu erfüllen und mit aller Aufmerksamkeit das Herz zu bewahren – das gilt für jeden!"   (49)

Impulse aus der Heiligen Schrift
„Mehr als alles hüte dein Herz;
denn von ihm geht das Leben aus.
Vermeide alle Falschheit des Mundes

und Verkehrtheit der Lippen halt von dir fern!
Deine Augen sollen geradeaus schauen
und deine Blicke richte nach vorn!"
(Sprichwörter 4,23–25)

„Ihr habt gehört, dass gesagt worden ist:
Du sollst nicht die Ehe brechen.
Ich aber sage euch: Wer eine Frau auch nur lüstern ansieht,
hat in seinem Herzen schon Ehebruch mit ihr begangen."
(Matthäus 5,27–28)

„Auch des Ehebrechers Auge achtet auf Dämmerung.
Kein Auge, sagt er, soll mich erspähen!,
eine Hülle legt er aufs Gesicht."
(Ijob 24,15)

AUFRICHTIG ...

Zu meinem Neffen Klaus habe ich schon seit seiner
Kindheit ein sehr inniges und herzliches Verhältnis. Er
hat großes Vertrauen zu mir und schüttet vor allem dann
sein Herz bei mir aus, wenn es um Dinge geht, die er seinen
Eltern nicht sagen kann – wie er glaubt. Bisher konnte ich
für ihn immer ein guter Freund sein und habe alles, was er
mir anvertraute, mitgetragen und viel für ihn gebetet.

Jetzt offenbarte er mir seinen Hang zur Homosexualität
und seinen Wunsch, davon frei zu werden. Da mich dieses
Thema zum ersten Mal so unmittelbar berührte, brauchte
ich Zeit, um mich mit dieser für mich völlig neuen Situation
auseinander zu setzen. Mir fiel das Wort ein: ‚Man wandelt
nur das, was man annimmt‘ – und ich handelte danach.
Klaus hatte nicht mit dieser grundlegenden Akzeptanz ge-
rechnet und rechnet mir das hoch an. Gute Ratschläge aus
der psychologischen Literatur, gemeinsame Überlegungen
und Entschlüsse bewirkten aber bisher in keiner Weise die
gewünschte Veränderung. Zudem bittet er mich immer
wieder, für ihn zu beten.

Nun frage ich mich allen Ernstes, ob er wirklich in seinem
tiefen Inneren überhaupt den Wunsch hat, diese Art zu
leben aufzugeben, denn er besucht immer und immer wieder
einschlägige Lokale, die es hier bei uns zur Genüge gibt.“

Gespräche und Gebete haben bisher zu keiner
Lösung geführt. Welchen Weg würden Sie dem
jungen Mann vorschlagen, durch den er zu sich
selbst findet?
Sind Sie offen gegenüber all den Menschen,
die sich durch irgendeine Eigenschaft oder
Verhaltensweise von der so genannten
„Normalität" abheben?

Eine mögliche Antwort aus der Wüste

Ein Bruder wurde von übermäßiger Sexualität bedrängt und begab sich zu einem berühmten Altvater und bat ihn: „Tue mir
doch etwas zu Liebe und bete für mich, denn ich werde sehr
stark von übermäßiger Sexualität bedrängt."
Der Alte bat bei Gott für ihn. Da kam der Bruder ein zweites
Mal mit derselben Bitte, und der Alte fuhr eifrig fort, Gott für
ihn anzurufen, bat aber Gott zugleich: „Verrate mir doch etwas
von diesem Bruder und woher diese ungute Energie kommt, dass
er, trotz meiner Fürbitte, keine Ruhe finden kann."
Und Gott enthüllte ihm die Eigenart des Bruders: Er sah ihn
sitzen, und nahe bei ihm war der Geist der Unzucht. Ein Engel,
der gesandt war, ihm zu helfen, stand da und war aufgebracht,
weil der Bruder seine Zuflucht nicht zu Gott nahm, sondern
lustvoll seine Gedanken hegte und der Begierde sein ganzes
Denken und Fühlen überließ. Da erkannte der Altvater, dass
die Ursache im Bruder selbst lag, und er sagte zu ihm: „Du
selbst stimmst ja deinen Gedanken und deinen Gefühlen zu!"
Und er lehrte ihn, wie den Gedanken zu widerstehen sei, und
durch das Gebet und die Belehrung des Alten kam der Bruder
zur Besinnung und fand Ruhe.   (50)

Impulse aus der Heiligen Schrift

„Ob ich sitze oder stehe, du weißt von mir.
Von fern erkennst du meine Gedanken.
Ob ich gehe oder ruhe, es ist dir bekannt;
du bist vertraut mit all meinen Wegen.
Erforsche mich, Gott, und erkenne mein Herz,
prüfe mich, und erkenne mein Denken!
Sieh her, ob ich auf dem Weg bin, der dich kränkt,
und leite mich auf dem altbewährten Weg!"
(Psalm 139,2–3.23–24)

„Jesus erkannte sofort, was sie dachten,
und sagte zu ihnen: Was für Gedanken habt ihr im Herzen?"
(Markus 2,8)

„Ich fürchte aber, wie die Schlange einst durch ihre Falschheit
Eva täuschte, könntet auch ihr in euren Gedanken von der
aufrichtigen und reinen Hingabe an Christus abkommen."
(2. Korintherbrief 11,3)

DURCHHALTEN ...

Ich habe an einem Kurs zur Einübung in das Ruhegebet teilgenommen. Diese alte christliche Gebetsweise, die auf Johannes Cassian (4. Jh.) zurückgeht, hat mich sehr angesprochen und kommt meinen Bedürfnissen entgegen. Bei diesem Gebet brauche ich nichts zu leisten oder zu tun, sondern ich lerne, einfach nur da zu sein vor Gott, meinem Schöpfer. Es ist wunderbar, durch die sanfte innere Wiederholung eines alten Gebetswortes in eine immer tiefer werdende Ruhe hineingenommen zu werden. Ich unterlasse jegliche bewusst gesteuerte Gedankenaktivität und lerne, nichts zu tun. Diese Erfahrung einer ruhevollen Wachheit möchte ich nicht mehr missen, denn meine religiöse Erziehung bestand einzig und allein darin, durch das Einhalten der Ge- und Verbote vor Gott und für ihn etwas zu leisten. Durch diese Art der Religiösität blieb ich immer in mir selbst gefangen und konnte niemals ausruhen oder loslassen. Und genau das – loslassen und tiefe Ruhe aufnehmen – ist der Weg, den ich mit dem Ruhegebet gehe. Kein Aufwand ist dazu notwendig, keine entsprechende Vorbereitung und kein Kult. Der einzige Akt, den ich von mir aus setze, besteht darin, mir zweimal am Tag eine Zeit von fünfzehn bis dreißig Minuten zu nehmen. Und wirklich: Alles andere geschieht von selbst. Immer neu richte ich mich durch die leise Wiederholung meines Gebetswortes auf Jesus Christus aus, den ich um sein Erbarmen bitte.

In letzter Zeit jedoch bleiben die guten Erfahrungen innerer Ruhe aus, und so lasse ich öfter das Ruhegebet ausfallen. Vieles gebe ich zur Entschuldigung vor, denn die anfängliche Begeisterung trägt mich momentan nicht mehr. So inkonsequent kenne ich mich eigentlich nicht. Ich verstehe durchaus die Notwendigkeit dieses Betens, doch stellt sich mein Eigenwille mit vielen Entschuldigungen dazwischen und lähmt mich."

Die Antwort der Wüste lautet: durchhalten und weitermachen. Können Sie diesen Rat aus eigener Gebetserfahrung bestätigen oder haben Sie andere Erfahrungen gemacht?

Eine mögliche Antwort aus der Wüste
Wiederum sprach sie (Amma Synkletika): „Wenn du fastest, dann schütze nicht Krankheit vor, denn auch die, die nicht fasten, verfallen häufig den gleichen Krankheiten. Hast du mit einem guten Werk angefangen, dann lass dich nicht abtreiben durch den Feind, der dich schlägt. Denn er wird durch deine Geduld zunichte gemacht. Denn jene, die sich auf Seefahrt begeben, haben zuerst günstigen Wind, hernach, wenn sie die Segel ausgespannt haben, treffen sie auf Gegenwind, aber wegen des eingefallenen Windes erleichtern die Schiffer das Fahrzeug nicht. Sie legen vielmehr eine kleine Ruhepause ein oder kämpfen sich mit dem Sturme ab und setzen dann die Fahrt wieder fort. So müssen auch wir sein: wenn ein widriger Wind sich einstellt, müssen auch wir das Kreuz als Segel ausspannen und ohne Furcht die Fahrt zu Ende führen." (51)

Impulse aus der Heiligen Schrift

„Und er (Jesus) ging zu den Jüngern zurück
und fand sie schlafend. Da sagte er zu Petrus:
Konntet ihr nicht einmal eine Stunde mit mir wachen?"
(Matthäus 26,40)

„Der Geduldige hält aus bis zur rechten Zeit,
doch dann erfährt er Freude.
Bis zur rechten Zeit hält er mit seinen Worten zurück,
dann werden viele seine Klugheit preisen."
(Jesus Sirach 1,23–24)

„Darum, Brüder, haltet geduldig aus bis zur Ankunft
des Herrn! Auch der Bauer wartet auf die kostbare Frucht
der Erde, er wartet geduldig, bis im Herbst und im Frühjahr
der Regen fällt. Ebenso geduldig sollt auch ihr sein.
Macht euer Herz stark, denn die Ankunft des Herrn
steht nahe bevor."
(Jakobusbrief 5,7–8)

KRAFT DER GEDANKEN ...

Ich möchte wissen, ob ich mir das alles nur einbilde oder ob doch etwas Wahres daran ist. Erst jetzt im Alter werden mir Zusammenhänge klar, die ich eigentlich schon längst hätte erkannt haben müssen. Es fällt mir nicht leicht, darüber zu reden, da ich damit Dinge offenbare, die vieleicht nicht ganz korrekt sind. Manche Leute würden sagen, ich bin eine Fantastin; denn das Phänomen, das mich beschäftigt, ist nicht rein rational zu erfassen. Ich erinnere mich an meine Mutter, die mir von einer Begegnung am Ende des zweiten Weltkriegs erzählte. Damals habe ich jedoch nicht verstanden, was sie mir damit sagen wollte. Um aus Bernburg an der Saale, wo sie stationiert war, nach Hause zu kommen – die Russen waren auf dem Vormarsch – bediente sie sich einer Unwahrheit. Die Züge nach Westen waren überfüllt, und es wurden nur Mütter mit kleinen Kindern und Kranke befördert. Als Rot-Kreuz-Schwester hatte Mutter guten Kontakt zu den Ärzten. Sie ließ sich testieren, dass sie lungenkrank sei und fand einen Transport, der sie mitnahm. Zu Hause angekommen überfiel sie eine derart starke Lungenentzündung, die sie an den Rand des Todes brachte.

Und ich habe nichts daraus gelernt. Inhalte unwahrer Entschuldigungen, die ich in der Schule vorbrachte, wurden zur schmerzhaften Wahrheit. Später im Studium und im Beruf waren es dann so genannte Notlügen, Ausreden oder Halbwahrheiten, die mir zwar momentan Erleichterung verschafften, mich aber dann einholten und Klärung forderten. Ja, und heute ist es so, dass ich mich sehr davor hüten muss, jemandem etwas Schlechtes zu wünschen oder negativ von ihm zu denken. Ich habe mir nicht vorstellen können, welche Kraft die Gedanken haben. Das Wunderbare ist: Wenn ich sie zum Guten einsetze – zum Beispiel wenn ich für jemanden bete –, darf ich einer unterstützenden und heilenden Wirkung sicher sein – und das nicht nur bei mir, sondern auch bei anderen Menschen."

Sicher haben auch Sie schon Erfahrungen gemacht mit der „Kraft der Gedanken" oder der „sich selbst erfüllenden Prophezeiung". Welche Konsequenzen haben Sie daraus für Ihr eigenes Leben gezogen? Ist es gerechtfertigt, eines kurzfristigen Vorteils wegen die Wahrheit zu verschleiern?

Eine mögliche Antwort aus der Wüste
Ein Bruder fragte einen Altvater: „Glaubst du wohl, mein Vater, dass die heiligen Männer es erkennen, wenn die Gnade in sie kommt?" Der Altvater antwortete: „Sie erkennen es nicht immer. Denn als einmal der Schüler eines großen Greises in irgendeiner Sache gesündigt hatte, schrie ihn der erzürnte Alte an: ‚Geh und stirb!' Und auf der Stelle fiel jener hin und starb. Als der Altvater sah, dass jener gestorben war, ergriff ihn eine ungeheure Angst, und in großer Demut flehte er den Herrn an und bat: ‚Herr Jesus Christus, erwecke ihn wieder, und nie wieder will ich jemals eine solche Rede sagen.' Und als er das gesagt hatte, stand der Schüler sofort wieder auf." (52)

Impulse aus der Heiligen Schrift

„Erschaffe mir, Gott, ein reines Herz
und gib mir einen neuen, beständigen Geist!
Verwirf mich nicht von deinem Angesicht
und nimm deinen heiligen Geist nicht von mir!
Mach mich wieder froh mit deinem Heil;
mit einem willigen Geist rüste mich aus!"
(Psalm 51,12–14)

„Ich schenke ihnen ein anderes Herz und schenke ihnen
einen neuen Geist. Ich nehme das Herz von Stein aus ihrer
Brust und gebe ihnen ein Herz von Fleisch, damit sie nach
meinen Gesetzen leben und auf meine Rechtsvorschriften
achten und sie erfüllen."
(Ezechiel 11,19 – 20 a)

„Vor allem fordere ich zu Bitten und Gebeten, zu Fürbitte
und Danksagung auf, und zwar für alle Menschen,
für die Herrscher und für alle, die Macht ausüben,
damit wir in aller Frömmigkeit und Rechtschaffenheit
ungestört und ruhig leben können."
(1. Timotheusbrief 2,1–2)

MIT KRANKHEITEN UMGEHEN

BESESSEN SEIN ...

Computer und vor allem das Internet sind für uns unbezahlbar wichtig geworden. Wir konnten sogar eine Arbeitskraft einsparen. Besonders mein Mann arbeitet sich seit Jahren in die Programme ein und ist ständig weiter bestrebt, Neues zu lernen und für unseren Betrieb nutzbar zu machen. Durch den sofortigen Kontakt auch mit unseren auswärtigen Kunden konnten wir den Umsatz in unserem Exportgeschäft um fast 30 % erhöhen. Doch genauso faszinierend sind die ungeahnten Möglichkeiten, die es weiter auszuschöpfen gilt.

Neben diesen gewinnbringenden Gesichtspunkten gibt es aber gefährliche Schattenseiten, die meinen Mann krank machen. Leider merkt er es selbst nicht, da er in diesem Punkt total uneinsichtig ist. Er engagiert sich bis zum Äußersten – oft sogar ganze Nächte hindurch, schließt sich ein, wenn er nicht gestört sein möchte, und vergisst zu essen. Eine blinde Arbeitswut hat ihn ergriffen, das Letzte aus sich und dem Computer herauszuholen. Wenn er mich anschaut, habe ich das Gefühl, er ist nicht mehr er selbst. Seine Persönlichkeit scheint gestört zu sein, denn aus den anfangs guten und unterstützenden Funktionen und Kräften sind unheilvolle geworden. Sein Verfall ist erschreckend."

Wie würden Sie vorgehen, wenn ein von Ihnen
geliebter Mensch sich so weit an den Abgrund wagt,
dass die Gefahr besteht, abzustürzen?
Jeder Mensch, der eine Sucht hat, sucht etwas.
Was – glauben Sie – sucht dieser Mann?

Eine mögliche Antwort aus der Wüste
Ein erfahrener Mitarbeiter beobachtete längere Zeit einen
Kollegen und stellte bei ihm eine innere Zerrissenheit fest. Er
machte Überstunden und Überstunden, um seinen Besitz zu
vergrößern, sich mehr leisten zu können als andere und um nach
außen mehr zu gelten.
Deutlich sah der Beobachter aus der Distanz heraus den Schatten
einer Fremdmacht, die von seinem Kollegen so stark Besitz er-
griffen hatte, dass dieser nicht mehr spürte, wie er manipuliert
wurde. Selbst in Phasen großer Erschöpfung kam der von blinder
Arbeitswut Getriebene nicht zur Ruhe, so dass er nicht einmal
die Gelegenheit hatte, über sein Verhalten und seine Motive
nachzudenken. Somit war es ihm zwangsläufig unmöglich, das
Beschämende seiner Lebensweise zu erkennen. Der andere konn-
te diese zerstörende Fremdbestimmung nicht länger mit ansehen
und fragte schließlich: „Warum das alles?" Die Antwort: „Wir
können in dieser Gesellschaft nur Erfolg haben, wenn wir bis
zum Äußersten gehen."
„Du sagst mit Recht ‚wir', denn du bist nicht allein. ‚Wir' – das
heißt, ein anderer, den du nicht siehst, arbeitet mit dir zusammen.
Er will dir aber nicht helfen, sondern dich zerstören." (53)

Impulse aus der Heiligen Schrift

„In der Synagoge saß ein Mann, der von einem Dämon,
einem unreinen Geist, besessen war. Der begann laut zu
schreien: Was haben wir mit dir zu tun, Jesus von Nazaret?
Bist du gekommen, um uns ins Verderben zu stürzen?"
(Lukas 4,33–34)

„Auch dürft ihr am Sabbat keine Last aus euren Häusern
hinaustragen und keinerlei Arbeit verrichten. Vielmehr sollt ihr
den Sabbat heiligen, wie ich es euren Vätern geboten habe.
Doch sie haben nicht gehört und ihr Ohr mir nicht zugeneigt,
sondern ihren Nacken versteift, ohne zu gehorchen und ohne
Zucht anzunehmen."
(Jeremia 17,22–23)

„Was erhält der Mensch dann durch seinen ganzen Besitz
und durch das Gespinst seines Geistes, für die er sich unter
der Sonne anstrengt? Alle Tage besteht sein Geschäft nur
aus Sorge und Ärger und selbst in der Nacht kommt sein Geist
nicht zur Ruhe."
(Kohelet 2,22–23)

AUSNUTZEN ...

Dr. Elisabeth R., die zeitlebens von der benediktinischen Spiritualität angezogen wurde, hatte in ihren jungen Jahren vor, in ein Kloster einzutreten, entschied sich jedoch später für ein Pädagogikstudium. Sie wurde eine angesehene und ihren Glauben überzeugend vermittelnde Lehrerin und lehrte an den Höheren Handelsschulen die Fächer Religion, Deutsch und Englisch. Ihr Engagement für Hilfsbedürftige war groß und geschah im Verborgenen. Aus Sorge, im Alter einmal einem fremden Menschen zur Last zu fallen, sparte sie, kaufte sich eine Eigentumswohnung und legte Geld an.

Lange nach ihrer Pensionierung, als sie selbst Hilfe brauchte, lernte sie Renate kennen. Diese kam ihr sowohl auf menschlicher als auch auf religiöser Ebene entgegen. Da Renate ein eigenes Haus mit einem kleinen Garten besaß, überredete sie Frau Dr. R., wegen der besseren Betreuungs- und Pflegemöglichkeiten zu ihr zu ziehen. Frau Dr. R. ließ alles mit sich geschehen, denn sie war überaus froh und dankbar, einen Menschen gefunden zu haben, der sie so freundlich umsorgte, und dem sie bedingungslos vertrauen konnte. Renate – wie sich später herausstellte – hatte bei aller Freundlichkeit jedoch nur eines im Sinn: Sie wollte, da Frau Dr. R. keine leiblichen Verwandten besaß, so schnell wie möglich an ihr Vermögen kommen. Nachdem sie sich eine Betreuungsverfügung hatte unterschreiben lassen, bestand sie darauf, dass das zu ihren Gunsten verfügte

Testament notariell beurkundet wurde. Als Frau Dr. R. sehr krank und zu einem Pflegefall wurde, gab Renate sie in ein Heim und kümmerte sich vornehmlich um die finanziellen Angelegenheiten. Sie bemächtigte sich der Rücklagen und verkaufte die Eigentumswohnung. Im Vertrauen und Glauben, alles gut gemacht zu haben, verstarb Frau Dr. R.

Sie kennen den Satz: „Vertrauen ist gut. Kontrolle ist besser". Wie stehen Sie zu der umgekehrten Satzweise: „Kontrolle ist gut. Vertrauen ist besser"? Haben Sie einen Menschen, dem Sie „blindlings" vertrauen?

Eine mögliche Antwort aus der Wüste

Ein Bruder im Koinobion wurde fälschlich wegen Buhlerei verklagt. Er machte sich auf und ging zum Altvater Antonios. Aber auch die anderen Brüder des Koinobions kamen, die ihn heilen und heimbringen wollten. Sie begannen, ihn anzuklagen: „So hast du getan!" Nun war dort zufällig auch der Altvater Paphnutios der Kephalas. Und er legte ihnen folgendes Gleichnis vor: „Ich sah am Ufer des Stromes einen Menschen, der bis zu den Knien im Schlamm steckte. Als aber Leute herzukamen, um ihm die Hand zu reichen, stießen sie ihn bis zum Hals ins Wasser." Der Altvater Antonios sagte über den Altvater Paphnutios: „Sehet, das ist ein rechter Mensch, der Seelen heilen und retten kann." Über dem Wort der Alten kamen sie zur Besinnung und warfen sich dem Bruder zu Füßen. Aufgemuntert von den Vätern nahmen sie den Bruder ins Koinobion mit. (54)

Impulse aus der Heiligen Schrift

„Hilf doch, o Herr, die Frommen schwinden dahin,
unter den Menschen gibt es keine Treue mehr.
Sie lügen einander an, einer den anderen,
mit falscher Zunge und zwiespältigem Herzen reden sie."
(Psalm 12,2–3)

„Überhebe dich nicht, damit du nicht fällst
und Schande über dich bringst;
sonst enthüllt der Herr, was du verbirgst,
und bringt dich zu Fall inmitten der Gemeinde,
weil du dich der Gottesfurcht genaht hast,
obwohl dein Herz voll Trug war."
(Jesus Sirach 1,30)

„Verflucht, wer einem Blinden den falschen Weg weist."
(Deuteronomium 27,18a)

„Wer ein unaufrichtiges Herz hat, findet kein Glück,
wer sich beim Reden verstellt, stürzt ins Unheil.
Wer Schätze erwirbt mit verlogener Zunge,
jagt nach dem Wind, er gerät in die Schlingen des Todes."
(Sprichwörter 17,20 und 21,6)

LOSLASSEN ...

Zusammen mit ihrer Tochter führte sie ein kleines Café in der Stadt, in der ich Kaplan war. Ihr Haus lag an der Straße, die zum Krankenhaus führte. Oft wurde ich in der Nacht, sehr früh am Morgen und auch tagsüber zu Sterbenden gerufen und so kam es häufig vor, dass ich auf meinem Weg vom Krankenhaus zu meiner Wohnung oder zur Kirche in eben diesem Café Halt machte, meinen geliebten schwarzen Tee trank und dazu ein Käsebrötchen aß. Zu beiden Damen entwickelte sich im Laufe der Zeit ein herzlicher Kontakt – besonders zu der älteren, die weit über 80 war. Eines Tages musste sie wegen eines akuten Herzversagens plötzlich ins Krankenhaus eingeliefert werden. Ich hatte Zugang zur Intensivstation und konnte sie somit täglich besuchen. Trotz der Nähe des Todes – die Ärzte hatten alle Hoffnung aufgegeben – strahlte diese Frau einen tiefen Frieden, ja, sogar eine ansteckende Heiterkeit aus. Sie wusste um ihren nahen Tod und wir sprachen darüber. Die Implantation eines Herzschrittmachers hatte sie schriftlich schon einige Jahre zuvor abgelehnt. Die Krankensalbung und die letzte Wegzehrung, die ich ihr reichen durfte, wurden zu einem Fest des Abschieds.

Als der Tod sich näherte, wurde ich auf ihren Wunsch hin gerufen. Ihre Tochter und einige Verwandte hatten sich um das Sterbebett versammelt. Die Blicke der Sterbenden sagten mir, alles zwischen uns sei ausgesprochen und ich könne schweigen, was ich als sehr wohltuend empfand. Die Verwandten jedoch konnten ihre Hilflosigkeit und Aufregung nicht verbergen. Ich hatte den Eindruck, dass sie der Sterbenden durch ihr Verhalten, ihre Worte und Tränen wie auch durch die eigene Angst vor dem Tod den Abschied sehr erschwerten. Ich musste mich sehr zurücknehmen, um nicht einzugreifen. Die ältere Dame starb in Würde, in Ruhe und tiefem Frieden. Sie hielt in ihrer Rechten die Hand ihrer Tochter und in der Linken die meine."

Viele Menschen besuchen Kurse zur Sterbebegleitung. Welche Fragen haben Sie selbst zu diesem Thema? Haben Sie schon einmal Situationen erlebt, in denen Blicke und Schweigen mehr waren als alle Worte?

Eine mögliche Antwort aus der Wüste
Einst starb in der Sketis ein Altvater. Die Brüder umstanden sein Bett, um ihm beizustehen und ihn zu beweinen. Er aber öffnete seine Augen und lachte, öffnete wieder seine Augen und lachte ein zweites Mal und tat dasselbe ein drittes Mal. Da fragten ihn die Brüder: „Sage uns, Vater, warum du lachst, während wir weinen." Der Altvater antwortete: „Zum ersten Mal habe ich gelacht, weil ihr alle den Tod fürchtet. Zum zweiten Mal, weil ihr nicht bereit seid. Und zum dritten Mal, weil ich von der Arbeit hingehe zur Ruhe." (55)

Impulse aus der Heiligen Schrift
„Die Engel sagten zu ihr (Maria Magdalena): Frau, warum weinst du? Sie antwortete ihnen: Man hat meinen Herrn

weggenommen und ich weiß nicht, wohin man ihn gelegt
hat. Als sie das gesagt hatte, wandte sie sich um und sah
Jesus dastehen ... Jesus sagte zu ihr: Halte mich nicht fest;
denn ich bin noch nicht zum Vater hinaufgegangen."
(Johannes 20,13–14a.17a)

„Als Jesus den Lärm bemerkte und hörte, wie die Leute
laut weinten und jammerten, trat er ein und sagte zu ihnen:
Warum schreit und weint ihr? Das Kind ist nicht gestorben,
es schläft nur. Da lachten sie ihn aus. Er aber schickte alle
hinaus ..."
(Markus 5,38b–40a)

„Aus Kummer entsteht Unheil;
denn ein trauriges Herz bricht die Kraft.
Schlimmer als der Tod ist dauernder Kummer,
ein leidvolles Leben ist ein Fluch für das Herz."
(Jesus Sirach 38,18–19)

HILFE FINDEN ...

In den letzten zwei Jahren vor meiner Pensionierung nahm ich mir vor, bis zum Zeitpunkt meines Ausscheidens aus dem Unternehmen unfertige Arbeit nicht zu verschieben, sondern sie am selben Tag zu erledigen. Nach einigen Wochen der Einübung war ich dann so weit, dass ich jeden Abend mit einem guten Gefühl nach Hause gehen konnte. Ich musste mich jedoch täglich neu anstrengen, um mein Vorhaben zu verwirklichen. Und so konnte ich nach einem gelungenen Abschied, den man mir bereitet hatte, seelenruhig und freudig der Zeit nach meiner Pensionierung entgegensehen.

Die ersten Monate verliefen so, wie ich es mir vorgestellt hatte. Zu Hause wartete viel Schreibarbeit auf mich, ich musste mich um meine Bezüge, Versicherungen und Ähnliches kümmern. Ein ausgedehntes Frühstück und längere Abende – all dies konnte ich nun genießen. Doch eine kleine, eher unbedeutende Krankheit löste plötzlich eine undefinierbare Angst in mir aus. Von Tag zu Tag wuchs das Gefühl einer inneren Gefangenschaft. Ich fühlte mich ständig der Kritik ausgesetzt und steigerte mich in die Vorstellung hinein, dass die anderen Menschen nur da waren, um mich einzuengen und mein Leben zu zerstören. Ich litt entsetzlich unter dieser ständigen Bedrohung und dem Angriff, der für mich von jedem und allem ausging. Selbst für meine eigene Familie war ich unerreichbar; ich sah mich wie abgespalten von ihnen. Niemals zuvor in meinem Leben habe ich so Grausames erfahren: Gefangensein in mir selbst, Eingeschnürt- und Angekettetsein, ständig negative und Angst machende Gefühle und Gedanken. Trotz lähmender Angst und Furcht vor anderen Menschen fand ich die Kraft, mich in psychiatrische Behandlung zu begeben. Die Ärztin diagnostizierte eine Entlastungs-Depression und half mir durch wirksame Medikamente über das Schlimmste hinweg. Kann ich noch mehr tun?"

Worauf führen Sie es zurück, dass dieser nun eigentlich „freie" Mensch sich in dieser Freiheit „gefangen" fühlt?
Wie ergeht es Ihnen, wenn Sie plötzlich nach einer großen und langen Anstrengung eine Entlastung erfahren und spüren, dass Sie nicht mehr wie früher „gefragt" sind?

Eine mögliche Antwort aus der Wüste
Abbas Johannes sprach: „Ich gleiche einem Menschen, der unter einem großen Baum sitzt und sieht, wie viele wilde Tiere und Schlangen gegen ihn herankommen. Kann er gegen sie nicht mehr bestehen, dann klettert er eilig auf den Baum und rettet sich. So auch ich: Ich sitze in meinem Kellion und sehe, wie schlechte Gedanken auf mich zukommen, und wenn ich gegen sie nichts mehr vermag, dann fliehe ich zu Gott im Gebete und werde so vor dem bösen Feind gerettet." (56)

Impulse aus der Heiligen Schrift

„Solange ein bewaffneter starker Mann seinen Hof bewacht,
ist sein Besitz sicher; wenn ihn aber ein Stärkerer angreift und
besiegt, dann nimmt ihm der Stärkere all seine Waffen weg,
auf die er sich verlassen hat, und verteilt die Beute."
(Lukas 11,21–22)

„Man brachte Kranke mit den verschiedensten Gebrechen
und Leiden zu ihm, Besessene, Mondsüchtige und Gelähmte,
und er heilte sie alle."
(Matthäus 4,24b)

„Als Jesus weiterging, folgten ihm zwei Blinde und schrien:
Hab Erbarmen mit uns, Sohn Davids! Nachdem er ins Haus
gegangen war, kamen die Blinden zu ihm. Er sagte zu ihnen:
Glaubt ihr, dass ich euch helfen kann? Sie antworteten:
Ja, Herr."
(Matthäus 9,27–28)

AUFDECKEN?

Fünfzehn Jahre war Ivan M. schon als Priester in Deutschland tätig. Er fing als Kaplan an und wurde bereits nach kurzer Zeit zum Pfarrer einer Gemeinde ernannt. Ivan, gebürtig aus Kroatien, war intelligent und hatte gleichzeitig ein großes Herz. Deshalb schätzten ihn die Gemeindemitglieder sehr. Sein Deutsch war hervorragend, und seine natürliche Art zu predigen gefiel den Leuten. Da ich Ivan erst am letzten Tag seines Aufenthalts in Deutschland kennen lernte, kann ich nichts zu den Schattenseiten seines Lebens sagen.

Der Generalvikar rief mich kurzfristig zu einem Besuch, bei dem er mich um eine Sonderaufgabe bat. Kurz und sachlich, jedoch in Eile, legte er mir den Sachverhalt dar: ‚Unser Mitbruder Ivan M. ist leider – trotz der so guten Voraussetzungen, die er in unserer Diözese hatte – in den letzten Jahren zum Alkoholiker geworden. Nachdem viel Unangenehmes passiert war, mussten wir ihn von seinen Aufgaben und Pflichten entbinden und haben ihm eine lange Entziehungskur finanziert. Als er entlassen wurde, legten wir ihm nahe, nach Zagreb in sein Heimatbistum zurückzukehren, was er jedoch ablehnte. Und jetzt ist etwas passiert, das ihn straffällig macht. Ivan M. hat sich einer Gruppe von Libanesen angeschlossen, die von der Polizei in besonderer Weise beobachtet werden. In der letzten Nacht wurde er dabei überrascht, wie er sich an einem minderjährigen Libanesen verging. Da er jedoch betrunken war und der Kriminalpolizei Herzstörungen auffielen, brachte man ihn in unser Krankenhaus. Dort befindet er sich zur Zeit unter ärztlicher Aufsicht. Wenn er von hieraus sofort und direkt nach Zagreb fliegt, können wir seine Festnahme umgehen und somit auch einen öffentlichen Skandal ausschließen. Und dazu brauchen wir Sie als seinen Begleiter.'

Ich war seinerzeit davon überzeugt, richtig zu handeln und sagte zu. Als ich nach einigen Tagen wieder in Deutschland war, besuchte mich ein Beamter der Kriminalpolizei und machte mir heftige Vorwürfe. Danach trat Ruhe ein. Heute allerdings würde ich diesen Schritt nicht mehr tun."

Ist es vertretbar, einzelnes Fehlverhalten zu verdecken, um nicht das Ansehen einer ganzen Institution – in diesem Fall der Kirche – zu schädigen?

Eine mögliche Antwort aus der Wüste
Wiederum sagte er (Abbas Poimen): „Den Nächsten zu belehren ist Sache eines gesunden und leidenschaftslosen Menschen. Denn welch einen Sinn hätte es, das Haus des anderen zu bauen und das eigene niederzureißen?" (57)

Impulse aus der Heiligen Schrift
„Habt nichts zu schaffen mit einem, der sich Bruder nennt und dennoch Unzucht treibt, habgierig ist, Götzen verehrt, lästert, trinkt oder raubt; mit einem solchen Menschen sollt ihr nicht einmal zusammen essen. Ich will also nicht Außenstehende

richten – ihr richtet ja auch nur solche, die zu euch gehören –,
die Außenstehenden wird Gott richten. Schafft den Übeltäter
weg aus eurer Mitte."
(1. Korintherbrief 5,11–13)

„Vergib deinem Nächsten das Unrecht,
dann werden dir, wenn du betest,
auch deine Sünden vergeben.
Denk an die Gebote, und grolle dem Nächsten nicht,
denk an den Bund des Höchsten,
und verzeih die Schuld!"
(Jesus Sirach 28,2.7)

„Wer einen Sünder, der auf Irrwegen ist,
zur Umkehr bewegt, der rettet ihn vor dem Tod
und deckt viele Sünden zu."
(Jakobusbrief 5,20)

EINFÜHLEN ...

Wenn ich mich kurz vorstellen darf: Von Beruf war ich Krankenschwester, bin 71 Jahre alt und seit 14 Jahren Witwe. Seit dieser Zeit lebe ich allein. Meine Tochter – sie ist 40 geworden – ist Gemeindereferentin. Diesen Beruf liebt sie sehr und geht ihn engagiert an. Um Monika mache ich mir große Sorgen. Vor einigen Monaten hat sie Angst und Unsicherheit überfallen. Ich weiß nicht so recht, wie ich ihr begegnen soll. Sie klagt über Unlust, Schwindel und Kopfschmerzen. Der Hausarzt konnte keine greifbaren Symptome bei ihr feststellen, verschrieb ihr Johanniskraut zur Beruhigung und ein Baldrian-Mittel zum Schlafen. Er empfahl ihr jedoch auch eine Gesprächstherapie.

Monika ist unverheiratet, und eine Zeitlang dachte ich, der unerfüllte Wunsch nach einer eigenen Familie mache sie krank. Doch konnte ich bisher mit ihr darüber nicht sprechen. Sie hat viele Bekannte und die Gemeindemitglieder schätzen sie sehr. Monika ist so am Ende ihrer Kraft, dass sie schon mehr als sieben Monate ihren Dienst nicht mehr ausüben kann. Ihr ist es weder möglich, in die Kirche zu gehen noch irgendetwas zu tun, was mit ihrem Beruf zusammenhängt. Ich meine, dass sie in dieser langen Zeit des Krankseins durch die Therapie größere Fortschritte hätte machen müssen. Was soll ich tun? Sie kommt oft nach Hause und sucht bei mir Halt. Ich darf ihr weder etwas vorschreiben noch einen guten Rat geben – sie fährt sofort aus der Haut. Daher halte ich mich zurück so gut ich es vermag. Doch frage ich mich: Wie kann sich ein Mensch, der unter unverarbeiteten Eindrücken leidet, so dass Angst ihn überfällt, ein Fernsehprogramm nach dem anderen anschauen? Und das geht seit Jahren so. Monika sagt, sie brauche es, um sich abzulenken. Soll ich sie darin unterstützen und – wenn sie bei mir ist – mit ihr gemeinsam stundenlang vor dem Fernseher sitzen?"

Wie lange würden Sie es mit der Verhaltensweise eines solchen Menschen aushalten – wenn er Sie nicht an sich heranlässt?
Würden Sie sich an den geliebten seelisch belasteten Menschen anpassen und damit in Kauf nehmen, selbst belastet zu werden?

Eine mögliche Antwort aus der Wüste
Drei Altväter, die seine Geschichte gehört hatten, kamen zum Abbas Sisoes. Der Erste sprach zu ihm: „Vater, wie kann ich gerettet werden vor dem Feuerstrom?" Sisoes antwortete ihm nicht. Der Zweite sprach: „Vater, wie kann ich gerettet werden vor dem Zähneknirschen und dem Wurm, der nicht stirbt?" Der Dritte sagte: „Vater, was soll ich tun, da der Gedanke an die äußerste Finsternis mich tötet?" Nun antwortete ihnen der Greis: „Ich denke nicht an diese Dinge. Denn Gott ist voll Erbarmen, ich hoffe, dass er mir Barmherzigkeit schenken wird." Als die Greise diese Rede hörten, gingen sie betrübt davon. Da jedoch der Altvater nicht wollte, dass sie traurig weggingen, rief er sie zurück und sagte zu ihnen: „Selig seid ihr, Brüder! Ich habe Neid gegen euch bekommen. Denn der Erste sprach vom Feuer-

strom, der Zweite vom Tartaros, der Dritte von der Finsternis. Wenn euer Denken sich mit solcher Erinnerung befasst, dann ist es nicht möglich, dass ihr sündigt. Was soll da ich hartherziger Mensch tun, der sich nicht dazu versteht, um die Bestrafung der Menschen sich Gedanken zu machen? Die Folge ist, dass ich zu jeder Stunde sündige." Die Brüder warfen sich vor ihm nieder und sagten: „Was wir gehört haben, das haben wir auch gesehen!"

(58)

Impulse aus der Heiligen Schrift

„Unter dem Druck des Gewissens befürchtet sie (die Schlechtigkeit) immer das Schlimmste. Furcht ist ja nichts anderes als der Verzicht auf die von der Vernunft angebotene Hilfe. Je weniger man solche Hilfe erwartet, umso schlimmer erscheint es, die Ursache der Qual nicht zu kennen."
(Weisheit 17,10b–12)

„Mich trafen Not und Bedrängnis,
doch deine Gebote machen mich froh.
Deine Vorschriften sind auf ewig gerecht.
Gib mir Einsicht, damit ich lebe."
(Psalm 119,143–144)

„Warum habt ihr solche Angst? Habt ihr noch keinen Glauben? Da ergriff sie große Furcht und sie sagten zueinander: Was ist das für ein Mensch, dass ihm sogar der Wind und der See gehorchen?"
(Markus 4,40–41)

VERBUNDEN SEIN ...

Ich frage mich allen Ernstes, ob es vor Gott nicht doch Gründe gibt, die es rechtfertigen, einen Ehepartner zu verlassen. Mit der Lehre der Katholischen Kirche komme ich hier arg in Konflikt. Mein Mann trinkt – und das schon über Jahre. Er musste deswegen seinen Beruf aufgeben. Nun arbeitet er nur noch gelegentlich ... Als die Katastrophe über uns hereinbrach, nahm ich meine frühere Arbeit wieder auf, um wenigstens das Notwendigste und seine Schulden bezahlen zu können. Aber auch von diesem Geld versteht er es geschickt, einiges für sich abzuzweigen. Alle Versuche ihm zu helfen – selbst teure Medikamente und Entziehungskuren – hatten keinen Erfolg. Im Gegenteil: Es ist eher schlimmer mit ihm geworden.

Mein Leben an seiner Seite versinkt in Kummer und Eintönigkeit – und dabei möchte ich so gern etwas aus meinem Leben machen, ehe es zu spät ist. Wenn es auch heißt: „Einer trage des anderen Last," so kann ich mir nach diesen vielen Jahren des Mittragens einfach nicht vorstellen, wie es weiter gehen soll und worin der Sinn unseres Zusammenlebens überhaupt noch liegt. Ich möchte endlich Gutes bewirken, das auch fruchtet und woran ich Freude habe. Nach Sorglosigkeit und dieser Lebensfreude sehne ich mich so sehr."

Ist ein Mensch nach seinem Eheversprechen für alle Zeit an diesen Partner gebunden – selbst auf die Gefahr hin, dass er selbst zu Grunde geht? Was kann diese Frau für ihren Mann – in erster Linie aber auch für sich selbst – tun?

Eine mögliche Antwort aus der Wüste

Es gab einen trunksüchtigen Alten, der verfertigte täglich eine Matte, verkaufte diese im Dorf und vertrank den Lohn, den er dafür erhielt. Da kam ein Bruder zu ihm, blieb bei ihm, und auch er flocht täglich eine Matte. Der Alte nahm auch diese Matte mit ins Dorf, verkaufte die beiden Matten und vertrank den Lohn. Dem Bruder brachte er abends nur ein wenig Brot mit.

So trieb er es mehrere Jahre lang, aber der Bruder sagte nichts. Dann aber sagte er (der Bruder) zu sich selbst: „Siehe, ich bin nackt und in Dürftigkeit esse ich mein Brot. Ich will aufstehen und von hier weggehen." Dann aber dachte er wiederum bei sich: „Wohin sollte ich denn gehen? Ich sitze weiter, denn wir sitzen ja um Gottes Willen in Gemeinschaft." Und sogleich erschien ihm ein Engel, der sagte: „Geh keinesfalls weg, um für dich allein zu leben, denn morgen komme ich zu dir." Der Bruder bat den Alten am folgenden Tag: „Geh bitte nicht fort, denn heute kommen die Meinen, mich abzuholen!" Zur Stunde, als der Alte jeweils wegzugehen pflegte, sagte dieser: „Heute kommen sie nicht, sie haben sich versäumt." Der Bruder sagte: „Nein, Vater, sie werden ganz sicher kommen." Und während er noch mit ihm sprach, entschlief er. Der Alte begann zu weinen und sagte: „Weh mir, mein Bruder, wie viele Jahre habe ich in

liederlicher Sorglosigkeit verbracht! Nun aber, in kurzer Zeit, hast du deine Seele gerettet durch dein Erdulden."
So kam der Alte zur Besinnung und wurde ein bewährter Alt-vater.

(59)

Impulse aus der Heiligen Schrift

„Ein Zuchtloser ist der Wein, ein Lärmer das Bier; wer sich hierin verfehlt, wird nie weise."
(Sprichwörter 20,1)

„In uns ist es nicht zu eng für euch; eng ist es in eurem Herzen. Lasst doch als Antwort darauf – ich rede wie zu meinen Kindern – auch euer Herz weit aufgehen!"
(2. Korintherbrief 6,12–13)

„Und wenn ihr fragt: Warum?: Weil der Herr Zeuge war zwischen dir und der Frau deiner Jugend, an der du treulos handelst, obwohl sie deine Gefährtin ist, die Frau, mit der du einen Bund geschlossen hast."
(Maleachi 2,14)

EINDRÜCKE VERARBEITEN ...

Ein Praktikum während meiner Ausbildung zum Psychologen bestand in einer zweimonatigen Mitarbeit in einer psychiatrischen Klinik für Straffällige. Für die Kranken, von denen eine besondere Gefahr ausging, gab es ein eigenes großes Gebäude, das nach allen Seiten abgesichert war und auch Tag und Nacht bewacht wurde. In diesem Haus, ‚Männer 9' genannt, arbeitete ich. Höchstens sechs bis acht Männer waren zu einer Gruppe zusammengefasst, die den Tag in einem vergitterten Aufenthaltsraum verbrachten. Unbeschreiblich, was sich so manches Mal zwischen den Männern abspielte! Noch nie habe ich eine so geballte Aggression erlebt.

Ein Mann in Einzelhaft, ein mehrfacher Mörder, beeindruckte mich so tief, dass ich viele Nächte nicht schlafen konnte. Seine Zelle hatte oben, nicht erreichbar, ein kleines Fenster. Der Mann war nackt, da sonst die Gefahr bestand, dass er sich mit seiner Garderobe erwürgt. Wenn Tobsuchtsanfälle ihn überfielen, oder wenn er Essen oder Medikamente bekam oder seine Zelle gereinigt werden musste, wurde die Temperatur im Raum heruntergefahren, bis der Mann zu frieren begann. Über der Liegematte ging dann automatisch eine Infrarot-Heizlampe an, die diesen Bereich wärmte. Er zog sich dorthin zurück und war dann meist sehr friedlich. Wenn ich nur durch den Späher in der Tür schaute, fühlte es der Kranke sofort und wandte sich um.

Ein Studienkollege, der auch in diesem forensischen Klinikum gearbeitet hatte, sagte mir später, ich müsse etwas zur Abgrenzung tun, denn ich würde mich zu sehr mit den Kranken identifizieren. Er hatte Recht, und heute ergeht es mir in meinem Beruf ähnlich. In der psychologischen Beratungsstelle werde ich häufig mit Schicksalen konfrontiert, die mich so sehr beeindrucken, dass sie mich tage- und nächtelang nicht loslassen."

Auf welche Weise kann sich jemand, der keine sehr starken Nerven hat, vor tief greifenden und nachhaltigen Eindrücken schützen? Wäre es wünschenswert, wenn sensible Menschen mit der Zeit „ein dickes Fell" bekommen?

Eine mögliche Antwort aus der Wüste

Man erzählte vom Altvater Johannes: Als er sich einmal in der Sketis zur Kirche begab und dort hörte, wie einige Brüder sich stritten, kehrte er in sein Kellion zurück. Dreimal ging er um es herum, dann erst trat er ein. Einige Brüder, die das beobachtet hatten, aber sich nicht denken konnten, warum er dies tat, kamen zu ihm und fragten. Er aber antwortete: „Meine Ohren waren von den Streitereien voll; ich ging deshalb herum, um sie zu reinigen, damit ich in Ruhe in mein Kellion eintreten konnte."

Man erzählte vom gleichen Altvater Johannes, dass er, wenn er von der Erntearbeit oder von einem Zusammensein mit Greisen heimkam, sich zuerst für Gebet, Betrachtung und Psalmengesang Zeit nahm, bis sein Denken wieder in die frühere Ordnung zurückgebracht war. (60)

Impulse aus der Heiligen Schrift

„Plötzlich trat ein Engel des Herrn ein und ein helles
Licht strahlte in den Raum. Er stieß Petrus in die Seite,
weckte ihn und sagte: Schnell, steh auf! Da fielen die Ketten
von seinen Händen."
(Apostelgeschichte 12,7)

„Wenn ich sage: ,Mein Fuß gleitet aus',
dann stützt mich, Herr, deine Huld.
Mehren sich die Sorgen des Herzens,
so erquickt dein Trost meine Seele."
(Psalm 94,18–19)

„Denkt an die Gefangenen, als wäret ihr mitgefangen;
denkt an die Misshandelten, denn auch ihr lebt noch
in eurem irdischen Leib."
(Hebräerbrief 13,3)

LEISTUNGSVERMÖGEN RICHTIG EINSETZEN

GRENZEN ERKENNEN ...

Heute geht man entschieden offener miteinander um als in früheren Zeiten. Die Gespräche mit meinen Führungskräften hinter verschlossenen Türen brechen in mir etwas auf, das mich unsicher macht. Aber auf der anderen Seite möchte ich mich diesem vertraulichen Austausch auch nicht entziehen – haben die Erfahrungen bisher doch immer etwas Positives bewirkt oder Fortschritt gebracht. Seit mehr als zwanzig Jahren bin ich alleiniger Geschäftsführer eines metallverarbeitenden Unternehmens mit 186 Mitarbeitern. Manche Krisenzeiten haben wir schon aushalten müssen und überstanden. Heute können wir über fehlende Aufträge nicht klagen – für die nächsten Monate sind wir gut beschäftigt.

In unseren Führungsgesprächen geht es unter anderem darum, sich selbst führungs- und qualifikationsmäßig einzuschätzen. Früher habe ich ausschließlich die anderen beurteilt, mich dieser Beurteilung selbst aber entzogen, denn ich hatte Angst, Schwächen offenbar werden zu lassen. Oder ich habe solche Gespräche abgeblockt und den Alleinverantwortlichen und Chef herausgekehrt. Jetzt, wo ich damit beginne, festgefügte Machtstrukturen zu hinterfragen, wird mir manch selbstherrliches Verhalten bewusst. Meine übergeordnete Rolle verführte mich dazu, zu glauben, ich sei auch ein besserer Mensch. Ich nahm an, abgeben und delegieren zu können, doch in Wahrheit steckte ein Abschieben lästiger oder unangenehmer Tätigkeiten dahinter. Im Grunde gab ich jedoch nichts und rein gar nichts von meiner Führungsverantwortung ab. Ganz allmählich lerne ich durch die neue Form offener Zusammenarbeit in der Führungsrunde, in die auch ich mich jetzt wirklich einbringe, mich so einzuschätzen, wie es der Wahrheit entspricht. Ich glaube, nun einen Großteil meiner Grenzen erkannt zu haben. Die Tiefe und weitreichende Bedeutung des Wortes ,Demut' wird mir langsam bewusst."

Wie weit, glauben Sie, sind die Worte „Selbstbewusstsein" und „sich seiner selbst bewusst sein" voneinander entfernt? Sind Sie selbst sich Ihrer Stärken und Schwächen bewusst? Gibt es einen Menschen in Ihrem Privat- oder Berufsleben, der Sie herausfordert? Durch welches Verhalten gelingt es Ihnen, sich der Herausforderung zu stellen und dadurch in Ihrer Persönlichkeit zu wachsen?

Eine mögliche Antwort aus der Wüste
Wiederum sagte sie (Amma Theodora): „Nicht Askese, Entbehrung des Schlafes, nicht vielerlei Anstrengung rettet – es rettet allein die echte Demut. Da war ein Einsiedler, der die Dämonen austreiben wollte. Er fragte sie: ,Wodurch fahrt ihr aus? Durch Fasten?' Sie antworteten: ,Wir essen und trinken nicht!' ,Etwa durch Schlaflosigkeit?' ,Wir schlafen nicht!' ,Oder durch Leben in der Einsamkeit?' ,Wir leben in der Vereinsamung.' ,Wodurch fahrt ihr dann aus?' Sie sagten: ,Nichts be-

siegt uns als die Demut!' Siehst du also, dass die Demut das Mittel zum Siege über die Dämonen ist?" (61)

Impulse aus der Heiligen Schrift

„Ein Ohr, das auf heilsame Mahnungen hört,
hält sich unter den Weisen auf.
Wer Zucht abweist, verachtet sich selbst;
wer aber auf Mahnungen hört, erwirbt Verstand.
Gottesfurcht erzieht zur Weisheit
und Demut geht der Ehre voran."
(Sprichwörter 15,31–33)

„In Demut schätze einer den anderen höher ein als sich selbst.
Jeder achte nicht nur auf das eigene Wohl,
sondern auch auf das der anderen."
(Philipperbrief 2,3b–4)

„Noch vor dem Gericht erforsche dich selbst,
dann wird dir in der Stunde der Prüfung verziehen.
Demütige dich, ehe du zu Fall kommst;
zur Zeit der Sünde lass Umkehr erkennen."
(Jesus Sirach 18,20–21)

TÜREN ÖFFNEN ...

Ich bin Wallfahrtsseelsorger in Kevelaer, einem Ort am Niederrhein, der Maria als Trösterin der Betrübten geweiht ist. Meine Aufgaben sind vielfältig: das Feiern der Heiligen Messe, Pilger-Predigten, Seelsorge und Sterbebegleitung im Marien-Hospital und im Altenheim, Einkehrtage für Ordensleute und vor allem und immer wieder geistliche Gespräche. Entweder finden sie im Beichtstuhl statt, im Sprechraum der Kirche oder in meiner Wohnung. Eine noch tiefere Dimension des Heils gewinnt das Gespräch, wenn ich am Ende das Sakrament der Versöhnung spenden darf. Es ist selbstverständlich, jedoch oft nicht einfach, von all dem zu schweigen, was ich unter vier Augen gehört habe und was mir in Verschwiegenheit anvertraut wurde. Natürlich trage ich vieles mit, und allzu oft nur ziehen mich die menschlichen Probleme gewaltig nach unten. Durch mein Ruhegebet jedoch, das ich zweimal täglich übe, kann ich das meiste wieder abgeben, um offen und frei für Neues zu sein.

Neben den bekannten Pilgergruppen kommen auch sehr viel einzelne Menschen nach Kevelaer, um bei der ‚Trösterin der Betrübten' Fürsprache und Heil zu finden. Die Sehnsucht, das Herz auszuschütten und lange Gespräche zu führen, ist bei den meisten Rat- und Hilfesuchenden sehr groß. Durch das Zuhören, das gemeinsame Gespräch und die sich daraus ergebenden Fragen an das Leben und an Gott erfahre ich auch bei mir eine tiefere Dimension des

Glaubens. Daraus ziehe ich großen Nutzen für mich und andere. In letzter Zeit jedoch fühle ich mich erschöpft und bin froh, wenn niemand zu mir kommt. Das, was ich bisher bei mir als aufbauend und hilfreich erlebt habe, empfinde ich jetzt als belastend und bedrückend. Es fällt da etwas Wesentliches aus, das mir vorher als stärkende Kraft zuströmte."

Wenn Sie sich einmal am Ende Ihrer Kraft fühlen: Wie verhalten Sie sich? Ziehen Sie sich konsequent zurück oder stellen Sie sich auch weiterhin ohne innere Kraft „zur Verfügung"?
Wie definieren Sie den Satz des Wüstenvaters: „Mit Vorsicht seinen Sitz bereiten ..."?

Eine mögliche Antwort aus der Wüste

Altvater Poimen sprach: „Wenn ein Bruder zu dir kommt und du merkst, dass sein Besuch dir keinen Nutzen bringt, dann befrage deine Gedanken und überlege, welcher Art dein Denken vor seinem Eintreten war, und dann wirst du die Ursache für das Fehlen des Nutzens erkennen. Wenn du das in Demut und Aufmerksamkeit tust, dann wirst du mit deinem Nächsten untadelig sein, indem du deine eigenen Schwächen trägst. Wenn nämlich der Mensch mit Vorsicht seinen Sitz bereitet, dann wird er nimmer mehr fehlen. Denn Gott ist vor seinen Augen. Soweit ich sehen kann, gewinnt der Mensch aus diesem Sitzen die Furcht Gottes." (62)

Impulse aus der Heiligen Schrift

„Da wir mit Gott versöhnt wurden durch den Tod
seines Sohnes, als wir noch Gottes Feinde waren,
werden wir erst recht, nachdem wir versöhnt sind,
gerettet werden durch sein Leben.“
(Römerbrief 5,10)

„Denn groß ist die Macht Gottes
und von den Demütigen wird er verherrlicht.
Such nicht zu ergründen, was dir zu wunderbar ist,
untersuch nicht, was dir verhüllt ist.
Was dir zugewiesen ist, magst du durchforschen,
doch das Verborgene hast du nicht nötig.
Such nicht hartnäckig zu erfahren,
was deine Kraft übersteigt.
Es ist schon zu viel, was du sehen darfst.“
(Jesus Sirach 3,20–23)

„Bevor du redest, unterrichte dich,
und ehe du krank wirst, sorge für die Gesundheit!
Noch vor dem Gericht erforsche dich selbst,
dann wird dir in der Stunde der Prüfung verziehen.“
(Jesus Sirach 18,19–20)

ANERKENNUNG ZULASSEN ...

Einen Teil meiner theologischen Studien absolvierte ich in Italien, wo ich dann anschließend auch als Diakon und Kaplan tätig war. Sowohl im Diakonatsjahr als auch im ersten Priesterjahr waren begleitende Vorlesungen und Seminare an der Universität Pflicht. Einen besonderen Stellenwert hatte das Fach „Homiletik" (Predigtlehre). Predigten wurden entworfen und kritisch unter die Lupe genommen. Während sie im sonntäglichen Gottesdienst gehalten wurden, nahm der Pfarrer der Gemeinde oder der Küster sie auf einen Tonträger auf. In Kleingruppen wurden dann die Predigten in der darauf folgenden Woche an der Universität unter Aufsicht des Professors analysiert und benotet. Es war für mich immer höchst interessant zu erleben, wie unterschiedlich dasselbe Evangelium ausgelegt wurde. Die Zeit der Predigt zwischen acht und elf Minuten musste genau eingehalten werden. Diese Arbeit brachte reichen Gewinn, und es war eine Freude zu sehen, wie engagiert alle dabei waren.

Immer versuchte ich meine Predigt sehr aktuell zu gestalten und Beispiele aus dem harten Alltagsleben einfließen zu lassen. Dem Homiletik-Professor – er war gleichzeitig der Generalvikar der Diözese – muss mein Predigen absolut nicht gefallen haben. Als ich eines Tages bei ihm im Seminar die Äußerung tat, dass ich mich von Herzen freuen würde, wenn meine Worte bei der Gemeinde gut ankämen und ein

Lob die beste Motivation für mich sei, fiel er mir ins Wort. So etwas – meinte er – dürfte doch wohl aus dem Mund eines Priesters nicht kommen. Meine Worte ließen auf Selbstgefälligkeit und Eitelkeit schließen. Ein Priester habe auf dem letzten Platz zu stehen und müsse, ohne auf Anerkennung zu warten, der Gemeinde ständig dienen."

Muss nach Ihrer Meinung ein Geistlicher auf Anerkennung verzichten oder braucht er die auch zum „Erfolg" seiner Aufgaben?
Inwieweit sind Sie selbst auf Anerkennung angewiesen, um für neue Aufgaben motiviert zu sein?

Eine mögliche Antwort aus der Wüste
Abbas Abraham der Iberer fragte den Altvater Theodor von Eleutheropolis: „Wie ist es richtig, Vater: Soll ich mir Ruhm verschaffen oder Verachtung?" Der Greis antwortete: „Augenblicklich möchte ich lieber Ruhm erwerben als Verachtung. Wenn ich nämlich ein gutes Werk tue und dabei Ruhm erwerbe, dann kann ich meinen Gedanken verurteilen, weil ich dieser Ehre nicht würdig bin. Die Verachtung kommt von schlechten Taten. Wie kann ich mein Herz ermuntern, wenn die Menschen an mir Anstoß nehmen? Es ist also besser, das Gute zu tun und dafür gelobt zu werden." Da sprach der Altvater Abraham: „Du hast recht gesprochen, Vater!" (63)

Impulse aus der Heiligen Schrift
„Hört der Verständige ein weises Wort,
lobt er es und fügt andere hinzu.

Hört es der Leichtfertige, lacht er darüber,
er wirft es weit hinter sich."
(Jesus Sirach 21,15)

„Richtet also nicht vor der Zeit; wartet bis der Herr kommt,
der das im Dunkeln ans Licht bringen und die Absichten
des Herzens aufdecken wird. Dann wird jeder sein Lob
von Gott erhalten."
(1. Korintherbrief 4,5)

„Mein Sohn, in Demut ehre dich selbst,
beurteile dich, wie du es verdienst.
Wer wird den rechtfertigen,
der sich selbst ins Unrecht setzt?
Wer wird den ehren, der sich selbst die Ehre abspricht?"
(Jesus Sirach 10,28–29)

BLENDENDER ERFOLG ...

Der Prokurist unseres metallverarbeitenden Betriebes wurde schon von meinem Vater eingestellt. Als ich das Unternehmen übernahm, musste ich Ja zu ihm und seiner Arbeit sagen – obwohl wir menschlich nicht so gut miteinander harmonierten. Nach außen hat er blendenden Erfolg, aber innerhalb seines Verantwortungsbereichs zeigt sich eine hohe Fluktuation der Mitarbeiter. Bestimmt hat sich auch Vater von den guten Kundenkontakten und Verkaufserfolgen dieses Mannes blenden lassen, als er ihn seinerzeit zum Prokuristen unseres Unternehmens bestellte. Nun, da sich mir untragbare Verhaltensweisen intern im Betrieb offenbart haben, stehe ich vor einer großen Entscheidung, die mir arge Kopfschmerzen bereitet.

Viele unserer Kunden und Lieferanten beneiden mich um diesen – wie sie sagen – herausragenden und erfolgreichen Mann. Wie autoritär er sich jedoch innerhalb unseres Betriebes verhält, ist ihnen nicht bekannt. Seit ich ihn kenne, fällt mir auf, dass er absolut keine Kritik vertragen und auch keine Verbesserungsvorschläge annehmen kann. Da auch ich auf diesem Gebiet empfindlich bin, ging ich vorerst nicht weiter darauf ein. Durch Vier-Augen-Gespräche mit einigen seiner Mitarbeiterinnen und Mitarbeiter weiß ich definitiv, wie unmenschlich er denen gegenüber ist, die konstruktiv kritisch sind und Veränderungen vorschlagen. Ja, er geht sogar so weit, dass er fähige Mitarbeiter, die ihm unbequem sind, entlässt – wenn diese nicht bereits von allein gekündigt haben, da sie sein diktatorisches Verhalten nicht ertragen und keine Befehlsempfänger sein wollen. Und so ist es zu erklären, dass neben den vielen Entlassungen Kündigungen guter Leute hinzukommen, die mit großem Engagement arbeiten und Hoffnungsträger unseres Unternehmens sind."

Wie definieren Sie im Geschäftsleben das Wort „Erfolg"? Bezieht es sich nur auf das Erzielen eines größtmöglichen Gewinnes oder auch auf die zwischenmenschlichen Beziehungen? Wie würden Sie als junger Unternehmer in diesem Fall vorgehen? Würden Sie das bisherige Verhalten akzeptieren oder zu ändern versuchen?

Eine mögliche Antwort aus der Wüste
Ein Mönch wurde von den Brüdern vor Antonios gelobt. Da nahm er ihn vor und stellte ihn auf die Probe, ob er Beleidigung ertragen könne. Als er feststellen musste, dass er sie nicht ertrug, sagte er zu ihm: „Du gleichst einem Dorf, das zwar vorne schön geschmückt ist, hinten jedoch von Räubern verwüstet wird." (64)

Impulse aus der Heiligen Schrift
„Lieber einer Bärin begegnen,
der man die Jungen geraubt hat,
als einem Toren in seinem Unverstand.
Besser offener Tadel als Liebe, die sich nicht zeigt."
(Sprichwörter 17,12 und 27,5)

„Geschenke und Gaben blenden die Augen der Weisen,
wie ein Zügel im Maul lenken sie Vorwürfe ab."
(Jesus Sirach 20,29)

„Wendet euch meiner Mahnung zu!
Dann will ich auf euch meinen Geist ausgießen
und meine Worte euch kundtun.
Als ich rief, habt ihr euch geweigert,
meine drohende Hand hat keiner beachtet;
jeden Rat, den ich gab, habt ihr ausgeschlagen,
meine Mahnung gefiel euch nicht."
(Sprichwörter 1,23–25)

„Wer aufrichtig seinen Weg geht, geht sicher,
wer krumme Wege geht, wird durchschaut.
Wer mit den Augen zwinkert, schafft Leid,
wer offen tadelt, stiftet Frieden.
Ein Ohr, das auf heilsame Mahnung hört,
hält sich unter den Weisen auf."
(Sprichwörter 10,9–10 und 15,31)

BESSER-WISSEN ...

Wir haben uns in allem immer recht gut verstanden – meine Schwester und ich. Nach dem Tod unserer Eltern ging unser Familienunternehmen zu gleichen Teilen an uns über. Bei großen Entscheidungen waren wir uns immer einig und bei schwerwiegenden Problemen spielten wir uns konstruktiv die Bälle zu. Das war allerdings nur möglich, da wir beide ganztägig im Unternehmen arbeiteten. Meine Schwester kümmerte sich hauptsächlich um den Entwurf und die Gestaltung neuer Artikel, um unsere Kunden und die Vertreter. Mir fiel dagegen die Aufgabe der technischen Leitung und der Produktion zu. Finanzwirtschaftliche Pläne erstellten wir gemeinsam mit unserem Steuerberater, der auch für die Bilanz verantwortlich war. In dieser Konstellation und mit einem wirklich guten Team ließ es sich gut arbeiten, so dass wir nach relativ schlechten Jahren keine roten Zahlen mehr schrieben, sondern sogar Gewinne machten.

Als meine Schwester dann ihren zukünftigen Mann kennen lernte und ihn schon bald darauf mit in unser Unternehmen brachte, wurde alles anders. Ich fühlte mich beobachtet, gedrängt und stark kritisiert. Viele ältere Mitarbeiter stöhnten und schütteten ihr Herz bei mir aus: Das gute Arbeitsklima sei nun einem allgemeinen Misstrauen gewichen. Sie sagten, ich dürfe diesen Einfluss meines Schwagers nicht zulassen und müsse mich ihm gegenüber mehr behaupten. Mit fünfzig Prozent Beteiligung sind mir jedoch die Hände gebunden. Meine Schwester sieht es nicht oder will es nicht sehen, wie er in alles eingreift, obwohl er gerade erst seinen Abschluss an der Universität gemacht hat und ihm sowohl alle praktischen Erfahrungen als auch Menschenkenntnis fehlen. Er will sich beweisen und meint, durch sein Betriebswirtschaftsstudium alles besser machen zu können als andere, die zum Teil schon mehr als zehn Jahre an ihrem Arbeitsplatz stehen. Es ist schmerzlich zu sehen, wie durch Theorie und Besserwisserei ein gesundes Fundament aus den Angeln gehoben wird."

Welche Möglichkeiten hat der junge Unternehmer, den Einfluss seines Schwagers zu bremsen oder gar zu verhindern? Worauf, glauben Sie, ist das besserwisserische Verhalten des Schwagers zurückzuführen?

Eine mögliche Antwort aus der Wüste

Es kam einmal irgendein Bruder zum Altvater Theodor und begann zu reden und Urteile abzugeben über Dinge, von denen er noch keine Erfahrung hatte. Da sprach der Alte zu ihm: „Noch hast du das Schiff nicht erhalten, noch hast du das Gepäck nicht darauf verbracht, noch bist du nicht abgesegelt, und doch bist du schon in jene Stadt gekommen. Tu zuerst das Werk, dann komm und rede darüber, wie jetzt." (65)

Impulse aus der Heiligen Schrift

„Besser ein Gericht Gemüse, wo Liebe herrscht,
als ein gemästeter Ochse und Hass dabei.
Ein hitziger Mensch erregt Zank,
ein langmütiger besänftigt den Streit."
(Sprichwörter 15,17–18)

„Ein Ehrenkranz der Alten ist reiche Erfahrung,
ihr Ruhm ist die Gottesfurcht.
Wer nichts erfahren hat, weiß wenig."
(Jesus Sirach 25,6 und 34,10)

„Sei schnell bereit zum Hören,
aber bedächtig bei der Antwort!
Nur wenn du imstande bist,
antworte deinem Mitmenschen,
wenn nicht, leg die Hand auf den Mund!
Ehre und Schmach liegen in der Hand des Schwätzers,
des Menschen Zunge ist sein Untergang."
(Jesus Sirach 5,11–13)

MIT KÖRPER UND GEIST ...

Ich hätte studieren können – meine Eltern waren dafür und hätten mich auch finanziell unterstützt. Einerseits wäre ich gern zur Technischen Hochschule in Berlin gegangen, um Diplom-Ingenieur zu werden, aber der Massenbetrieb an den Universitäten und das Überangebot an Akademikern haben mich vom Studium abgehalten. Da ich praktisch und handwerklich begabt bin und schon mein Großvater Handwerker war, entschloss ich mich, Heizungs- und Sanitärinstallateur zu werden, um mir später einen eigenen Betrieb aufzubauen. Und genau da stehe ich heute: Aufträge über Aufträge, so dass ich bereits vielen Kunden eine Absage erteilen muss. Im Heizungs- und Sanitärbereich müssen wir – meine fünf Mitarbeiter und ich – rund um die Uhr einsatzbereit sein. Ich verdiene mit meinem Handwerk viel Geld, muss jedoch täglich von Baustelle zu Baustelle rasen. Mein Schwerpunkt liegt in der Altbausanierung. Wegen der Überalterung der Anlagen sind es meist sehr kostenintensive Reparaturen.

Durch meine Frau und unser erstes Kind erfahre ich eine gewisse Erfüllung und Freude, doch stelle ich bei mir mehr und mehr fest, dass mir etwas Wichtiges – ich kann es nicht genau beschreiben – fehlt. Erschöpfung und Müdigkeit überfallen mich und das, was so engagiert und erfolgreich begonnen hat, beginnt brüchig zu werden. Habe ich vielleicht zu verbissen meine Ziele verfolgt oder habe ich durch eine einseitige fachliche Ausrichtung eine Entmenschlichung meiner Arbeit erfahren? Gibt es Wege, sowohl die innere als auch die äußere Balance wiederherzustellen?"

Muss sich ein Mensch entscheiden zwischen Privatleben und Arbeit oder gibt es Ihrer Meinung nach einen Mittelweg? Welchen sehen Sie? Was fehlt dem jungen Mann, der sich so total für seinen neu gegründeten Betrieb engagiert?

Eine mögliche Antwort aus der Wüste

Der Altvater Agathon wurde einmal gefragt, was wertvoller sei: die körperliche Anstrengung oder die Bewahrung des Inneren. Der Greis antwortete: „Der Mensch gleicht einem Baume. Die körperliche Anstrengung, das sind die Blätter, die Wachsamkeit über das Innere ist die Frucht. Nachdem nun geschrieben steht: Jeder Baum, der keine gute Frucht bringt, wird ausgehauen werden, ist es klar, dass auf die Frucht all unsere Bemühung sich richten muss, das ist die Bewahrung des Geistes. Aber auch der Schutz durch die Blätter ist notwendig und ein schönes Äußeres: Das ist die körperliche Anstrengung." (66)

Impulse aus der Heiligen Schrift

„Doch achte auch auf den Rat deines Gewissens. Wer ist dir treuer als dieses? Das Gewissen des Menschen gibt ihm bessere Auskunft als sieben Wächter auf der Warte. Bei alledem bete zu Gott! Er wird in Treue deine Schritte lenken." (Jesus Sirach 37,13–15)

„Denn wer in das Land seiner Ruhe gekommen ist,
der ruht auch selbst von seinen Werken aus,
wie Gott von den seinigen."
(Hebräerbrief 4,10)

„Ich habe gepflanzt, Apollos hat begossen, Gott aber ließ
wachsen. So ist weder der etwas, der pflanzt, noch der,
der begießt, sondern nur Gott, der wachsen lässt.
Wer pflanzt und wer begießt: Beide arbeiten am gleichen
Werk, jeder aber erhält seinen besonderen Lohn, je nach
der Mühe, die er aufgewendet hat. Denn wir sind Gottes
Mitarbeiter; ihr seid Gottes Ackerfeld, Gottes Bau."
(1. Korintherbrief 3,6–9)

„Daher betete ich und es wurde mir Klugheit gegeben;
ich flehte und der Geist der Weisheit kam zu mir."
(Weisheit 7,7)

MOBBEN ...

Eigentlich bin ich sehr glücklich darüber, dass ich mein Studium zum Betriebswirt an der Fernuniversität Hagen so erfolgreich abschließen konnte. Im Vergleich zu anderen Universitäten wurden hier erhöhte Anforderungen gestellt, die mich zwei Semester Verlängerung kosteten. Doch all diese Anstrengungen waren schnell vergessen, nachdem ich als Diplom-Betriebswirt meine erste Arbeitsstelle antreten konnte. Meine Freude, in dieser angespannten Arbeitsmarktlage eine gute Stelle gefunden zu haben, ist leider erheblich überschattet und ich weiß einfach nicht, was ich tun soll.

Ich wurde eingestellt mit der Perspektive auf eine Führungsposition. Doch vorerst sollte und musste ich das Unternehmen von Grund auf kennen lernen und mich einarbeiten. Ich begann in einer Abteilung mit vier Kollegen, die wissen, dass ich diese Stelle mit Chancen zum Aufstieg bekommen habe. Als Neuling in unserem Unternehmen bin ich selbstverständlich auf sie und ihre Informationen angewiesen. Doch bereits in den ersten Tagen merkte ich ziemlich deutlich, dass mir wichtige Informationen vorenthalten wurden. Schlimmer noch: Meine Kollegen weisen mich überhaupt nicht in das Aufgabengebiet ein. Ich habe das Gefühl, sie wollen mich ausbooten – vielleicht, weil ich im Gegensatz zu ihnen ein abgeschlossenes Studium habe.

Die Ignoranz, die sie mir gegenüber an den Tag legen, schmerzt mich. Sie tuscheln hinter meinem Rücken und schließen mich bei allem aus. Dabei habe ich von Anfang an das Gespräch mit ihnen gesucht und auch geführt. Ich habe mich bemüht, alles recht zu machen, ich habe einen Einstand gegeben und gesagt, dass ich ihre Unterstützung benötige. Alles blieb jedoch erfolglos, denn sie verhalten sich mir gegenüber nach wie vor so, als gäbe es mich nicht. Es stellt sich mir nun die große Frage: Soll ich kämpfen oder nicht?"

Worauf könnte das Mobben der Mitarbeiter zurückzuführen sein?
Sollte der junge Mann die Stelle wechseln oder sehen Sie Möglichkeiten, sich hier zu behaupten?

Eine mögliche Antwort aus der Wüste
Abbas Poimen sprach: „Lass dich nicht an einem Ort nieder, an dem du bemerkst, dass einige gegen dich Eifersucht hegen, sonst machst du keine Fortschritte." (67)

Impulse aus der Heiligen Schrift
„Berate dich nicht mit deinem Neider;
vor dem, der eifersüchtig ist, verbirg Geheimes!"
(Jesus Sirach 37,10)

„Wenn ihr in ein Haus kommt, dann wünscht ihm Frieden. Wenn das Haus es wert ist, soll der Friede, den ihr ihm

wünscht, bei ihm einkehren. Ist das Haus es aber nicht wert,
dann soll der Friede zu euch zurückkehren. Und wenn man
euch aber in einem Haus oder in einer Stadt nicht aufnimmt
und eure Worte nicht hören will, dann geht weg, und schüttelt
den Staub von euren Füßen."
(Matthäus 10,12–14)

„Als die Leute in der Synagoge das hörten, gerieten sie alle
in Wut. Sie sprangen auf und trieben Jesus zur Stadt hinaus;
sie brachten ihn an den Abhang des Berges, auf dem ihre
Stadt erbaut war, und wollten ihn hinab stürzen. Er aber
schritt mitten durch die Menge hindurch und ging weg."
(Lukas 4,28–30)

„Denn ich beobachtete: Jede Arbeit und jedes erfolgreiche Tun
bedeutet Konkurrenzkampf zwischen den Menschen. Auch das
ist Windhauch und Luftgespinst."
(Kohelet 4,4)

AUFBRECHEN ...

Viele meiner Freunde und Bekannten urteilen recht hart über mich. Sie sagen, ich sei unstet, könne Begonnenes nicht zu Ende führen, würde von einem zum anderen springen und könne somit weder treu sein noch wirklich lieben. Von meinen Eltern, die beide nicht mehr leben, habe ich Vorwürfe dieser Art niemals gehört. Etwas von dem, was man mir heute vorwirft, muss aber doch stimmen, denn über Jahre ist das Echo auf mein Handeln immer wieder dasselbe. Hinzu kommt, dass ich weder verheiratet bin noch in einer festen Beziehung lebe. Bis heute hat es in meinem Leben noch niemand geschafft, mich über einen längeren Zeitraum an sich zu ziehen und mich zu binden. Und dabei empfinde ich mich nicht als Einzelgänger. Ich mag andere Menschen, aber irgendwann langweilen sie mich, und ich halte nach neuen Ausschau. Die Routine und die Grauzone des Alltags kann ich einfach nicht ertragen. Ich muss zu neuen Ufern aufbrechen, sonst fühle ich mich schlecht. Genau wie im privaten Bereich ergeht es mir in meinem Beruf. Ich habe jedoch nicht den Eindruck, dass ich vor etwas davon laufe.

Probleme zu lösen, fasziniert mich; doch sind sie gelöst, interessiert mich das Thema nicht mehr. So habe ich beispielsweise mehrere Geschäfte aufgebaut – sie dann zu führen, reizt mich allerdings nicht. Es geht bei mir immer wieder um einen Aufbruch, den sich meine – vielleicht

kreative – Unruhe geradezu sucht. Wenn eine Hürde geschafft ist, bin ich zwar für Momente glücklich, werde aber
unzufrieden und kreuzunglücklich, wenn ich mich nicht
sofort um etwas Neues kümmern kann. Es entsteht eigentlich
immer etwas Konstruktives, das ich dann nur allzu gern
anderen überlasse, um selbst wieder an eine neue Front
gehen zu können. Was soll ich tun, denn ich werde ja auch
älter?"

**Wie beurteilen Sie dieses Verhalten: Sehen Sie es
als Flucht oder als positiven Aufbruch für ständig
Neues?
Welche Argumente sprechen für „Flucht" –
welche für „Kreativität"?**

Eine mögliche Antwort aus der Wüste
*Wiederum erzählte er (Abbas Poimen): „Der Abbas Isidor, der
Priester in der Sketis, sprach einmal zum Volke: Brüder, sind
wir nicht wegen der Mühe an diesen Ort gekommen? Und nun
bereitet er keine Mühe mehr! Ich habe meinen Mantel hergerichtet und gehe dahin, wo Mühe ist, und dort finde ich Ruhe!"*

(68)

Impulse aus der Heiligen Schrift
„Meine Seele, warum bist du betrübt
und bist so unruhig in mir?
Harre auf Gott, denn ich werde ihm noch danken,
meinem Gott und Retter, auf den ich schaue."
(Psalm 42,6)

„Der Herr sprach zu Abram: Zieh weg aus deinem Land,
von deiner Verwandtschaft und aus deinem Vaterhaus in
das Land, das ich dir zeigen werde. Ich werde dich zu einem
großen Volk machen, dich segnen und deinen Namen groß
machen. Ein Segen sollst du sein."
(Genesis 12,1–2)

„Doch wehe dem, der allein ist, wenn er hinfällt,
ohne dass einer bei ihm ist, der ihn aufrichtet."
(Kohelet 4,10b)

„Am siebten Tag vollendete Gott das Werk,
das er geschaffen hatte, und er ruhte am siebten Tag,
nachdem er sein ganzes Werk vollbracht hatte."
(Genesis 2,2)

ÜBERLEBEN ...

Als Betriebsratsvorsitzender eines Unternehmens, bei dem ich schon mehr als fünfundzwanzig Jahre beschäftigt bin, brennt mir ein Problem unter den Nägeln. Ich habe kräftig mitgeholfen und dafür gesorgt, dass unser zweiter Geschäftsführer entlassen wurde. Ich war seinerzeit fest davon überzeugt, dass er in der Krise, die unser Unternehmen durchgemacht hat, als Erster gehen müsse. Vor nicht allzu langer Zeit hörte ich, er habe keine neue Anstellung gefunden und sei jetzt in den Handel mit Gebrauchtwagen eingestiegen. Da ich damals das Feuer geschürt habe, bekomme ich jetzt Gewissensbisse.

In unserem Unternehmen haben wir eine hervorragende Führungskraft, den kaufmännischen Geschäftsführer A. K., der damals kurz nach mir eingestellt wurde. Er hat, wie man so schön sagt, das Herz auf dem rechten Fleck. Jeden Morgen geht er als erstes zu allen Mitarbeitern und begrüßt sie mit ein paar persönlichen Worten. Und wenn es darauf ankommt, setzt er sich für die Belange eines jeden ein. Da die nicht im Unternehmen tätigen Inhaber das Ziel der Gewinnmaximierung an die erste Stellte setzten, wurde ein zweiter Geschäftsführer eingestellt, ein Arbeitsrechtler aus Fleisch und Blut. Für ihn sprachen nur die Zahlen und er war einzig und allein bestrebt, gute Ergebnisse vorzulegen. Die persönlichen Bedürfnisse der Mitarbeiter waren ihm nicht wichtig. Als vor gut einem Jahr eine wirtschaftliche Krise in unserer Branche eintrat, kämpften auch wir um unser Überleben. Ich setzte mich dafür ein, dass es weder zu Kurzarbeit noch zu Entlassungen kam. Auf dieser Grundlage war das Unternehmen allerdings nur zu retten, wenn alle Mitarbeiter auf 10 Prozent ihres Entgelts verzichteten. Es kam zu internen Auseinandersetzungen, und wir mussten viele Gespräche führen. Das Ergebnis: Alle waren zu dieser Regelung bereit – jedoch nur unter einer Bedingung: ‚Der Zahlenmensch muss gehen.‘ Und dafür machte ich mich dann stark."

Würden Sie stets zustimmen, wenn man sagt:
Die Interessen der Mehrheit stehen vor den
Interessen des Einzelnen?
Blieb dem Betriebsrat ein anderer Weg?
Wenn Ja: welcher?

Eine mögliche Antwort aus der Wüste

Ein Bruder wandte sich an den Abbas Poimen: „Sage mir ein Wort!" Und er sprach zu ihm: „Wenn der Kessel über dem Feuer ist, kann ihn keine Fliege berühren und auch kein anderes Kriechtier. Wenn er aber erkaltet ist, dann setzen sie sich darauf. So auch der Mönch: Solange er in geistlichen Übungen verharrt, findet der Feind keine Möglichkeit, ihn zu stürzen." (69)

Impulse aus der Heiligen Schrift

„Der makellos lebt und das Rechte tut;
der von Herzen die Wahrheit sagt
und mit seiner Zunge nicht verleumdet;

der seinem Freund nichts Böses antut
und seinen Nächsten nicht schmäht;
Wer sich danach richtet,
der wird niemals wanken."
(Psalm 15,2–3.5b)

„Tritt gegen deinen Nächsten nicht als falscher Zeuge auf,
betrüge nicht mit deinen Worten!
Sag nicht: Wie er mir getan hat,
so will ich auch ihm tun."
(Sprichwörter 24,28–29a)

„Den Nächsten mordet, wer ihm den Unterhalt nimmt,
Blut vergießt, wer dem Arbeiter den Lohn vorenthält.
Einer baut auf, einer reißt nieder –
was haben sie mehr davon als die Mühe?"
(Jesus Sirach 34,26–28)

PERSÖNLICHKEIT STÄRKEN

KRITIK ANNEHMEN ...

Soweit ich zurückdenken kann, hat mir Kritik immer recht wehgetan. Später habe ich viel über mich nachgedacht und mit anderen Menschen gesprochen, um herauszufinden, warum Kritik mich so verletzt. Eine Antwort auf diese Frage und einen Weg, um besser mit Kritik umgehen zu können, habe ich bisher nicht gefunden. Mein Beruf, aber auch mein Privatleben, wird immer wieder durch Bewertungen und Beurteilungen bestimmt. Meine Frau und meine Kinder wissen um diesen Schwachpunkt, und trotzdem oder gerade deshalb schlagen sie bei Auseinandersetzungen gern in diese Kerbe.

Konstruktive Kritik in unserem Unternehmen bejahe und unterstütze ich selbstverständlich, um Veränderungsprozesse und Fortschritte zu erzielen. Wenn jedoch kritische Töne über meine Person laut werden, werde ich unsicher und fühle mich gekränkt. Die Folge ist, dass ich sofort eine ablehnende Haltung einnehme und nicht mehr bereit bin, kooperativ zu arbeiten. Gezielt gegen mich gerichtete Bemerkungen treffen mich wie eine Anklage und ich brauche Stunden, wenn nicht gar Tage, sie zu verarbeiten und loszuwerden. Warum ist es so wenig möglich, sich gegenseitig anzunehmen und den anderen so zu akzeptieren, wie er ist? Genügt es nicht, wenn ich mir gegenüber eine ehrliche und kritische Haltung einnehme, an mir arbeite und versuche, inneren Frieden und Ausgeglichenheit mit mir und meiner

Umwelt anzustreben? Ich habe mich auch gefragt, ob ich mich für mehr halte, als ich in Wirklichkeit bin, und meine Verwundbarkeit daher kommt. Bin ich vielleicht somit für andere eine Herausforderung oder Konkurrenz, die ihnen das Gefühl gibt, übergangen zu werden?"

Nehmen Sie Kritik offen an oder verhärten Sie zunächst einmal? Worauf führen Sie dies zurück? Ist Selbstkritik genauso wie Fremdkritik in der Lage, eine Verbesserung zu erreichen? Wo liegen nach Ihrer Ansicht gravierende Unterschiede?

Eine mögliche Antwort aus der Wüste

Ein Bruder pflegte sich umso mehr zu freuen, je mehr ihn ein anderer schmähte oder verlachte. Denn er sagte sich: Das sind die Leute, die uns Gelegenheit zur Vervollkommnung geben. Die uns aber lobpreisen, die verwirren unsere Seelen. Denn es steht geschrieben: Die dich selig preisen, die betrügen dich! (70)

Impulse aus der Heiligen Schrift

„Warum siehst du den Splitter im Auge deines Bruders, aber den Balken in deinem Auge bemerkst du nicht? Wie kannst du zu deinem Bruder sagen: Lass mich den Splitter aus deinem Auge herausziehen! – und dabei steckt in deinem Auge ein Balken? Du Heuchler! Zieh zuerst den Balken aus deinem Auge, dann kannst du versuchen, den Splitter aus dem Auge deines Bruders herauszuziehen."
(Matthäus 7,3–5)

„Der Tor zeigt sogleich seinen Ärger,
klug ist, wer Schimpfworte einsteckt.
Wer Wahrheit spricht, sagt aus, was recht ist,
der falsche Zeuge aber betrügt.
Mancher Leute Gerede verletzt wie Schwertstiche,
die Zunge der Weisen bringt Heilung."
(Sprichwörter 12,16–18)

„Oder denkt an die Schiffe: Sie sind groß und werden
von starken Winden getrieben und doch lenkt sie der
Steuermann mit einem ganz kleinen Steuer, wohin er will.
So ist auch die Zunge nur ein kleines Körperglied und
rühmt sich doch großer Dinge. Aus ein und demselben Mund
kommen Segen und Fluch."
(Jakobusbrief 3,4–5a.10a)

BEZIEHUNGEN ...

Die Kongregation der Kleinen Brüder Jesu erhielt 1957 ihre endgültige Bestätigung. Das Leben der Brüder richtet sich nach Charles des Foucauld. Sie leben in Milieus, die den Kirchen kaum zugänglich sind und unter verachteten Minderheiten. Sie fühlen sich den Armen durch gleiche Arbeit und Lebenshaltung zugehörig und beten und leben dafür, dass den Ärmsten der Armen Gottes Liebe sichtbar wird. Ich besuchte eine kleine Brudergemeinschaft in Sao Paulo in Brasilien. Unter Hunderten von Hütten – die ,Straßen' innerhalb der Favelas hatten keine Namen – fand ich sie schließlich. Von den drei Brüdern war einer zu Hause. Er bewirtete mich mit einer Tasse Wasser und einem Stück trockenen Brot, das in einem kleinen steinernen Gemein-schaftsofen gebacken war. Seine beiden Mitbrüder – sagte er – seien auf Arbeitssuche. Sie alle wären schon in der vierten Woche arbeitslos und Arbeitslosenunterstützung gäbe es nicht. So lebten sie an der Grenze äußersten Hungers. Nach einem langen Schweigen fragte ich, ob sie sich nicht von einer anderen Bruderschaft – vielleicht in Frankreich – helfen lassen würden. Ich fügte hinzu, sie hätten doch sicherlich gute Beziehungen und stellte die Frage, warum sie jetzt keinen Gebrauch davon machten.

Und da erwiderte der Kleine Bruder ein wenig unmutig und leise: ,Das wäre Verrat. Wenn wir uns helfen lassen würden, ließen wir die anderen Menschen, um deretwillen wir hier sind, allein, denn sie haben keine Beziehungen. Deshalb verzichten auch wir auf dieses „Vitamin B". Dieser Verzicht gehört zur Existenz des Kleinen Bruders.' Während wir noch sprachen, kam ein Mitbruder mit freudigem Rufen zurück. Sie umarmten sich und lachten, denn er hatte Arbeit gefunden. Dies bedeutete eine Veränderung der Situation, denn sie hatten in der nächsten Zeit wieder zu essen. ‚Das wäre Verrat' – hätte nicht auch Jesus seine Sendung verraten, wenn er der Versuchung des Widersachers nachgegeben hätte? Er wäre auf Distanz gegangen und Wohltäter geworden. Doch er ist der Liebende geblieben, der mit uns ist und sogar mit in unsere seelische und materielle Armut hineingeht."

Würden Sie sofort eine berufliche Chance ergreifen, die durch eine „Beziehung" auf Sie zukommt? Glauben Sie, hier einen dauerhaften Erfolg nach außen und für sich selbst haben zu können? Halten Sie das Beispiel der Kleinen Brüder Jesu für nachahmenswert? Wie begründen Sie Ihre Antwort?

Eine mögliche Antwort aus der Wüste

Einst kamen einige Griechen in die Stadt Ostracines, um Almosen auszuteilen. Sie nahmen die Verwalter der Kirche mit, die ihnen die Bedürftigsten angeben sollten. Diese führten sie also zu einem Aussätzigen und beschenkten ihn. Der Aussätzige aber wollte nichts annehmen, sondern sagte: „Seht, ich habe einige Palmblätter, die verflechte ich zu Körben und daraus verdiene ich mein Brot." Anschließend führten sie die Verwalter zu der Tür einer Witwe, die dort mit ihren Töchtern wohnte. Nachdem sie an der Tür geklopft hatten, kam eine der Töchter fast unbekleidet heraus, die Mutter jedoch war in Geschäften ausgegangen. Sie war eine Wäscherin. Sie gaben nun der Tochter Kleidungsstücke und Geld. Doch auch sie wollte nichts annehmen, sondern sagte, ihre Mutter habe ihr gesagt: „Vertraue; Gott wollte es, dass ich heute eine Arbeit bekam, und davon werden wir unseren Unterhalt gewinnen." Als die Mutter zurückkam, baten sie diese, doch etwas anzunehmen, doch auch sie weigerte sich mit den Worten: „Ich habe Gott, der für mich sorgt. Wollt ihr ihn mir heute abwendig machen?" Da erkannten sie ihren Glauben und priesen den Herrn. (71)

Impulse aus der Heiligen Schrift
„Als er (Jesus) vierzig Tage und vierzig Nächte gefastet hatte, bekam er Hunger. Da trat der Versucher an ihn heran und sagte: Wenn du Sohn Gottes bist, so befiehl, dass aus diesen Steinen Brot wird. Er aber antwortete: In der Schrift heißt es: Der Mensch lebt nicht nur von Brot, sondern von jedem Wort, das aus Gottes Mund kommt."
(Matthäus 4,2–4)

„Halte dem Nächsten in der Armut die Treue, dann kannst du mit ihm auch sein Glück genießen. Halte bei ihm aus in der Zeit der Not, dann hast du auch Anteil an seinem Besitz."
(Jesus Sirach 22,23)

POTENZIALE ENTDECKEN ...

Als ich vor vier Jahren mein Unternehmen gründete, war ich voller Elan und Begeisterung. Ich war mir sicher, dass ich Erfolg haben würde. Im Wettbewerb zu bestehen war aber von Anfang an nicht einfach für mich. Bisher lief alles recht gut, was meine Bilanzen zeigen. Doch allmählich geht mir bei diesem großen beruflichen Engagement die Luft aus. Ich fühle mich ausgelaugt, so als ob eine Quelle in mir versiegt wäre. Dazu kommt, dass sicherlich einiges in meinem Leben zu kurz gekommen ist oder durch Verdrängung nicht zur Entfaltung kam. Oft habe ich Angst, dass etwas Unerwünschtes bei mir sichtbar wird und ich nicht damit fertig werde. Mir fehlt die Kraft, tief greifende Probleme anzugehen, schwierige Phasen auszuhalten und durchzustehen und vor allem die Freude, etwas ausdauernd zu tun in der Gewissheit, dass sich Erfolg einstellt. Von der Psychologie und mehr noch vom religiösen Ansatz weiß ich, wie lebensnotwendig es ist, etwas für meine geistig-geistliche Entwicklung zu tun, um ungenutzte Potenziale zu aktivieren.

Das Zeitaufwändige und Mühevolle eines geistigen Weges halten mich jedoch davon ab, ihn zu gehen. Es machen sich weitere Widerstände in mir breit wie Vorwände, ,notwendige und vorrangige' Arbeit, Müdigkeit und der tägliche Vorsatz, nun endlich ab morgen zu beginnen. Aus der Mitte meines christlichen Glaubens bewegt mich die starke

Frage: Kann überhaupt etwas so tot sein, dass es sich nicht doch wieder in etwas Lebendiges verwandeln ließe?"

Sind Sie sich Ihrer eigenen ungenutzten Möglichkeiten und auch Ihrer Grenzen (menschlich und beruflich) bewusst? Wenn nicht: Auf welche Weise können Sie sich diese bewusst machen? Trotz seines Versagens im Beruf hat der Unternehmer vom Religiösen her eine Hoffnung. Welchen einfachen Weg könnten Sie ihm empfehlen, um weiterzukommen?

Eine mögliche Antwort aus der Wüste

Man erzählte vom Altvater Johannes Kolobos: Er zog sich zu einem thebaischen Greis in die Sketis zurück und führte ein Einsiedlerleben in der Wüste. Da nahm der Abbas ein dürres Stück Holz, pflanzte es ein und sagte: „Begieße es täglich mit einem Eimer Wasser, bis es Frucht bringt." Sie waren so weit vom Wasser entfernt, dass er spät abends fortgehen musste, um in der Frühe wieder zurück zu sein.
Nach drei Jahren kam Leben in das Holz und es brachte Frucht. Der Alte nahm die Frucht, brachte sie in die Versammlung und sprach zu den Brüdern: „Nehmt und esst die Frucht des Gehorsams." (72)

Impulse aus der Heiligen Schrift

„Werft also eure Zuversicht nicht weg, die großen Lohn mit sich bringt. Was ihr braucht, ist Ausdauer, damit ihr den

Willen Gottes erfüllen könnt und so das verheißene
Gut erlangt."
(Hebräerbrief 10,35–36)

„Alles, was aufgedeckt ist, wird vom Licht erleuchtet.
Alles Erleuchtete aber ist Licht. Deshalb heißt es:
Wach auf, du Schläfer, und steh auf von den Toten,
und Christus wird dein Licht sein."
(Epheserbrief 5,13–14)

„Aber jetzt müssen wir uns doch freuen und ein Fest feiern;
denn dein Bruder war tot und lebt wieder; er war verloren
und ist wiedergefunden worden."
(Lukas 15,32)

ABWÄGEN UND FREI WERDEN ...

Eine klare Entscheidung zu treffen, fiel unserem Sohn schon immer sehr schwer. Jetzt hat er sein Abitur gemacht. Dass er studieren möchte, weiß er; doch schwankt er zwischen einem Medizin- und einem Lehramtsstudium. Ungefähr ein halbes Jahr lang hospitierte er in einer Schule, um neben den Sonnenseiten auch die Schattenseiten des Lehrerdaseins kennen zu lernen. An allem hat er viel auszusetzen, was ihn sehr unsicher macht. Es gefällt ihm, stundenlang mit uns zu diskutieren – und am Ende bleibt immer alles offen. Er möchte am liebsten, dass wir die Entscheidung für ihn fällen. Jedes Mal, wenn es um Entscheidendes in seinem Leben geht, versucht er, die Verantwortung meinem Mann oder mir aufzubürden. Wir haben ihm bisher viel abgenommen, doch mein Mann ist schon seit langem der Meinung, dass sich hier grundlegend etwas ändern muss. Martin sei eben kein Kind mehr – meint er – und müsse lernen, sein Leben selbst in die Hand zu nehmen. Mir fällt es dagegen wesentlich schwerer, meinen Sohn als Erwachsenen anzusehen und ihn entsprechend zu behandeln.

Im Augenblick praktiziert Martin in einem Krankenhaus als Hilfspfleger, um auch hier Einblick zu nehmen und Vorkenntnisse zu erwerben. In langen Diskussionen mit uns wägt er wieder alles Mögliche ab – kommt jedoch auch diesmal nicht zu einem eigenen Entschluss. Ich bin sicher:

Wenn wir ihm einen Weg vorschreiben würden – er würde ihn gehen. Mein Mann jedoch ist strikt dagegen."

Woran mag es liegen, dass viele Menschen keine Entscheidungen fällen können? Sollten die Eltern in diesem Fall ihrem Sohn die Entscheidung abnehmen? Welche eventuellen Folgen könnte dies haben?

Eine mögliche Antwort aus der Wüste

Ein Bruder fragte den Altvater Joseph um Rat: „Ich will aus dem Koinobion fortgehen und in der Einsamkeit meinen Sitz aufschlagen." Da sagte der Greis zu ihm: „Wo du siehst, dass deine Seele Ruhe hat und keinen Schaden erleidet, da lass dich nieder!" Darauf antwortete der Bruder: „Im Koinobion habe ich Ruhe und in der Einsamkeit auch, was willst du also, dass ich tue?" Der Alte bedeutete ihm: „Wenn du im Koinobion und in der Einsamkeit Ruhe hast, dann lege deine beiden Gedanken wie auf eine Waage, und wo du den größten Nutzen siehst und wo dein Gedanke dich hinzieht, das tue!" (73)

Impulse aus der Heiligen Schrift

„Nehmt den an, der im Glauben schwach ist, ohne mit ihm über verschiedene Auffassungen zu streiten." (Römerbrief 14,1)

„Worfle nicht bei jedem Wind und geh nicht auf jedem Pfad!

Bleib fest bei deiner Überzeugung,
eindeutig sei deine Rede."
(Jesus Sirach 5,9–10)

„Der Herr aber ist der Geist, und wo der Geist des Herrn
wirkt, da ist Freiheit. Wir alle spiegeln mit enthülltem
Angesicht die Herrlichkeit des Herrn wider und werden so in
sein eigenes Bild verwandelt, von Herrlichkeit zu Herrlichkeit,
durch den Geist des Herrn."
(2. Korintherbrief 3,17–18)

„Ein Herz, das auf kluge Überlegung gegründet ist,
ist fest wie Sandverputz an glatter Mauer.
Steinchen, die obenauf liegen,
halten dem Wind nicht stand."
(Jesus Sirach 22,17–18a)

BESTÄNDIG SEIN ...

Meine Tochter ist 37 Jahre alt. Ich habe sie als Mutter allein erzogen und immer versucht, ihr möglichst viele Wünsche zu erfüllen. Während ihrer Schulzeit und später in ihrer Berufsausbildung legte ich größten Wert auf ihre Leistungen. Über zehn Jahre arbeitet sie nun schon sehr erfolgreich und angesehen in einem Textilbetrieb als kaufmännische Angestellte.

Das Berufliche stimmt, aber ihr Privatleben macht mir große Sorgen. Monika heiratete zum ersten Mal schon sehr früh – sie war gerade 19 Jahre alt. Alles konnte ihr nicht schnell genug gehen – die standesamtliche und kirchliche Trauung und auch, dass sie sich von mir löste. Die Ehe, die kinderlos blieb, scheiterte bereits nach kurzer Zeit. Monika hatte dann mit einem verheirateten Berufskollegen ein Verhältnis und war einige Monate außer sich vor Glück. Die Umstände waren jedoch so kompliziert, dass es sie fast ihren Arbeitsplatz gekostet hätte. Der Mann zog sich von ihr zurück und es ging noch einmal alles gut. Später heiratete Monika ein zweites Mal. Doch auch diese Ehe ging durch ihr unstetes Verhalten wieder auseinander. Jetzt ist sie nach Hause zurückgekehrt und wohnt wieder bei mir. Es ist für mich sehr, sehr schwer, ihre Torschlusspanik Männern gegenüber zu ertragen. Ich frage mich, warum meine Tochter sich nach diesen vielen Erfahrungen noch immer unstet verhält."

Worauf könnte das unstete Verhalten der Tochter zurückgeführt werden – könnte eventuell das Fehlen des Vaters eine Rolle spielen?
Glauben Sie, dass die Mutter auf das Leben der Tochter Einfluss nehmen kann?

Eine mögliche Antwort aus der Wüste

Abbas Ammonas kam einmal an einen Strom und wollte diesen überqueren. Er fand auch ein tüchtiges und schönes Schiff, bestieg es aber nicht, sondern setzte sich am Ufer nieder. Und siehe, bald kam wieder ein Boot, um die wartenden Menschen überzusetzen. Diese riefen ihm zu: „Komm, Vater, setze über mit uns." Er aber antwortete: „Ich steige nur in ein Schiff, das von der Obrigkeit eingesetzt ist."
Er hatte ein Bündel Palmzweige bei sich, saß da und flocht an einem Seil, löste dieses wieder auf und fuhr so fort, bis das Fährbot kam. Und nun fuhr er hinüber. Die Brüder warfen sich ihm zu Füßen und fragten: „Warum tatest du das?" Und der Alte sagte ihnen: „Damit mein Denken nicht immer irgendwo hin strebt beim Herumgehen. Es soll aber auch ein Beispiel sein, dass wir auf dem Weg des Herrn in ruhiger und rechter Verfassung schreiten sollen." (74)

Impulse aus der Heiligen Schrift

„Sie alle warten auf dich,
dass du ihnen Speise gibst zur rechten Zeit.
Gibst du ihnen, dann sammeln sie ein;
öffnest du deine Hand, werden sie satt an Gutem."
(Psalm 104,27–28)

„Alles hat seine Stunde. Für jedes Geschehen
unter dem Himmel gibt es eine bestimmte Zeit.
(Kohelet 3,1)

„Werft also eure Zuversicht nicht weg, die großen Lohn
mit sich bringt. Was ihr braucht, ist Ausdauer, damit ihr
den Willen Gottes erfüllen könnt und so das verheißene
Gut erlangt."
(Hebräerbrief 10,35–36)

„Der Geduldige hält aus bis zur rechten Zeit,
doch dann erfährt er Freude.
Bis zur rechten Zeit hält er mit seinen Worten zurück,
dann werden viele seine Klugheit preisen."
(Jesus Sirach 1,23–24)

ANHEBEN ...

Lange Zeit habe ich nicht verstanden, warum unser Vater so gehandelt hat. Ich war wütend auf ihn und bin ihm aus dem Weg gegangen. Meine Schwester, die es nun wirklich nicht verdient hatte, bevorzugte er – und das in ganz außerordentlicher Weise.

Durch seine Arbeit und eine glückliche Hand gelang es meinem Vater, größere Ersparnisse festzulegen. Er sagte uns immer, man könne und dürfe nur das Geld ausgeben, das man selbst verdient habe. Auf Zuwendungen oder Erbschaften zu warten, sagte er, sei nicht gut und bringe nur Unfrieden. Meine Schwester und ich hatten uns darauf eingestellt und versuchten mit unserem selbstverdienten Geld auszukommen. Und dann entwickelten meine Schwester und ich fast zur selben Zeit Pläne, die eine gravierende Änderung bedeuteten. Meine Schwester, die in unserem Dorf keinen guten Ruf genoss – sie hatte viele ‚Freunde‘ und von einem ein Kind – wollte von zu Hause fortziehen und in einer benachbarten größeren Stadt eine eigene Wohnung nehmen. Erhebliche Kosten kamen auf sie zu. Ich wünschte mir ebenso Unterstützung: Mein Freund und ich wollten uns beruflich selbstständig machen und benötigten dazu Startkapital.

Also fassten meine Schwester und ich uns ein Herz, gingen zu Vater und fragten ihn um Geld. Er zögerte und während er überlegte, schaute er jede von uns lange an. Meine Bitte schlug er aus, dem Wunsch meiner Schwester jedoch kam er entgegen.

Die Enttäuschung über diese ungleiche Verhaltensweise meines Vaters habe ich heute überwunden. Er muss gespürt haben, was jeweils für uns angemessen war, und wollte sicher meiner Schwester neue Möglichkeiten eröffnen."

Sehen Sie diese unterschiedliche Behandlung als Beweis für eine unterschiedlich große Liebe? Aus welchen Gründen? Wie hätten Sie sich als die Tochter verhalten, die „leer ausgegangen" ist?

Eine mögliche Antwort aus der Wüste

Drei Mönche kamen einmal zum Altvater Achilas, von denen einer in üblem Ruf stand. Da sagte der Erste: „Vater, mache mir ein Netz!" Der aber antwortete: „Ich mach es nicht!" Da bat der andere: „Mache es aus Liebe, damit wir in unserer Wohnung ein Andenken an dich haben!" Auch diesem erwiderte er: „Ich habe keine Zeit!" Da sprach zu ihm der Dritte – der mit dem schlechten Ruf: „Mache mir ein Netz, damit ich etwas aus deinen Händen habe!" Auf der Stelle sagte er zu und sprach: „Ich mache es für dich!" Da fragten ihn die zwei ersten Mönche insgeheim: „Wir haben dich so inständig gebeten und du wolltest es uns nicht machen. Zu dem da aber hast du gesagt: ‚Für dich mache ich es!" Der Alte erklärte es ihnen: „Ich sagte: ich mache es euch nicht, und ihr ward darüber nicht traurig, weil ihr saht, dass ich keine Zeit habe. Wenn ich es aber für diesen auch nicht gemacht hätte, dann hätte er gesagt: Wegen meiner Sünde, von der der Alte gehört hat, will er es mir nicht machen. Damit hauen wir auf der Stelle das Seil ab. Ich weckte also seine Seele auf, damit er nicht von Traurigkeit ertränkt würde." (75)

Impulse aus der Heiligen Schrift

„Fürchte dich nicht, du wirst nicht beschämt;
schäme dich nicht, du wirst nicht enttäuscht.
Denn die Schande in deiner Jugend wirst du vergessen."
(Jesaja 54,4a)

„Gerecht, wie du bist, verwaltest du das All gerecht
und hältst es für unvereinbar mit deiner Macht,
den zu verurteilen, der keine Strafe verdient.
Deine Stärke ist die Grundlage der Gerechtigkeit."
(Weisheit 12,15–16a)

„Darf ich mit dem, was mir gehört, nicht tun, was ich will?
Oder bist du neidisch, weil ich zu anderen gütig bin?"
(Matthäus 20,15)

UNTER VIER AUGEN ...

Es war in unserem Priesterseminar untersagt, Besuch im Studier- und Schlafraum zu empfangen. Unten, neben der Pforte, gab es mehrere Sprechzimmer, die sowohl für die Professoren als auch für die Priesteramtskandidaten offen standen. Der Pförtner hatte alle Türen im Blick und war über das Kommen und Gehen der Besucher genau informiert. Direkt neben dem Seminartrakt befand sich die Theologisch-Philosophische Akademie. Hier fanden – unabhängig von unserer Hochschule – Vorlesungen, Abendveranstaltungen und Seminare statt. Die rechte Hand des Direktors war Rita, eine bewundernswert tüchtige und engagierte Frau. Sie begegnete mir zum ersten Mal in einem offenen Kreis, wo sie mit Gitarrenbegleitung einige Lieder sang. Ihre Stimme vermochte zu verzaubern. Bernhard, ein Mitstudent aus dem Priesterseminar, begleitete sie.

Wir standen kurz vor der Priesterweihe, als Bernhard mir die folgende Begebenheit erzählte und fragte, was er tun solle: ‚Rita und ich – wie du sicherlich gemerkt hast – verstehen uns gut. Vor einigen Tagen ist es uns abends gelungen – ungesehen, wie wir glaubten – in mein Zimmer zu gehen. Am folgenden Tag bat mich der Regens zu sich und stellte mich zur Rede. Ich war fest davon überzeugt, dass er mein Verhalten an den Bischof weiterleiten und mich von der Priesterweihe ausschließen würde. Er ging jedoch mit keinem Wort auf den verbotenen Besuch in meinem Zimmer ein, sondern bat mich mit wohlwollenden Worten, meinen Entschluss, Priester zu werden, noch einmal gründlich zu überdenken. Seine väterliche Güte und seine Zusicherung, mit niemandem darüber zu sprechen, machen mir meine Entscheidung umso schwerer.'„

Was würden Sie dem Priesteramtskandidaten raten, um seinen Konflikt zu lösen?

Eine mögliche Antwort aus der Wüste

Der Altvater Ammonas kam einmal irgendwohin, um zu essen. Dort befand sich einer, der einen schlechten Ruf hatte. Es begab sich, dass ein Weib daherkam und in das Kellion des Bruders mit üblem Rufe ging. Als die Bewohner des Ortes das erfuhren, gerieten sie in Aufregung und taten sich zusammen, um ihn aus seinem Kellion zu vertreiben. Als sie erfuhren, dass der Bischof Ammonas am Orte sei, gingen sie zu ihm und forderten ihn auf, mit ihnen zu kommen. Als der Bruder das merkte, nahm er das Weib und verbarg es in einem großen Fass. Wie nun die Menge eintraf, wusste der Altvater Ammonas bereits, was vorgefallen war, doch um Gottes Willen verdeckte er die Sache. Er trat ein, setzte sich auf das Fass und ordnete eine Durchsuchung des Kellions an. Aber, obwohl sie sorglich suchten, fanden sie das Weib nicht. Da sagte der Altvater Ammonas: ‚Was ist das? Gott soll euch vergeben!' (Dass ihr den Bruder verleumdet habt!) Er ließ ein Gebet verrichten und hieß alle hinausgehen. Dann nahm er den Bruder bei der Hand und ermahnte ihn: ‚Gib auf dich acht!' Nach diesen Worten ging er weg. (76)

Impulse aus der Heiligen Schrift

„Der Herr lenkt die Schritte eines jeden.
Wie könnte der Mensch seinen Weg verstehen?
Eine Falle ist es, unbedacht zu rufen: Geweiht!,
und erst nach dem Gelübde zu überlegen."
(Sprichwörter 20,24–25)

„Schon manche haben die Stimme ihres Gewissens missachtet
und haben im Glauben Schriffbruch erlitten."
(1. Brief am Timotheus 1,19)

„Die älteren Männer sollen nüchtern sein, achtbar,
besonnen, stark im Glauben, in der Liebe, in der Ausdauer.
Ebenso ermahne die jüngeren Männer, in allen Dingen
besonnen zu sein. Gib selbst ein Beispiel durch gute Werke.
Lehre die Wahrheit unverfälscht und mit Würde."
(Brief an Titus 2,2.6–7)

UNBEFANGEN ...

Karl hatte seine Bewerbungsunterlagen eingereicht und war sich recht sicher, dass er nach dem Bewerbungsgespräch die Stelle bekommt. Der Geschäftsführer des Unternehmens, bei dem er gern gearbeitet hätte, hatte ihm jedoch sofort nach dem Gespräch eine abschlägige Antwort gegeben. Jetzt stand Karl wieder auf der Straße und war fassungslos. Mit wankenden Knien ging er zu seinem Auto. Es war ihm, als fiele er nach all den anstrengenden Vorbereitungen in ein schwarzes bodenloses Loch. Unfähig, den Motor anzulassen, dachte er darüber nach, warum ihm so etwas passieren konnte.

„Die Zeugnisse und Unterlagen, die ich eingereicht habe, sind gut – einige von ihnen sogar sehr gut. Und dann die Anspannung des Wartens zwischen der Bewerbung bis zur Einladung zum Gespräch ... Diese Zeit habe ich doch optimal genutzt. Bis spät nachts las ich Fachliteratur, um mich mit der Branche vertraut zu machen und Rede und Antwort stehen zu können. Das Bewerbungstraining, das mich viel Geld kostete, gab mir doch letzte Sicherheit im Auftreten und in der Gesprächsführung. Immer wieder habe ich mir die Situation vorgestellt, mich in den Interviewer eingefühlt und sogar meine Rolle vor dem Spiegel eingeübt. Ich habe doch alles getan, um den Erwartungen des Unternehmens zu entsprechen ...

Und dann ist da vielleicht jemand, der sich längst nicht so viel Mühe gemacht hat, der daherkommt ohne diesen großen Aufwand – und gerade der bekommt die Stelle. Erst viel später wurde mir klar, dass der Mitbewerber nur deshalb aufgestiegen ist, weil er es verstand, in seine eigene Wirklichkeit hinabzusteigen."

**„In seine eigene Wirklichkeit hinabsteigen" –
was könnte damit gemeint sein?
Welche Gründe können Sie sich vorstellen, aus denen
der Bewerber diese Anstellung nicht erhalten hat?**

Eine mögliche Antwort aus der Wüste
Athanasios, der Erzbischof von Alexandrien heiligen Angedenkens, lud den Altvater Pambo ein, aus der Wüste nach Alexandrien zu kommen. Als er ankam, sah er eine Frau, die eine Schauspielerin war, und weinte. Als er von den Umstehenden gefragt wurde, warum er weine, sagte er: „Zwei Dinge bewegen mich: zum einen ihre Verlorenheit, zum anderen die Tatsache, dass ich bei weitem nicht so viel Mühe aufwende um Gott zu gefallen, wie sie, um anderen Menschen zu gefallen."

(77)

Impulse aus der Heiligen Schrift
*„Unechte Gewächse treiben keine Wurzeln in die Tiefe
und fassen keinen sicheren Grund."*
(nach Weisheit 4,3b)

„Gerechte Lippen gefallen dem König,
wer aufrichtig redet, den liebt er."
(Sprichwörter 16,13)

„Zwei Männer gingen zum Tempel hinauf, um zu beten.
Der Pharisäer: Gott, ich danke dir, dass ich nicht wie
die anderen Menschen bin ... Ich faste zwei Mal in der
Woche und gebe dem Tempel den zehnten Teil meines ganzen
Einkommens. Der Zöllner aber blieb ganz hinten stehen und
wagte nicht einmal, seine Augen zum Himmel zu erheben.
Ich sage euch: Dieser kehrte als Gerechter nach Hause
zurück, der andere nicht."
(Lukas 18,10a.11–13a.14a)

„Zuverlässige Belehrung kam aus seinem Mund,
nichts Verkehrtes fand sich auf seinen Lippen,
in Frieden und Aufrichtigkeit ging er mit mir seinen Weg."
(Maleachi 2,6)

LETZTE WORTE …

In unserem Priesterseminar in Brixen war der Regens verantwortlich für das „forum externum", also für alle äußeren Angelegenheiten, und der Spiritual für das „forum internum", das heißt für alle persönlichen und seelischen Angelegenheiten der Priesteramtskandidaten. Die Trennung dieser beiden Bereiche war eine gute Einrichtung. Ich hatte großes Vertrauen zu Pater Valentin, unserem Spiritual, und konnte offen mit ihm über alles sprechen, was mich bewegte. Er hörte zu und stellte, bevor er eine Antwort gab, viele Fragen. Ich sah ihn niemals ärgerlich oder missgestimmt. In unseren häufigen und langen Gesprächen gab er mir niemals eine direkte Antwort auf meine Fragen, sondern führte mich behutsam einen Weg, auf dem ich dann selbst die Antwort fand. Er bejahte und unterstützte mich, wann immer er konnte.

Eines Tages fiel mir bei Tisch auf, dass Pater Valentin wesentlich mehr Rotwein trank als früher. Auch sah er sehr blass und mitgenommen aus. Bei meinem nächsten Gespräch, das ich mit ihm unter vier Augen führte, fragte ich ihn nach den Veränderungen, die mir aufgefallen waren. Ohne zu zögern nannte er mir den Grund: Sein behandelnder Arzt habe bei ihm eine akute myeloische Leukämie festgestellt. Und als ich ihn fragend anschaute, fügte er hinzu: ‚Es ist eine bösartige Erkrankung der weißen Blutkörperchen. Ich soll viel Rotwein trinken; aber lange Zeit habe ich auf dieser Welt nicht mehr. Die zytostatische Chemotherapie hat weder eine Voll- noch Teilremission erreicht.' Als ich Pater Valentin später im Krankenhaus besuchte, nahmen wir Abschied voneinander. Ich bat ihn, mir ein Wort mit auf den Weg zu geben. Er sagte mit leiser Stimme: ‚Lass bei allem, was du weitergibst, alle Theorie beiseite und sprich nur über das, was du selbst erfahren hast.‘"

Können Sie sich an das letzte Wort eines Sterbenden erinnern, das an Sie gerichtet wurde?
Wenn Ja: Halten Sie sich daran?

Eine mögliche Antwort aus der Wüste
Als dieser Altvater Johannes an seinem Ende war und bereitwillig und freudig zum Herrn ging, standen die Brüder im Kreis um ihn herum und wünschten, dass er ihnen ein gedrängtes Heilswort als Erbschaft hinterlasse, mit dessen Hilfe sie zur Vollendung in Christus kommen könnten. Er seufzte und sagte: „Nie habe ich meinen eigenen Willen getan, und ich habe keinen etwas gelehrt, was ich nicht vorher selbst getan hatte." (78)

Impulse aus der Heiligen Schrift
„Du, mein Sohn, sei stark in der Gnade, die dir in Christus Jesus geschenkt ist. Was du vor vielen Zeugen von mir gehört hast, das vertrau zuverlässigen Menschen an, die fähig sind, auch andere zu lehren."
(2. Timotheusbrief 2,1–2)

„Achte auf den, der Weisheit hat, und suche ihn auf;
dein Fuß trete seine Türschwelle aus.
Achte auf die Furcht vor dem Herrn,
sinn allezeit über seine Gebote nach!
Dann gibt er deinem Herzen Einsicht,
er macht dich weise, wie du es begehrst."
(Jesus Sirach 6,36–37)

„Da ergriff ihn (Jesus) Angst und Traurigkeit, und er sagte zu
ihnen: Meine Seele ist zu Tode betrübt. Bleibt hier und wacht
mit mir! Und er ging ein Stück weiter, warf sich zu Boden und
betete: Mein Vater, wenn es möglich ist, gehe dieser Kelch an
mir vorüber. Aber nicht wie ich will, sondern wie du willst."
(Matthäus 26,37b–39)

WAHRE WERTE ERKENNEN

AN ERSTER STELLE ...

Seit ich hier im Seniorenheim bin, vergeht für mich die Zeit entschieden langsamer als früher. Ich konnte mein Haus nicht mehr allein führen; es wurde mir einfach zu viel – besonders das Einkaufen, das Kochen und die Wäsche. Nun muss ich mich zwar auf einen Raum beschränken, doch alles in allem habe ich es hier sehr gut. Wir haben sogar ein Schwimmbad im Haus und jede Woche kommt der Arzt. Der Doktor nimmt sich Zeit und hört mich in Ruhe an. Das tut außerordentlich gut. Die religiöse Betreuung lässt dagegen zu wünschen übrig. Wir haben zwar an jedem Sonntag hier im Haus einen Gottesdienst, der Geistliche jedoch besucht mich höchstens einmal im Monat. Dann hat er es immer noch sehr eilig. Doch mein Problem ist ein anderes.

Ich habe eine Tochter, die in einer etwa 80 km entfernt liegenden Großstadt verheiratet ist. Neben ihren familiären Aufgaben hat sie noch einige ehrenamtliche Aufgaben übernommen: Sie ist als Lektorin tätig, besorgt den Blumenschmuck in der Kirche, macht Stadt- und Museumsführungen und gestaltet Tischdekorationen für ihre Freunde. Sie ist meine alleinige Erbin und hat auch schon ein Vorab-Erbe erhalten. Sie besucht mich selten, sie sagt, die Autofahrt wäre so anstrengend. Und wenn sie ihren Besuch, auf den ich mich immer riesig freue, angekündigt hat, kommt sie meist ein bis zwei Stunden später. Müsste sie nicht wissen, wie sehr mir an ihrer Gegenwart gelegen ist, dass ich Vor-

bereitungen treffe und mich bereits den ganzen Tag auf sie
einstelle? Sie ist doch mein einziges Kind und ich liebe sie.
Und wenn sie dann kommt, hat sie vorher hier im Ort für
sich eingekauft und meist noch ihre Freundin Ute besucht,
die hier wohnt. Oder sie besucht mich nur kurz, um anschließend Ute wiederzusehen."

**Welchen Grund könnte die Unzuverlässigkeit
der Tochter haben?
Sollte die Mutter offen mit ihrer Tochter
sprechen und ihr sagen, wie sehr sie leidet?**

Eine mögliche Antwort aus der Wüste
Der Altvater Daniel erzählte: Einige Brüder wollten in die
Thebais gehen, um Netze zu kaufen. Bei der Gelegenheit wollten
sie auch den Altvater Arsenios sehen. Abbas Alexander trat zu
ihm herein und sagte zum Alten: „Von Alexandrien sind Brüder
gekommen, die dich sehen wollen." Der Greis entgegnete: „Er-
frage, warum sie da sind." Als er erfuhr, dass sie der Netze
wegen in die Thebais gekommen seien, meldete er es dem Greis.
Da sprach dieser: „Wirklich, sie bekommen das Antlitz des
Arsenios nicht zu sehen, weil sie nicht meinetwegen gekommen
sind, sondern ihres Geschäftes wegen. Gib ihnen eine Erqui-
ckung und entlasse sie in Frieden. Sag ihnen: Der Alte kann
euch nicht entgegenkommen."   (79)

Impulse aus der Heiligen Schrift

„Hat eine Witwe aber Kinder oder Enkel, dann sollen diese lernen, zuerst selbst ihren Angehörigen Ehrfurcht zu erweisen und dankbar für ihre Mutter oder Großmutter zu sorgen; denn das gefällt Gott. Wer aber für seine Verwandten, besonders für die eigenen Hausgenossen, nicht sorgt, der verleugnet damit den Glauben und ist schlimmer als ein Ungläubiger."
(1. Timotheusbrief 5,4.8)

„Deine Mutter war wie ein Weinstock im Garten,
der am Wasser gepflanzt ist.
Voll von Früchten und Ranken war er
wegen des Reichtums an Wasser.
Nun verpflanzte man ihn in die Wüste,
in trockenes, dürstendes Land."
(Ezechiel 19,10.13)

„Ich war krank und ihr habt mich besucht;
ich war im Gefängnis und ihr seid zu mir gekommen."
(Matthäus 25,36b)

MIT-GIFT ...

Bevor wir heirateten – und das ist schon über vierzig Jahre her – erzählte mir meine Frau von einem Verehrer, von dem sie sich getrennt hatte. Es war eine Geschichte, an die ich mich nach so langer Zeit kaum noch erinnere. Beide, meine Frau und Heinz M., müssen sich geliebt haben. Seine Einstellung zum Besitz – er war Bauunternehmer – muss sie jedoch eines Tages derartig abgestoßen haben, dass sie ihn kurz entschlossen verließ. Beide hatten bereits etliche Vorbereitungen für ihre Hochzeit getroffen, als er sie fragte, was sie an Aussteuer von ihren Eltern bekäme und wie viele Teile das Silber habe, das sie mitbringen würde. Sie fühlte sich sehr verletzt, denn ihre Eltern konnten ihr nichts dergleichen mitgeben; sie hatten alle Mühe, vom geringen Lohn des Vaters die Miete zu zahlen und die Familie zu ernähren. All das liegt Jahrzehnte zurück und wäre längst vergessen, wenn sich nicht etwas Aktuelles ereignet hätte.

Meine Frau erhielt einen Einschreibebrief vom Amtsgericht und erfuhr aus dem beigefügten Testament, Heinz M. sei verstorben und sie habe von ihm ein Sechsfamilienhaus geerbt. Obwohl sie längst wusste, wie sie sich verhalten würde, kam sie sofort zu mir und fragte mich um Rat. Da ich von dem großen Besitz der Familie M. wusste, war es für mich klar, dass es niemandem schaden würde, wenn sie dieses Erbe annähme. Ich gratulierte ihr und freute mich schon im Stillen über die zusätzlichen Einnahmen für unsere Familie. Als ich dann eine vorsichtige Andeutung in diese Richtung machte, trat meine Frau entschieden dagegen und sagte: ‚Glaubst du denn im Ernst, ich würde von Heinz etwas annehmen? Und dann noch nach seinem Tod?'"

Aus welchen Gründen wird sie das Erbe ausgeschlagen haben, obwohl man ja dem Geld „nicht ansieht", woher es kommt?
Warum wird der frühere Freund, der selbst eine eigene Familie gegründet hat und keinen Kontakt mehr mit der Frau hatte, ihr das Haus vermacht haben?

Eine mögliche Antwort aus der Wüste

Der Altvater Daniel erzählte über den Altvater Arsenios: Einmal kam ein Beamter und brachte ihm das Testament eines Senators, eines Verwandten von ihm, der ihm eine bedeutende Erbschaft hinterließ. Arsenios nahm es und wollte es zerreißen. Da fiel ihm der Beamte zu Füßen und sprach zu ihm: „Zerreiße es bitte nicht; denn das kostet mich den Kopf!" Da sagte zu ihm der Altvater Arsenios: „Ich bin vor jenem schon gestorben, und er ist eben erst gestorben." Und er gab ihm das Testament zurück, ohne etwas zu nehmen. (80)

Impulse aus der Heiligen Schrift

„Mancher Erfolg wird dem Menschen zum Schaden, mancher Gewinn wird ihm zum Verlust.
Es gibt Geschenke, von denen man nichts hat,

es gibt Geschenke, die man doppelt vergüten muss."
(Jesus Sirach 20,9–10)

*„Brüder, ich nehme einen Vergleich aus dem menschlichen
Leben: Niemand setzt das rechtsgültig festgelegte Testament
eines Menschen außer Kraft oder versieht es mit einem
Zusatz."*
(Galaterbrief 3,15)

*„Gold und Silber stützen den Fuß,
doch mehr als beide ein guter Rat.
Reichtum und Macht erheben das Herz,
doch mehr als beide die Gottesfurcht."*
(Jesus Sirach 40,25–26a)

*„Wissen ist soviel wert wie Erbbesitz,
es ist sogar mehr wert für die, welche die Sonne sehen;
denn wer sich im Schatten des Wissens birgt,
der ist auch im Schatten des Geldes."*
(Kohelet 7,11–12a)

SICH ABGEBEN ...

Ich bin Ihnen sehr dankbar, dass Sie zu mir zum Gespräch ins Seniorenheim gekommen sind. Mich quält schon seit langem ein Thema, das ich nur bei Ihnen ansprechen kann. Meine Angehörigen wissen, dass der kostbare Schmuck, den mir mein verstorbener Mann in den Jahren unserer Ehe geschenkt hat, und der Schmuck, den ich aus meiner eigenen Familie geerbt habe, sich hier im Haus im Safe befindet. Eigentlich müsste ich mich schämen, denn ich habe weder eine Verteilung im Testament vorgenommen noch je ein Stück bisher verschenkt. Und wenn Sie wissen, wie hoch die Versicherungsprämie für den Schmuck ist, können Sie sich vorstellen, was ich jährlich zahlen muss, um sicherzugehen.

Seit ich hier im Heim lebe – und das sind schon einige Jahre –, habe ich noch niemals ein Schmuckstück angelegt. Ich lebe einzig und allein aus der Erinnerung. Und da frage ich mich, ob ich nicht doch die Werte bereits zu meinen Lebzeiten verteilen soll. Auf der anderen Seite bedeutet der Schmuck für mich erhöhte Sicherheit, denn man kann ja nie wissen ... In gewisser Weise verbindet er mich auch mit meinem Mann, der mir zu besonderen Anlässen ein wertvolles Schmuckgeschenk machte. Und der alte Schmuck aus meiner eigenen Familie erweckt in mir ein Gefühl der Zugehörigkeit und Familienidentität.

Ich glaube, eine Antwort von Ihnen wird sich erübrigen, denn ich spüre nach diesen Worten, dass ich mich nicht trennen kann. Wie sehr würden sich jedoch meine Schwiegertöchter und Enkelinnen über manches kostbare Schmuckstück aus der eigenen Familie freuen …"

Was halten Sie generell davon, zu Lebzeiten bereits Erbe zu übertragen, das man nicht selbst notwendig braucht? Bindet dies die Erben an Sie – oder haben Sie die Befürchtung, dass sich diese dann nicht mehr um Sie kümmern?
Welche Argumente hätten Sie für die ältere Dame, damit diese von ihrem Zwiespalt befreit wird?

Eine mögliche Antwort aus der Wüste

Ein gewisser Bruder suchte einen Greis auf und fragte ihn: „Willst du, dass ich mir für den Fall einer Krankheit Goldmünzen zurückbehalte?" Der Greis, der seine Gedanken erkannte, dass er nämlich die Münzen behalten wolle, sagte ihm: „Behalte sie!" Als jener Bruder in sein Kellion zurückgekehrt war, sprach er im Widerstreit der Gedanken zu sich selbst: „Was meinst du? Hat dich nun der Vater gesegnet oder nicht?" Er machte sich also auf, kam wieder zu jenem Greis und fragte ihn: „Gottes wegen, sage mir die Wahrheit, denn meine Gedanken bekämpfen sich sehr wegen dieser zwei Goldmünzen." Der Altvater antwortete ihm: „Da ich deine Gedanken durchschaute, dass du nämlich diese zwei Goldmünzen behalten willst, sagte ich dir, du solltest sie behalten. Es ist aber nicht gut, mehr zu besitzen, als für die Bedürfnisse des Leibes notwendig ist. Diese beiden Goldmünzen nun sind deine Hoffnung; wenn es sich nun trifft, dass sie verloren gehen, meinst du, Gott würde dann nicht mehr für uns sorgen? Wirf daher deine sorgenden Gedanken auf Gott, denn er selbst wird für uns sorgen!" (81)

Impulse aus der Heiligen Schrift
„Beugt euch also in Demut unter die mächtige Hand Gottes, damit er euch erhöht, wenn die Zeit gekommen ist. Werft alle eure Sorgen auf ihn, denn er kümmert sich um euch."
(1. Petrusbrief 5,6–7)

„Wie ein goldener Ring und Schmuck aus Feingold ist ein weiser Mahner für ein Ohr, das zuhört."
(Sprichwörter 25,12)

„Sodann der Goldreif auf dem Kopfbund, die Rosette mit der eingravierten Inschrift: Heilig! Eine herrliche Pracht, eine gewaltige Auszeichnung, eine Augenweide, eine vollendete Schönheit. Vorher hat es nichts Ähnliches gegeben, und niemals darf es ein Unbefugter tragen. Nur seinen Söhnen hat er dies anvertraut und so halten es seine Söhne für alle Zeiten."
(Jesus Sirach 45,12–13)

ZU VIEL DES GUTEN ...

Es war immer mein großer Wunsch, in der Lebensberatung tätig zu sein. Aus finanziellen Gründen konnte ich es mir allerdings lange Zeit nicht erlauben, meinen früheren Beruf aufzugeben, um Sozial- und Caritas-Wissenschaften zu studieren. Doch eines Tages boten sich ungeahnte Chancen ... Und nun befinde ich mich in der glücklichen Lage, nicht nur mein Examen als Eheberaterin bestanden zu haben, sondern ich fand auch beim Bischöflichen Generalvikariat eine Anstellung. Da die Zeit, in der unsere Beratungsstelle geöffnet ist, nicht ausreicht, um die vielen Gespräche in Ruhe führen zu können, habe ich etliche Termine zu mir nach Hause verlegt.

Wenn ich Partner auf einen Weg oder mögliche Lösungen ihrer Probleme bringen kann, spüre ich eine tiefe Freude und Dankbarkeit in mir. In der letzten Zeit jedoch erlebe ich immer häufiger etwas sehr Unangenehmes: Irgendetwas stört und unterbricht die herzliche Verbindung zwischen mir und den Rat Suchenden. Ich stehe mir dann selbst im Weg und komme über diese Schwelle nicht hinweg. Und dabei bereite ich mich auf jedes Gespräch intensiv vor, lese die entsprechende Fachliteratur und fühle mich in die Problemstellung ein, die auf mich zukommt. Ist es möglich, dass meine intellektuelle Vorbereitung mich zu sehr beherrscht oder ich mir selbst zu viel Beachtung schenke, so dass ich nicht zum eigentlichen Kern des Schmerzpunktes bei den anderen vordringen kann?"

Woran mag es der Eheberaterin momentan fehlen? Da man einen anderen nur über sich selbst erreichen kann: Was würden Sie ihr raten, damit sie wieder „zu sich selbst" kommt?

Eine mögliche Antwort aus der Wüste

Einer von den Altvätern erzählte über den Altvater Theodor von Pherme: Ich kam einmal in der Abenddämmerung zu ihm und fand ihn mit einem zerfetzten Rock bekleidet, seine Brust war entblößt und der Mönchsmantel lag vor ihm. Und siehe, es kam ein Reiter zu Besuch. Als er klopfte, kam der Alte heraus, um zu öffnen, ging ihm entgegen und wies ihm an der Türe einen Platz zur Unterhaltung an. Ich nahm ein Stück von einem Überkleid und bedeckte seine Schultern. Der Greis aber streckte seine Hand aus und riss es herab. Als der Reiter weggegangen war, sagte ich zu ihm: „Vater, warum hast du das getan? Der Mann kam, um erbaut zu werden – ob er nicht Anstoß genommen hat?" Da antwortete mir der Greis: „Was sagst du zu mir, Abbas? Ist das die Hauptaufgabe, den Menschen zu dienen? Wir taten das Nötige. Im übrigen ist die Sache vorbei. Wer Nutzen haben will, habe Nutzen, wer Ärgernis nehmen will, nehme Ärgernis. So wie ich mich gerade befinde, so empfange ich." Seinem Schüler gab er die Anweisung: „Wenn jemand zu Besuch kommt, dann sage nichts, außer was unter Menschen üblich ist: wenn ich esse, dann sage: er isst, und wenn ich schlafe, dann: er schläft." (82)*

Impulse aus der Heiligen Schrift

„Geht es mir denn um die Zustimmung von Menschen,
oder geht es mir um Gott? Suche ich etwa Menschen zu
gefallen? Wollte ich noch den Menschen gefallen,
dann wäre ich kein Knecht Christi."
(Galaterbrief 1,10)

„Wer sich aber in das vollkommene Gesetz der Freiheit vertieft
und an ihm festhält, wer es nicht nur hört,
um es wieder zu vergessen, sondern danach handelt,
der wird durch sein Tun selig sein."
(Jakobusbrief 1,25)

„Mein Sohn, bei all deinem Tun bleibe bescheiden
und du wirst mehr geliebt werden als einer, der Gaben verteilt.
Je größer du bist, umso mehr bescheide dich,
dann wirst du Gnade finden bei Gott.
Such nicht hartnäckig zu erfahren, was deine Kraft übersteigt.
Es ist schon zu viel, was du sehen darfst."
(Jesus Sirach 3,17–18.23)

SICH TÄUSCHEN LASSEN ...

Hellhörig wurde ich, als eines Tages meine Frau zu mir sagte, sie wolle wegen einer Meditationsgruppe ihre Arbeit aufgeben. Und dabei haben wir uns beide so gefreut, als es ihr nach Jahren der Unterbrechung ermöglicht wurde, im gleichen Unternehmen und in gleicher Position wieder arbeiten zu können. Ich habe sie gewarnt, sich übermäßig für diese Meditationsgruppe zu engagieren. Je mehr ich meine Frau jedoch davon abzuhalten versuchte, desto mehr steigerte sie sich in die vorgegebenen Ideale hinein. Ich habe den Eindruck, dass die Menschen, die sie in ihren Bann gezogen haben, sich selbst etwas vormachen und nicht den christlichen Weg, sondern eigene Interessen in den Vordergrund stellen.

Schöne und vielleicht auch tiefgreifende Worte allein können für mich nicht erweisen, ob eine Spiritualität echt ist oder nicht. In Ruhe mit meiner Frau darüber zu sprechen, ist nicht möglich. Anstatt durch diesen christlichen Weg, den sie geht, freier und gelassener zu werden, verkrampft sie sich mehr und mehr – ohne es selbst zu bemerken. Im Gegenteil: Sie kommt sich reifer und entwickelter vor als die anderen, die nicht mit ihr diesen Weg gehen. Und dazu gehöre ich auch. Es geht ihr um den eigenen Selbstwert und um das Gefühl, mir spirituell überlegen zu sein. Eine Zeit lang habe ich „mitgespielt" und es geschehen lassen. Doch jetzt muss ich etwas unternehmen, denn ich sehe deutlich, dass meine Frau in einen Kreis geraten ist, in dem der Verdrängung wegen meditiert wird und nicht um der Verwandlung willen."

Was könnte diese Frau in der Meditationsgruppe suchen, was sie zu Hause und bei ihrem Mann nicht findet?

Eine mögliche Antwort aus der Wüste

Abbas Antonios sagte: „Eines Tages saß ich bei Abbas Arphat, da kam eine Jungfrau und sagte: Vater, ich habe zweihundert Wochen gefastet, indem ich nur alle sechs Tage aß, ich habe das Alte und Neue Testament gelernt, was bleibt mir noch zu tun? Der Alte sagte ihr: Ist für dich der Tadel wie die Ehre? Sie sagte: Nein. Die Niederlage wie der Sieg, die Fremden wie die Eltern, der Mangel wie der Überfluss? Sie sagte: Nein. Der Alte schloss: Also hast du dich selbst getäuscht. Geh arbeiten, denn du hast gar nichts."

(83)

Impulse aus der Heiligen Schrift

„Gebt Acht, dass euch niemand mit seiner Philosophie und falschen Lehre verführt, die sich nur auf menschliche Überlieferung stützen und sich auf die Elementarmächte der Welt, nicht auf Christus berufen."
(Kolosserbrief 2,8)

„Wir sollen nicht mehr unmündige Kinder sein, ein Spiel der Wellen, hin und her getrieben von jedem Widerstreit der

Meinungen, dem Betrug der Menschen ausgeliefert, der
Verschlagenheit, die in die Irre führt. Wir wollen uns, von
der Liebe geleitet, an die Wahrheit halten und in allem
wachsen, bis wir ihn erreicht haben. Er, Christus, ist
das Haupt."
(Epheserbrief 4,14–15)

„Sei nicht prahlerisch mit deinen Worten
und schlaff und matt in deinem Tun!
Spiel nicht in deinem Haus den Löwen,
vor dem sich deine Knechte fürchten müssen."
(Jesus Sirach 4,29–30)

„Vertraut nicht auf die trügerischen Worte: Der Tempel des
Herrn, der Tempel des Herrn, der Tempel des Herrn ist hier!
Denn nur wenn ihr euer Verhalten und euer Tun von Grund
auf bessert, dann will ich bei euch wohnen hier an diesem Ort,
in dem Land, das ich euren Vätern gegeben habe für ewige
Zeiten."
(Jeremia 7,4–5a.7)

NICHT BLOßSTELLEN …

Mein Mann und ich leben in einer Kleinstadt. Zusammen mit seinen Geschwistern führt er ein Textilunternehmen mit mehr als 300 Mitarbeitern. Gesellschaftlich halten wir uns zurück, denn wir lieben unser Zuhause – ganz besonders aber unseren Sohn. Lange Jahre mussten wir auf ihn warten. Auf Familienfesten und Kegeltouren wurden wir deshalb von unseren Verwandten und Freunden so manches Mal aufgezogen – was aber amüsant und lustig formuliert war. Ich ließ alle nur möglichen Untersuchungen über mich ergehen, nahm Moorbäder, schluckte Eisenpräparate und übte monatelang autogenes Training. Alles ohne Erfolg. Es dauerte lange, bis auch mein Mann sich nach intensivem Zureden und Bitten untersuchen ließ. Um anonym zu bleiben, fuhr er für zwei Tage in die Mayo-Klinik nach Wiesbaden. Das Ergebnis war eindeutig: Es wurde bei ihm Zeugungsunfähigkeit diagnostiziert. Unter Tränen erzählte er mir das Ergebnis der Untersuchungen. Dann trat der gewohnte Alltag wieder in unser Leben.

Nach weiteren Jahren unserer Ehe meldete sich Nachwuchs an. Bevor das Kind sichtbar wurde, bat ich meinen Mann um ein Gespräch unter vier Augen. Er war schockiert und völlig sprachlos. Dann stand er auf, umarmte mich und fragte leise, wer der Vater sei. Stunden verbrachten wir im Gespräch, und ich erzählte ihm aus ehrlichem Herzen jede Einzelheit, vor allem aber, was mich bewog, diesen Schritt nicht aus Leidenschaft, sondern aus klarer Überlegung zu tun. Ich hatte Angst vor seiner Reaktion. Doch nur Verständnis, Güte und unendliche Liebe sprachen aus ihm. Und von diesem Augenblick an – ohne jemals mehr ein Wort darüber zu verlieren – wurde das Kind, das ich erwartete, zu unserem gemeinsamen Kind."

Aus welchen Gründen, glauben Sie, hat die Frau nicht vorher mit ihrem Mann über die Absicht gesprochen, ein Kind von einem fremden Mann zu bekommen?
Glauben Sie, dass der Mann – wäre er vorher gefragt worden – seine Zustimmung gegeben hätte?

Eine mögliche Antwort aus der Wüste

Als Abbas Johannes einst mit den Brüdern von der Sketis her kam, verirrte sich ihr Führer, denn es war Nacht. Da sagten die Brüder zu Abbas Johannes: „Was sollen wir tun, Vater, der Bruder hat den Weg verfehlt und wir wollen doch nicht als Verirrte sterben!"
Der Alte antwortete ihnen: „Wenn wir es ihm sagen, wird er traurig und schämt sich. Aber seht: Ich stelle mich erschöpft und sage, dass ich nicht mehr weiter gehen kann, sondern hier bleiben will bis zum Morgen." Und so machte er es. Darauf sagten die anderen: „Auch wir gehen nicht mehr weiter, sondern bleiben bei dir sitzen." Und so blieben sie sitzen bis zum Morgen und gaben somit dem Bruder keinen Grund zur Beschämung. (84)

Impulse aus der Heiligen Schrift
„Da kam ich an dir vorüber und sah dich, und siehe,
deine Zeit war gekommen ... Ich breitete meinen Mantel
über dich und bedeckte deine Nacktheit."
(Ezechiel 16,8a)

„Mach einen Plan, triff eine Entscheidung!
Wie die Nacht breite deinen Schatten aus am helllichten Tag,
versteck die Verjagten, verrate die Flüchtigen nicht!"
(Jesaja 16,3)

„Weil er an mir hängt, will ich ihn retten;
ich will ihn schützen, denn er kennt meinen Namen."
(Psalm 91,14)

„Trag deinen Streit mit deinem Nächsten aus,
doch verrate nicht das Geheimnis eines anderen."
(Sprichwörter 25,9)

BETEN *UND* ARBEITEN ...

Unser Sohn Sven ist nicht wiederzuerkennen. Und früher war er derjenige in unserer Familie, den wir alle am meisten schätzten. Heute ist er nicht mehr zugänglich für das, was wir sagen; und dabei meinen wir es nach wie vor gut mit ihm. Sein sonderbares Verhalten und seine abgehobene Einstellung dem Leben und der Realität gegenüber begann nach dem Abitur, als Sven nicht wusste, ob und was er studieren sollte.

Er muss damals bestimmten Leuten aufgefallen sein, die ihn dann in ihren Bannkreis gezogen haben. Von da an ließ er sich von uns überhaupt nichts mehr sagen und stellte sich gegen alles, was uns und unserer Familie wichtig war und ist. Manche Werte tritt er sogar mit Füßen, denn er fühlt sich zu Höherem berufen. Sein Zimmer, die saubere Wäsche und viele Mahlzeiten nimmt er jedoch wie selbstverständlich in Anspruch – tut allerdings nichts dafür. Wenn wir ihn darauf ansprechen, antwortet er, durch seine stundenlangen Meditationen genug für unser Seelenheil zu tun. Es ist unmöglich, mit ihm vernünftig zu reden. Svens Verhalten und seine Äußerungen machen uns große Angst. In seinem Denken und Sprechen benutzt er vorgefertigte Schemata und Ausdrücke, die nicht die seinen sind. Er ist ganz im Bannkreis dieser fanatisch-sektiererischen Gruppe."

Wie kommentieren Sie den Satz: „Wenn du ein Mensch bist, dann musst du arbeiten, damit du deine Nahrung findest."
Auf welche Weise könnten die Eltern versuchen, den Sohn wieder „auf den Boden" zurückzubringen?

Eine mögliche Antwort aus der Wüste

Man erzählte vom Altvater Johannes Kolobos, dass er einmal zu einem älteren Bruder sagte: „Ich will ohne Sorgen sein, so wie die Engel sorglos sind, und nicht arbeiten, sondern unaufhörlich Gott dienen." Er legte sein Kleid ab und ging in die Wüste. Nachdem er eine Woche dort verbracht hatte, kehrte er zu seinem Bruder zurück. Als er an die Tür klopfte, erkannte ihn sein Bruder, bevor er öffnete, und sprach: „Wer bist du?" Er antwortete: „Ich bin Johannes, dein Bruder!" Der Bruder antwortete: „Johannes ist ein Engel geworden und gehört nicht mehr zu den Menschen." Da flehte er ihn an und sagte: „Ich bin es doch!" Der andere aber öffnete ihm nicht, sondern ließ ihn bis zum Morgen in dieser unbequemen Lage. Erst später öffnete er und sagte: „Wenn du ein Mensch bist, dann musst du arbeiten, damit du deine Nahrung findest." Da bereute Johannes und sagte: „Verzeih mir!"

(85)

Impulse aus der Heiligen Schrift

„Besser unbeachtet bleiben und seine Arbeit verrichten, als großtun und kein Brot haben."
(Sprichwörter 12,9)

„Setzt eure Ehre darein, ruhig zu leben, euch um die eigenen
Aufgaben zu kümmern und mit euren Händen zu arbeiten,
wie wir euch aufgetragen haben."
(1. Thessalonicherbrief 4,11)

„Wir haben bei euch kein unordentliches Leben geführt und
bei niemand unser Brot umsonst gegessen; wir haben uns
gemüht und geplagt, Tag und Nacht haben wir gearbeitet,
um keinem von euch zur Last zu fallen. Denn als wir bei euch
waren, haben wir euch die Regel eingeprägt: Wer nicht
arbeiten will, soll auch nicht essen. Wir hören aber, dass
einige von euch ein unordentliches Leben führen und alles
Mögliche treiben, nur nicht arbeiten. Wir ermahnen sie
und gebieten ihnen im Namen Jesu Christi, des Herrn,
in Ruhe ihrer Arbeit nachzugehen und ihr selbst verdientes
Brot zu essen."
(2. Thessalonicherbrief 3,7b–8.10–12)

SPUREN SUCHEN ...

Auf unseren gemeinsamen Reisen haben meine Frau und ich immer wieder für ein oder zwei Tage Wallfahrtsorte besucht. Oft waren die Reisen ins Ausland mit großen Anstrengungen verbunden. An den Orten besonderer Verehrung jedoch fanden wir beide neue Kraft – aber auch Hoffnung, dass sich unsere familiären Probleme auf eine gute Weise lösen. Der Fanatismus und der Missionseifer, den wir besonders in einigen Wallfahrtsorten erlebten, störte uns nicht. Die gute Atmosphäre und die tragenden Schwingungen durch die lebenswahrhaftigen Gebete waren allemal stärker als jede Radikalität. Dass im Ausland, besonders im Süden und Osten, eine andere Art der Frömmigkeit gelebt wird, konnten wir gut annehmen. Trotz mancher Übertreibungen, die mich eher abstoßen, war hier doch eine große Bereitschaft zur Umkehr und Versöhnung spürbar. Von den Erlebnissen und Erfahrungen an diesen Wallfahrtsorten zehrten wir lange.

Leider geht meine Frau seit einiger Zeit eigene Wege. Sie hat sich einer marianischen Gruppe angeschlossen, von der ich den Eindruck habe, dass ihre Mitglieder erscheinungs- und wundersüchtig sind. Fast an jedem Wochenende ist meine Frau mit ihnen zusammen. Sie lässt dann – fasziniert von dem zu Erwartenden – alles stehen und liegen. Und noch faszinierter von dem Erlebten kehrt sie zurück. Ihr Herz und ihr Mund sind voll dieser Eindrücke. Ich schäme mich, mit welcher Rigorosität man dem Schöpfer hinter die Karten schauen und seinem Geheimnis auf die Spur kommen will. Doch meine Frau ist nicht zu bremsen. Sie fährt zu besonderen Messen mit ‚Wunderheilungen' und ‚Teufelsaustreibungen', sie besucht Madonnen-Statuen, die ‚weinen', hört Botschaften aus dem Jenseits, sucht nach Spuren einer Lichterscheinung, steht mit der Gruppe an Straßenecken und betet laut – und alles, was sich zum Positiven wandelt, schreibt sie einer geheimnisvollen Wunderkraft zu ...“

Welches könnten die Ursachen sein, dass die Frau nach Glaubenserfahrungen „süchtig" geworden ist? Haben Sie schon einmal etwas erlebt, was Sie als Wunder oder als Wunderheilung bezeichnen würden? Wie hat sich daraufhin ihr Leben verändert?

Eine mögliche Antwort aus der Wüste

Einst erschien der Teufel einem Bruder verwandelt in einen Engel des Lichtes und sprach zu ihm: „Ich bin der Engel Gabriel und zu dir gesandt!" Jener aber entgegnete: „Siehe, ob du nicht zu einem anderen geschickt wurdest; denn ich bin nicht würdig, dass ein Engel zu mir geschickt würde." Sofort verschwand der Teufel. Man erzählte von einem anderen, dass er in seinem Kellion saß und Versuchungen ertrug, da sah er die Dämonen offensichtlich, aber er verachtete sie. Als aber der Teufel sich von dem Greise besiegt sah, kam er selbst, zeigte sich ihm und sprach: „Ich bin Christus! Warum hast du deine Augen verschlossen?" Der Greis antwortete: „Ich will hier Christus nicht schauen, sondern in jenem Leben erst." Als der Teufel dies hörte, verschwand er. (86)

Impulse aus der Heiligen Schrift

„Der Herr richte euer Herz darauf, dass ihr Gott liebt
und unbeirrt auf Christus wartet."
(2. Theassalonicherbrief 3,5)

„Das Leben eines Menschen dauert höchstens hundert Jahre.
Wie ein Wassertropfen im Meer und wie ein Körnchen im
Sand, so verhalten sich die wenigen Jahre zu der Zeit der
Ewigkeit. Darum hat der Herr mit ihnen Geduld und er
gießt über sie sein Erbarmen aus."
(Jesus Sirach 18,9–11)

„Trägt man denn Feuer in seinem Gewand,
ohne dass die Kleider in Brand geraten?
Kann man über glühende Kohlen schreiten,
ohne sich die Füße zu verbrennen?"
(Sprichwörter 6,27–28)

„Da sagte Jesus zu ihm (dem Versucher): Weg mit dir, Satan!
Denn in der Schrift steht: Vor dem Herrn, deinem Gott, sollst
du dich niederwerfen und ihm allein dienen."
(Matthäus 4,10)

ENTSCHEIDE DICH ...

Ich habe tief erfüllte Jahre in unserer Schwestern-gemeinschaft erleben dürfen. Wenn ich von meiner oft sehr anstrengenden Arbeit als Lehrerin am Gymnasium ins Kloster zurückkam, erfuhr ich von meinen Mitschwestern sehr viel Verständnis und Zuneigung. So konnte ich mich durch unsere Ordensgemeinschaft schnell wieder von dem Schulstress erholen und fand in gemeinsamen Stunden der Anbetung neue Kraft.

Seit einiger Zeit fühle ich mich jedoch wie eine Aus-gestoßene und meine Seele beginnt Schaden zu nehmen. Die Oberen und mit ihnen viele Schwestern haben sich einer geistlichen Bewegung angeschlossen, die sich ‚Engel-werk‘ nennt. Da alle wissen, dass ich mich dieser Art von Spiritualität nicht anschließen kann und will, werde ich langsam aus unserer Gemeinschaft ausgeschlossen und an den Rand gedrängt. Niemand spricht mehr mit mir über diese geistliche Bewegung, nachdem ich anfänglich Bedenken geäußert hatte. Und das ist nach den guten Er-fahrungen in meinem Orden besonders schmerzlich. Be-stimmt würde ich diesen Einbruch in unser und mein Or-densleben leichter bewältigen, wenn ich die Gelegenheit bekäme, mich menschlich und theologisch mit den be-treffenden Schwestern auseinander zu setzen. Doch nichts dergleichen geschieht, und ich leide.“

Die feinsinnige Antwort der Wüste besteht darin, im eigenen Inneren eine Entscheidung zu treffen. Welche Erkenntnis könnte der Ordensschwester helfen, die Entscheidung für sich selbst zu treffen? Was mag dieser Ordensgemeinschaft fehlen, dass sie glaubt, sich so extrem einer „neuen Spiritualität" zuwenden zu müssen?

Eine mögliche Antwort aus der Wüste

Ein Bruder fragte Abbas Poimen: „Meine Seele nimmt Schaden bei meinem Abbas. Soll ich trotzdem bei ihm bleiben?" Der Alte wusste, dass diesem Bruder Schaden zugefügt wurde, und er wunderte sich, dass der Bruder ihn überhaupt fragte, ob er noch bei seinem Vater bleiben solle. Und der Alte sagte: „Wenn du willst, bleibe weiter bei ihm." Der Bruder kam wiederum und sagte: „Meine Seele nimmt Schaden!" Aber der Alte sagte ihm nicht: „Gehe weg." Und zum dritten Mal kam er und sagte: „Wahrlich, ich will nicht mehr bei ihm bleiben." Da sagte Abbas Poimen zu ihm: „Sieh, jetzt bist du gerettet. Geh fort und bleibe nicht mehr bei ihm!"

Der Alte erläuterte: „Wenn ein Mensch sieht, dass seine Seele Schaden nimmt, ist es dann nötig, dass er Fragen stellt? Betreffend der verborgenen Gedanken soll man fragen, und die Alten sind es, die sie prüfen sollen. Betreffend der klar erkennbaren Mängel ist dies nicht nötig; solche sind ohne zu zögern auszumerzen." (87)

Impulse aus der Heiligen Schrift

„Wenn man euch aber in einem Haus oder in einer Stadt nicht
aufnimmt und eure Worte nicht hören will, dann geht weg
und schüttelt den Staub von euren Füßen."
(Matthäus 10,14)

„Wenn ihr in meinem (Jesu) Wort bleibt, seid ihr wirklich
meine Jünger. Dann werdet ihr die Wahrheit erkennen
und die Wahrheit wird euch befreien."
(Johannes 8,31–32)

„Wer aufrichtig seinen Weg geht, geht sicher;
wer krumme Wege geht, wird durchschaut.
Wer mit den Augen zwinkert, schafft Leid,
wer offen tadelt, stiftet Frieden."
(Sprichwörter 10,9–10)

ALLES TUN?

In unserer Großstadt war einiges möglich, was ich mir zu Hause bei meinen Eltern auf dem Land nicht hätte erlauben können. Ich war recht erfolgreich in der Modebranche tätig – ein Beruf, den ich mir schon als junges Mädchen erträumt hatte. Zu meinen Eltern hatte ich ein tiefes Verhältnis; ganz besonders zu meinem Vater, der eine Schreinerei aufgebaut hatte und selbstständig war. Da die Baubranche über längere Zeit in einer Krise steckte, waren mehrere große Rechnungen offen, die einfach nicht beglichen werden konnten. Wie so vielen Handwerksbetrieben drohte auch ihm das Insolvenzverfahren. Vater litt entsetzlich und schlief keine Nacht mehr. Er war regelrecht verzweifelt, versuchte es aber vor mir, so weit es ging, zu verbergen. Die Banken, sagte er, seien schon zufrieden, wenn er nur einen Teil des Darlehens zurückzahle.

Ich wollte ihm unter allen Umständen helfen, doch reichten meine Ersparnisse nicht aus. So fragte ich meinen Freund, ob er mir vorübergehend ... Doch er lehnte mit der Begründung ab, es sei ein Fass ohne Boden. Von Heute auf Morgen eine größere Summe Geld zu bekommen ist nicht leicht. Ich habe es jedoch erreicht und konnte somit die Existenz meines Vaters retten.

Unter dem Vorwand, Mode zu zeigen, führte ich hinter verschlossenen Türen an etlichen Herrenabenden besonders ‚schöne' Garderobe und mich vor. Wie einfach war es doch, an Geld zu kommen! Aber als mein Freund davon erfuhr, trennte er sich sofort von mir."

Führen Sie diesen Einsatz der Tochter allein auf die Liebe zu ihrem Vater zurück? Worauf eventuell noch? Sehen Sie die Reaktion des Freundes als berechtigt an oder hat er aufgrund seiner Vorurteile übereilt gehandelt?

Eine mögliche Antwort aus der Wüste

Abbas Johannes, der Priester aus dem Eunuchenkloster, erzählte uns einmal, er habe vom Einsiedler Sisinnios folgendes gehört, was er erzählte: „Eines Tages saß ich in meiner Höhle nahe beim heiligen Jordan, und als ich eben die Terz betete, kam eine Sarazenin zu mir herein, setzte sich neben mich hin und begann, sich auszuziehen. Ich aber geriet nicht in Verwirrung, sondern betete meine Psalmen in aller Ruhe und Gottesfurcht zu Ende und fragte sie dann in syrischer Sprache: ,Setze dich, damit ich mit dir reden und tun kann, was du willst.' Als sie sich gesetzt hatte, fragte ich sie: ,Bist du eine Christin oder eine Heidin?' Sie sagte: ,Eine Christin.' Darauf sagte ich wieder zu ihr: ,Weißt du nicht, dass diejenigen, die Unzucht treiben, dem Gericht verfallen?' Sie sagte: ,Natürlich weiß ich es.' Darauf ich zu ihr: ,Warum willst du also Unzucht treiben?' Sie antwortete: ,Weil ich Hunger habe!' Da sagte ich zu ihr: ,Treib keine Unzucht, aber komme täglich, und wie Gott mir zuteilt, gebe ich dir täglich deine Speise.' Und von dem Tage an kam sie täglich zu mir, und von aller Speise, die Gott mir gab, teilte ich ihr Speise mit, bis ich aus der Gegend ging." (88)

Impulse aus der Heiligen Schrift

„Ehre deinen Vater von ganzem Herzen,
vergiss niemals die Schmerzen deiner Mutter!
Denk daran, dass sie dir das Leben gaben.
Wie kannst du ihnen vergelten, was sie für dich taten?"
(Jesus Sirach 7,27–28)

„Der Freund erweist zu jeder Zeit Liebe,
als Bruder für die Not ist er geboren."
(Sprichwörter 17,17)

„Liebe deckt alle Vergehen zu."
(Sprichwörter 10,12b)

„Willst du einen Freund gewinnen,
gewinne ihn durch Erprobung,
schenk ihm nicht zu schnell dein Vertrauen!
Mancher ist Freund je nach der Zeit,
am Tag der Not hält er nicht stand."
(Jesus Sirach 6,7–8)

KOSTBARKEITEN ...

Ich glaube, meine Frau hat zu ihrer Mutter eine gefährliche Hass-Liebe entwickelt, besonders in der letzten Zeit. Eine Begegnung von uns Dreien empfinde ich immer als sehr unangenehm, und ich meide sie, wo ich nur kann. Bin ich allein mit meiner Frau oder mit meiner Schwiegermutter, gibt es niemals Schwierigkeiten. Wenn meine Frau mir von einem Besuch bei ihrer Mutter erzählt, frage ich mich, was zwischen den beiden Frauen abläuft und wie ich ausgleichend helfen kann.

Ich habe das Gefühl, meine Frau fühlt sich ihrem Bruder gegenüber stark benachteiligt. Sie sagt, er würde von ihrer Mutter immer bevorzugt und sie habe das Nachsehen. Erschüttert und sprachlos gemacht hat mich eine Begebenheit, die ich soeben von meiner Frau erfahren habe: Bei ihrem letzten Besuch warf sie ihrer Mutter unberechtigterweise vor, keine richtige Aussteuer erhalten zu haben. Daher stehe ihr doch wohl noch ein Teil des Schmucks und des Silbers zu. Meine Schwiegermutter muss über diese Anmaßung so entsetzt und betroffen gewesen sein, dass sie auf der Stelle ihren Schmuck holte und ihn zusammen mit dem Silber (Kerzenleuchter, Schalen und Besteck) schweigend auf dem Esszimmertisch ausbreitete. Sie habe dann gesagt: ‚Nimm dir, was du davon haben möchtest.‘ Mir ist unverständlich und ich kann mit meiner Frau nicht darüber sprechen, dass sie sich nicht geschämt und zurückgehalten hat. Ganz im

Gegenteil! Meine Frau hat tatsächlich im Abwägen der Werte einige kostbare Schmuckstücke aus der Schatulle an sich genommen, die Ringe an ihrer Hand probiert und sich auch bei den Silberteilen für die Dinge entschieden, die ihr am besten gefielen. Was muss in meiner Frau vorgegangen oder früher verletzt worden sein, dass sie zu solch einem Schritt fähig war? Und wie bedrängt muss sich meine Schwiegermutter gefühlt haben?"

Was, glauben Sie, läuft zwischen diesen beiden Frauen auf einer tieferen unausgesprochenen Ebene ab?
Durch was könnten Defizite in der Psyche bei der Tochter entstanden sein?

Eine mögliche Antwort aus der Wüste
Ein Bruder fragte den Altvater Poimen: „Wenn ein Bruder einige kleine Münzen hat, ist es dir recht, wenn ich ihn darum bitte?" Der Greis sagte: „Bitte ihn, aber nur einmal!" Der Bruder erwiderte darauf: „Was soll ich nun machen, ich werde über meinen Wunsch nicht Herr?" Der Greis antwortete ihm: „Lass deinen Gedanken stehen, nur bedränge deinen Bruder nicht!"

(89)

Impulse aus der Heiligen Schrift
„Leg dir einen Schatz an nach den Geboten des Höchsten; der wird dir mehr nützen als Gold."
(Jesus Sirach 29,11)

„Nehmt lieber Bildung an als Silber,
lieber Verständnis als erlesenes Gold!
Ja, Weisheit übertrifft die Perlen an Wert,
keine kostbaren Steine kommen ihr gleich."
(Sprichwörter 8,10–11)

„Wer seinem Vater flucht und seiner Mutter,
dessen Lampe erlischt zur Zeit der Finsternis.
Ein Besitz, schnell errafft am Anfang,
ist nicht gesegnet an seinem Ende."
(Sprichwörter 20,20–21)

„Reichtum und Macht erheben das Herz,
doch mehr als beide die Gottesfurcht.
Hat man Gottesfurcht, so gibt es keine Not,
neben ihr braucht man keine Stütze zu suchen."
(Jesus Sirach 40,26)

NACHRUF ...

Kann ich etwas wieder gutmachen, wenn mir erst nach dem Tod eines Menschen aufgeht, wer er in Wirklichkeit war? Je älter ich werde und je mehr Einblick ich in die Zusammenhänge meines Lebens und des Lebens anderer Menschen gewinne, umso mehr geht mir die menschliche Größe meiner Großmutter auf. Fünf entscheidende Jahre meines Lebens verbrachte ich in ihrem Haus. Es waren harte Jahre der politischen und materiellen Not. Diese Frau gab mir Schutz und förderte meine Entwicklung. Sie verstand es, mit Entbehrungen zu leben. Und wenn es ihr manchmal schwer wurde, bezog sie sogar eine kosmische Dimension mit ein: Sie meinte, vom Verzicht des Einzelnen hänge das Überleben der gesamten Menschheit ab. In vielem habe ich sie damals nicht verstanden, doch wirkt ihr Vorbild prägend auch heute noch weit nach ihrem Tod. Sie führte mich zur Aufrichtigkeit und Lebenswahrhaftigkeit. Nie erlebte ich eine Unwahrheit bei ihr oder hörte ein schlechtes Wort, das sie über andere sagte. Und wie grob habe ich sie manchmal in meinem jugendlichen Übermut behandelt. Da sie weder eine höhere Schulbildung noch irgendwelche Berufserfahrung besaß, habe ich sie doch tatsächlich an den so genannten Höherstehenden gemessen. Ihr großes offenes Herz, ihre Lebensweisheit und ihre Güte nahm ich als selbstverständlich hin. Dankbar blicke ich auf ihr Leben zurück. Sie war es – und nicht meine schulische Erziehung –, die mich erfahren ließ, dass ich von ihr, den Mitmenschen und letztlich auch von Gott angenommen und geliebt bin. Diese hervorragende Frau hat es verstanden, durch ihr einfaches Leben, durch ihre erfrischende Herzlichkeit und durch ihre liebende Zuwendung den Grundstein zu legen für ein tragendes Fundament in meinem Leben. Ja, sie ging für sich selbst noch einen Schritt weiter und machte die Barmherzigkeit, die liebende Zuwendung Gottes zu den Menschen, zur Grundlage einer Kultur der Liebe."

Haben Sie das Gefühl, bei einem verstorbenen Menschen etwas versäumt zu haben? Was würden Sie gern nachholen?
Wenn Sie den dringenden Wunsch haben, hier wieder etwas gutzumachen: Welche Wege gibt es für Sie, zu einer Lösung zu kommen?

Eine mögliche Antwort aus der Wüste

Ein in seinem ganzen Leben sehr frommer Weltmann kam einmal zum Altvater Poimen. Zufällig waren beim Altvater auch noch andere Brüder, die von ihm ein Wort hören wollten. Der Greis sprach zu dem gläubigen Weltmann: „Sprich zu den Brüdern ein Wort!" Dieser aber verwahrte sich dagegen mit den Worten: „Verzeih mir, Vater, ich bin zum Lernen gekommen." Aber vom Greis gezwungen, sagte er: „Ich bin ein Weltmann, verkaufe Gemüse und mache Geschäfte damit. Aus großen Bündeln mache ich kleine, kaufe billig ein und verkaufe teuer. Nur von der Schrift weiß ich nicht zu reden. Aber ein Gleichnis will ich erzählen. Ein Mann sagte zu seinem Freunde: Da ich den Wunsch habe, den König zu sehen, komme mit mir. Der

Freund sprach: Ich gehe mit dir den halben Weg! Und er sagte zu seinem Freund: Bringe mich zum König! Der antwortete ihm: Ich bringe dich bis zum Palast des Königs! Nun sprach er zu einem Dritten: Geh mit mir zum König. Dieser antwortete: Ich gehe und führe dich zum Palast. Dort stelle ich mich auf, rede und führe dich dann zum König. Als sie ihn nach der Deutung des Gleichnisses fragen, gab er ihnen folgende Erklärung: Der erste Freund ist die Askese: Sie führt bis an den Weg. Der zweite ist die Herzensreinheit, sie führt bis zum Himmel, der dritte ist das Erbarmen: Es führt zum König, Gott, mit großer Sicherheit." Erbaut gingen die Brüder von dannen.

(90)

Impulse aus der Heiligen Schrift

„Liebe Brüder, wir wollen einander lieben;
denn die Liebe ist aus Gott und jeder, der liebt,
stammt von Gott und erkennt Gott. Wer nicht liebt,
hat Gott nicht erkannt; denn Gott ist die Liebe."
(1. Johannesbrief 4,7–8)

„Gott aber, der voll Erbarmen ist, hat uns, die wir infolge unserer Sünden tot waren, in seiner großen Liebe, mit der er uns geliebt hat, zusammen mit Christus wieder lebendig gemacht. Aus Gnade seid ihr gerettet."
(Epheserbrief 2,4–5)

„Als sie hartnäckig weiterfragten, richtete er (Jesus) sich auf und sagte zu ihnen: Wer von euch ohne Sünde ist, werfe als Erster einen Stein auf sie (die Ehebrecherin)."
(Johannes 8,7)

RELIGIOSITÄT
WECKEN UND VERTIEFEN

WAHRE DEMUT ...

Ich habe ein Problem mit der Demut. Es gibt viele theoretische und philosophische Aussagen über die Demut, die mir bisher nicht weitergeholfen haben. Ich möchte gern in ihr Wesen eindringen und, ohne nach außen hin aufzufallen, eine wahre Herzensdemut einüben. Viele Menschen glauben von sich, demütig zu sein, doch bleiben sie in ihrem Stolz und ihrem Hochmut verhaftet. Sie haben zudem eine sehr hohe Meinung von sich selbst. Da, wo sie glauben, demütig zu sein, erhöhen sie sich selbst. Meist suchen sie nur ihren eigenen Vorteil und brüsten sich noch damit, tugendhaft zu sein.

Wenn es auch schwierig ist, über die Demut zu sprechen, so stelle ich mir doch etwas ganz anderes darunter vor. Ich denke, nur der Mensch, der in der Lage ist, seinen eigenen Wesensgrund zu berühren, kann spontan lebenswahrhaftig und damit auch wahrhaft demütig sein. Nun stellt sich mir die Frage: Wie kann ich in diesen Wesensgrund hinabsteigen, in diese menschliche Tiefe, wo wahre Demut zur Wirklichkeit wird? Wenn Demut letzte Wahrhaftigkeit fordert, dann kann sie doch nur erreicht werden durch die Hingabe an Gott, im Erkennen meiner eigenen Grenzen und in der Erfahrung meiner äußersten Schwachheit. Hier, wo ich wirklich schwach bin, kann meines Erachtens nur der wahre Boden für meine Demut liegen – nicht aber in einem Ideal. Doch wie erreiche ich einen Durchbruch in die Tiefe meiner Schwachheit? Wie kann Verborgenes in mir aufgedeckt werden, damit es ans Licht kommt und damit in mein Bewusstsein? Ich ahne, dass das, was sich in mir offenbaren möchte, mit Sehnsucht nach Liebe zu tun hat. Der Aufbruch, der mich empfänglich und empfindsam für die Liebe Gottes macht, kann nur durch die Kraft des Heiligen Geistes erfolgen."

Wie würden Sie nach Ihren gemachten Erfahrungen das Wort „Demut" definieren?
Welche Möglichkeiten sehen Sie, Kontakt mit dem eigenen Wesensgrund aufzunehmen?

Eine mögliche Antwort aus der Wüste
Ein Bruder wandte sich an den Altvater Matoe: „Sage mir ein Wort!" Er aber sprach zu ihm: „Wohlan, bitte Gott, dass er dir ins Herz Trauer und Demut lege. Und achte allezeit auf deine Sünden, urteile nie über andere, sondern stelle dich unter alle anderen. Habe keine Freundschaft mit einem Knaben und keine Bekanntschaft mit einem Weib, habe keinen Häretiker zum Freund, und entschlage dich allen Vertrauens auf dich selbst. Beherrsche Zunge und Bauch, vom Wein genieße nur wenig. Und wenn jemand über irgendeine Sache redet, dann streite nicht mit ihm: Wenn er aber Gutes sagt, dann sprich: Ja!, wenn Schlimmes, dann sage: Du weißt, was du sagst. Streite nicht mit ihm über das, was er gesagt hat. Das ist die Demut!" (91)

Impulse aus der Heiligen Schrift

„Je größer du bist, umso mehr bescheide dich,
dann wirst du Gnade finden bei Gott.
Denn groß ist die Macht Gottes
und von den Demütigen wird er verherrlicht."
(Jesus Sirach 3,18.20)

„Kommt alle zu mir, die ihr euch plagt und schwere Lasten
zu tragen habt. Ich werde euch Ruhe verschaffen. Nehmt mein
Joch auf euch und lernt von mir; denn ich bin gütig und von
Herzen demütig; so werdet ihr Ruhe finden für eure Seele."
(Matthäus 11,28–29)

„Wenn es also Ermahnung in Christus gibt, Zuspruch aus
Liebe, eine Gemeinschaft des Geistes, herzliche Zuneigung
und Erbarmen, dann macht meine Freude dadurch
vollkommen, dass ihr eines Sinnes seid, einander in Liebe
verbunden, einmütig und einträchtig, dass ihr nichts aus
Ehrgeiz und nichts aus Prahlerei tut. Sondern in Demut
schätze einer den andern höher ein als sich selbst. Jeder
achte nicht nur auf das eigene Wohl, sondern auch auf das
der anderen."
(Philipperbrief 2,1–4)

ERDUNG ...

Die Meditationsbewegung übte eine so große Anziehung auf mich aus, dass ich sogar vorübergehend alte, mir wichtige christliche Werte vergaß. Wir wurden von einem Training ins andere, von einem Kursus in den nächsten geschickt. Neue Wertvorstellungen kristallisierten sich zunehmend heraus, und es bildete sich so etwas wie ein elitäres Bewusstsein. Das Erschreckende war, dass man es im Prozess selbst nicht bemerkte, sondern durch und durch davon überzeugt war, das Richtige zu fühlen, zu denken, zu sprechen und zu tun. Oft meditierten wir bis zu acht Stunden am Tag mit der Vorstellung, uns und die Welt schneller erlösen zu können. Alles „Unwichtige" wurde ausgeschaltet und für den geistlichen Weg als hinderlich betrachtet: das Radio und das Fernsehen, die Musik und das Tanzen, die Berührung durch die Sinne und die Zärtlichkeit, die Lust und der Genuss. Sogar die Arbeit musste durch andere übernommen werden. Es gäbe genügend Menschen – so hieß es –, die gern für uns, also die an der geistigen Front Stehenden, arbeiten würden. So erhielten wir einen weiteren Anreiz, die Meditationszeiten zu erhöhen, um stellvertretend für die anderen mitzumeditieren. Es war wie eine Spirale, die sich höher und höher schraubte, sich dabei jedoch immer mehr verdichtete. Die Einseitigkeit und die damit einhergehende Verbohrtheit führten sogar zu der Wunschvorstellung, die Welt und den eigenen Körper zu überwinden.

Die Mahnung eines Freundes überhörte ich: „Komm zurück aus dieser überzogenen Geisteswelt. Erde dich und finde von hier aus deine gesunde Mitte zwischen Erde und Himmel."

Der Betroffene spricht in der Vergangenheit.
Was mag ihn aus der Gefahr dieser Einseitigkeit
befreit haben?
Das Christentum bietet eine Vielfalt gangbarer
Wege für alle Lebenssituationen. Woran mag es
liegen, dass sich der Betroffene – und mit ihm sehr
viele Menschen – einer solchen extrem ausgerichteten
Gruppe angeschlossen hat?

Eine mögliche Antwort aus der Wüste
Einmal kam ein Bruder zum Abbas Silvanos auf den Berg Sina.
Als er die Brüder arbeiten sah, sagte er zum Greis: „Arbeitet
doch nicht um die vergängliche Nahrung. Maria hat den guten
Teil erwählt." Da sprach der Greis zu seinem Schüler: „Zacharias,
bring dem Bruder ein Buch und schließe ihn in die Zelle ein, wo
er weiter nichts hat." Als es nun die neunte Stunde war, schaute
jener Bruder auf die Türe, ob sie jemand schicken würden, der
ihn zum Essen riefe. Als ihn niemand abholte, stand er auf, kam
zum Greis und fragte ihn: „Haben die Brüder heute nicht ge-
gessen?" Der Greis antwortete: „Doch!" Er sagte weiter: „Wa-
rum habt ihr mich dann nicht geholt?" Der Greis entgegnete:
„Nachdem du ein geistiger Mensch bist, brauchst du die Nahrung
nicht. Wir fleischliche Menschen jedoch müssen essen, und
darum arbeiten wir. Du aber hast den guten Teil erwählt, indem
du den ganzen Tag liest und keine fleischliche Speise essen willst."

Wie der Bruder das hörte, fiel er ihm zu Füßen und sagte: „Verzeih mir, Vater." Und der Greis belehrte ihn: „Durchaus braucht Maria die Martha, denn wegen der Martha wird auch die Maria gerühmt."

(92)

Impulse aus der Heiligen Schrift

„Oder wisst ihr nicht, dass euer Leib ein Tempel des Heiligen Geistes ist, der in euch wohnt und den ihr von Gott habt? Ihr gehört nicht euch selbst; denn um einen teuren Preis seid ihr erkauft worden. Verherrlicht also Gott in eurem Leib!"
(1. Korintherbrief 6,19–20)

„Er (Jakob) nahm einen von den Steinen dieses Ortes, legte ihn unter seinen Kopf und schlief dort ein. Da hatte er einen Traum: Er sah eine Treppe, die auf der Erde stand und bis zum Himmel reichte. Auf ihr stiegen Engel Gottes auf und nieder."
(Genesis 28,11b–12)

„Dein Auge gibt dem Körper Licht. Wenn dein Auge gesund ist, dann wird auch dein ganzer Körper hell sein. Wenn es aber krank ist, dann wird dein Körper finster sein."
(Lukas 11,34)

ZUR FREIHEIT BEFREIT ...

Das ‚Opus Dei' ist eine katholische Glaubensgemein-
schaft, der ich seit einigen Jahren angehöre. Obwohl
wir gezwungen sind, unser eher rigoroses Innenleben ge-
heim zu halten, fühle ich mich gedrängt zu reden. Aus der
Suche nach Halt und aus Schwäche habe ich mich seinerzeit diesem autoritären Konservativismus untergeordnet
und allzu gern das getan, was man mir befahl. Das ‚Opus
Dei' (‚Werk Gottes'), das es seit 1982 gibt, hat seinen Sitz
in Rom. Das Ziel dieser Gemeinschaft, die in männliche
und weibliche Mitglieder aufgeteilt ist, besteht darin, auf
schnellem Weg zur christlichen Vollkommenheit in der
Welt zu führen. Wir bekamen auf sehr geschickte Weise die
Aufgabe eingeimpft, die Katholische Kirche vor der Auflösung zu retten und die Welt zu christianisieren – Ziele,
die mich früher sehr ansprachen.

Nicht die auferlegten Bußübungen durch Geißel und
Gürtel haben mich ins Schwanken gebracht, sondern die
Ausbildung zum Ausbilder. Hier habe ich Methoden gelernt,
die ich nicht ausführen kann und möchte. Sie beginnen
mit psychologisch geschickt durchdachten sektenähnlichen
Werbepraktiken. Es folgt eine gezielte Beeinflussung der
Neugeworbenen, damit sich bei ihnen die gewünschte
religiöse Einstellung bildet. Und diese wiederum hat zu
einer entsprechend rigorosen Handlungsweise zu führen.
Die Belehrungen müssen stattfinden unter weitgehender

Ausschaltung der eigenen Meinung und der freien Meinungsbildung. Die Wiederherstellung eines autoritären Kirchenstaates wird angestrebt ..."

Aus welchen Gründen hat nach Ihrer Ansicht auch heute noch das „Opus Dei" einen so großen Zuspruch, obwohl diese Gemeinschaft sehr in der Kritik steht? „Werde ihnen ein Vorbild und kein Gesetzgeber!" – Wie verstehen Sie diesen Satz des Wüstenvaters?

Eine mögliche Antwort aus der Wüste

Ein Bruder fragte den Altvater Poimen: „Mit mir wohnen Brüder: willst du, dass ich ihnen Befehle erteile?" Der Greis antwortete: „Nein, sondern erfülle zuerst du deine Aufgabe! Wenn sie leben wollen, werden sie schon auf dich sehen." Da sprach der Bruder zu ihm: „Sie wollen es aber selber, dass ich ihnen befehle." Der Alte erwiderte ihm: „Nein, werde ihnen ein Vorbild und kein Gesetzgeber!" (93)

Impulse aus der Heiligen Schrift

„Zur Freiheit hat uns Christus befreit. Bleibt daher fest und lasst euch nicht von neuem das Joch der Knechtschaft auflegen!" (Galaterbrief 5,1)

„Warum soll meine Freiheit vom Gewissensurteil
eines anderen abhängig sein?"
(1. Korintherbrief 10,29b)

„So lange noch Leben und Atem in dir sind,
mach dich von niemand abhängig!
Übergib keinem dein Vermögen,
sonst musst du ihn wieder darum bitten."
(Jesus Sirach 33,21)

„Auch die Schöpfung soll von der
Sklaverei und Verlorenheit
befreit werden zur Freiheit und
Herrlichkeit der Kinder Gottes."
(Römerbrief 8,21)

GEZWUNGEN SEIN ...

Durch die Kirchensteuer müsste sich meines Erachtens das ständige Sammeln in den Kirchen erübrigen – vor allem, wenn es dazu noch während des Gottesdienstes geschieht. Wenn ich den Kollektenkorb an mir vorübergehen lasse und nichts hineinlege, spüre ich förmlich die Blicke der Umherstehenden. Lege ich Geld hinein oder einen Umschlag, fühle ich mich angepasst und eingereiht in das Tun der anderen, doch ein ungutes, unehrliches Gefühl bleibt in mir zurück. Ich tue es eben nur, um nicht unangenehm aufzufallen und mich anzupassen, ja, um gut vor den anderen zu erscheinen. Von der Aufforderung, Geld zu spenden, geht für mich ein Zwang aus, den ich ebenso empfinde, wenn ich beim Friedensgruß meinem Nachbarn neben, vor und hinter mir die Hand reichen muss. Um beidem aus dem Weg zu gehen, suche ich mir während des Gottesdienstes oft einen versteckten Platz, an dem ich in Ruhe gelassen werde. Ich kann mir sehr gut vorstellen, dass viele Menschen ebenso empfinden.

Wenn der Pfarrer dann noch mit engagierten, aber peinlichen Worten zum Spenden auffordert, reicht es mir vollends. Die überwiegende Zahl der Gottesdienstbesucher besteht aus älteren Menschen, die meist nur eine geringe Pension oder Rente beziehen. Und gerade ihnen wird noch ins Gewissen geredet, von ihrem Wenigen abzugeben."

Teilen Sie die Meinung des Gottesdienst-Besuchers?
Wenn Ja: Wie würden Sie sich verhalten?

Eine mögliche Antwort aus der Wüste

*Ein Bruder sprach zum Altvater Poimen: „Wenn ich meinem
Bruder ein wenig Brot oder etwas anderes gebe, dann entwerten
es die Dämonen: es sei gegeben, um den Menschen zu gefallen."
Der Greis sagte: „Auch wenn es aus Gefallsucht geschieht, so
wollen wir doch dem Bruder das Nötige geben." Er legte ihm
folgendes Gleichnis vor:
„Zwei Männer, die Bauern waren, wohnten in der gleichen
Stadt. Der eine davon säte nur wenig Saatgut, und zwar ungereinigtes, der andere sparte sich das Säen und erntete überhaupt
nichts. Wenn nun eine Hungersnot auftritt: Wer von den beiden
wird zu leben haben?" Der Bruder antwortete: „Der, der wenig
und Ungereinigtes gesät hat." Da sagte der Greis zu ihm: „Lass
uns wenigstens ein wenig und wenn auch Ungereinigtes säen,
damit wir nicht Hungers sterben."* (94)

Impulse aus der Heiligen Schrift

*„Wenn du Almosen gibst, lass es also nicht vor dir
herposaunen, wie es die Heuchler in den Synagogen und auf
den Gassen tun, um von den Leuten gelobt zu werden.
Wenn du Almosen gibst, soll deine linke Hand nicht wissen,
was deine rechte tut."*
(Matthäus 6,2a.3)

„Allen, die gerecht handeln, hilf aus Barmherzigkeit mit dem, was du hast. Sei nicht kleinlich, wenn du Gutes tust. Wende deinen Blick niemals ab, wenn du einen Armen siehst, dann wird auch Gott seinen Blick nicht von dir abwenden. Hast du viel, so gib reichlich von dem, was du besitzt; hast du wenig, dann zögere nicht, auch mit dem Wenigen Gutes zu tun."
(Tobit 4,7–8)

„Als Jesus einmal dem Opferkasten gegenübersaß, sah er zu, wie die Leute Geld in den Kasten warfen. Viele Reiche kamen und gaben viel. Da kam auch eine arme Witwe und warf zwei kleine Münzen hinein. Diese arme Witwe hat mehr in den Opferkasten hineingeworfen als alle andern."
(Markus 12,41–42.43b)

„Zeigt mir die Münze, mit der ihr eure Steuern bezahlt! Da hielten sie ihm (Jesus) einen Denar hin. Er fragte sie: Wessen Bild und Aufschrift ist das? Sie antworteten: Des Kaisers. Darauf sagte er zu ihnen: So gebt dem Kaiser, was dem Kaiser gehört, und Gott, was Gott gehört!
(Matthäus 22,19–21)

INS BODENLOSE FALLEN ...

Hätte ich gewusst, welch heilende und die Seele stärkende Kraft das Sakrament der Versöhnung gerade in Krisenzeiten hat, hätte ich bestimmt während meiner Krankheit versucht, es zu empfangen. Starker Schwindel überfiel mich, und ich fühlte ständig, aus meiner eigenen Mitte heraus in ein bodenloses Etwas gerissen zu sein. Es fand unaufhaltsam eine angstmachende Bewegung statt, die mich allem Vertrauten und auch lieben Menschen gegenüber entfremdete. Dieser Zustand ohne Halt verschlimmerte sich von Tag zu Tag, so dass bereits die kleinsten Ereignisse negativ aufgeladen und als bedrohend empfunden wurden. Das Schlimme an dieser progressiven Schwindel- und Angstsituation war, dass von den Ärzten keine Ursache festgestellt werden konnte, die Psyche aber entsetzlich litt. Wochen, ja Monate der Qual vergingen, bis ein Krankenhausaufenthalt unabdingbar wurde. Eine Wirbelsäulenbehandlung und vor allem gute Medikamente vermochten es endlich, den rasenden Sog nach unten zu verlangsamen.

Eine wesentliche Verbesserung des Zustandes erreichten jedoch erst die Gespräche mit einem geistlichen Menschen. Durch ihn lernte ich langsam und schrittweise, mich mit meinem eigenen Leib auszusöhnen, den ich lange vernachlässigt und falsch behandelt hatte. Dazu war es notwendig, die Krankheit anzunehmen und sie mit allen Konsequenzen auszuleiden. Allmählich wurden mir die psychosomatischen

Hintergründe bewusst, und ich bekam eine leise Ahnung von dem, was mir der Schöpfer vielleicht durch meinen Leib sagen wollte. In einem wunderbaren Heilungsprozess lernte ich, die Krankheitssymptome als Ausdruck meiner Seele anzuschauen, mich jedoch nicht mehr von ihnen beherrschen zu lassen. Ich spüre, dass uns Krankheit einmal zum Tod führen wird – weiß aber, dass ich mich deshalb nicht von ihr bestimmen lassen darf."

Viele Menschen finden in Krisenzeiten zum Glauben – andere wiederum erleben in Krisenzeiten, dass ihr Glaube sie nicht trägt. Zu welchen Menschen gehören Sie?
Welche Hilfe würden Sie sich in schweren und schwersten Zeiten von Ihrer Kirche wünschen?

Eine mögliche Antwort aus der Wüste
Amma Theodora sprach: „Es ist gut, die Herzensruhe zu pflegen. Ein besonnener Mann nämlich übt die Herzensruhe. Aber wisse: Wenn der Vorsatz auf die Herzensruhe gerichtet ist, dann kommt sofort der Böse und beschwert die Seele, in Unmut, in Kleinmut und Gedanken. Er beschwert auch den Leib mit Schwächlichkeit, Nachlassen der Spannkraft, Schlaffheit der Knie und aller Glieder, und er bricht die Kraft der Seele und des Leibes; und ,Weil ich krank bin, kann ich den Gottesdienst nicht besuchen.' Aber wenn wir wachsam sind, dann löst sich das alles auf. Da war ein Mönch, den erfassten, als er in den Gottesdienst gehen wollte, Frösteln und Fieberschauer, und im Kopf spürte er eine Spannung. Da sprach er zu sich: ,Siehe ich bin krank und es kann sein, dass ich sterbe. Ich will mich aufraffen ehe ich sterbe,

und in die Versammlung gehen.' Mit diesem Gedanken bezwang
er sich selbst und besuchte den Gottesdienst. Als dieser zu Ende
war, hörte auch das Fieber auf. Wieder einmal hielt er diesem
Gedanken stand, kam in die Versammlung und überwand den
Gedanken." (95)

Impulse aus der Heiligen Schrift

„Kommt alle zu mir, die ihr euch plagt und schwere Lasten
zu tragen habt. Ich werde euch Ruhe verschaffen."
(Matthäus 11,28)

„Ist einer von euch krank? Dann rufe er die Ältesten der
Gemeinde zu sich; sie sollen Gebete über ihn sprechen und ihn
im Namen des Herrn mit Öl salben. Das gläubige Gebet wird
den Kranken retten und der Herr wird ihn aufrichten; wenn er
Sünden begangen hat, werden sie ihm vergeben."
(Jakobusbrief 5,14–15)

„Die Augen des Herrn ruhen auf denen, die ihn lieben;
er ist ein starker Schild, eine mächtige Stütze, Schutz vor dem
Glutwind, Schatten in der Mittagshitze, Halt vor dem
Straucheln, Hilfe vor dem Fall, Freude für das Herz, Licht
für die Augen, Heilung, Leben und Segen."
(Jesus Sirach 34,19–20)

„Jesus, Sohn Davids, hab Erbarmen mit mir! Da sagte Jesus
zu ihm: Du sollst wieder sehen. Dein Glaube hat dir geholfen."
(Lukas 18,38.42)

EINFACH BETEN ...

Nach meiner kaufmännischen Ausbildung habe ich mehr als zehn Jahre lang verantwortlich als Angestellter in einem Großunternehmen gearbeitet. Obwohl ich beruflich Anerkennung erfuhr, attraktive Aufstiegschancen hatte, ein gutes Gehalt bezog und reizvolle Tantiemen vereinbart waren, füllten mich meine Aufgaben letztlich nicht aus. Etwas Wesentliches fehlte mir; ich konnte es jedoch nicht definieren. Ich kündigte, um frei zu sein und meinen eigentlichen Platz im Leben zu finden. In ‚weiser‘ Voraussicht hatte ich über die letzten Jahre einen Teil meiner Einkünfte gespart, so dass ich mir sowohl eine ‚arbeitslose‘ Zwischenzeit als auch eine zweite Berufsausbildung erlauben konnte. Ich wusste eindeutig, was ich nicht wollte, und dass für meine berufliche Zukunft Finanzielles nicht ausschlaggebend sein würde. Über die Zeiten, in denen mir Äußerlichkeiten viel bedeuteten, war ich lange hinweg.

Heilsangebote verschiedener religiöser Gruppen interessierten mich. Ich schloss mich nacheinander einigen Bewegungen an, verließ sie jedoch wieder nach einigen Wochen oder Monaten, da ich mein christliches Erbe nicht leben konnte. Selbstverständlich war ich auch in einigen Klöstern zu Gast, vermisste jedoch eine liebevolle Mitmenschlichkeit und ein inneres Zur-Ruhe-Kommen, so dass ich mich letztlich auch hier nicht binden konnte. Also blieb ich allein. Eher durch Zufall entdeckte ich den Beruf des hauptamtlichen Diakons und fühlte mich von diesen Aufgaben sofort angesprochen. Ja, dieses Amt kam genau meiner Sehnsucht entgegen. Da ich das nötige Alter und Berufserfahrung besaß, konnte ich sofort mit dem mehrjährigen Studium beginnen. Sowohl die theologischen Studien als auch die praxisbezogene Ausbildung absolvierte ich mit Erfolg, aber auch mit großer Freude und innerem Engagement. Seit fast zwei Jahren bin ich nun Diakon in einer Großstadt-Pfarrei. Wie vielfältig und lohnend dieser Beruf sein kann, habe ich mir vorher nicht vorstellen können. Doch eines fehlt mir, etwas sehr Persönliches: Die erlernte Art zu beten reicht mir nicht aus; manchmal sind die gesprochenen oder gedachten Gebetsworte für mich zu anstrengend. Ich habe während meiner Ausbildung zum Diakon nicht gelernt, einfach und ohne viel Worte so zu beten, dass ich innere Erfüllung und neue Kraft finde."

Der Diakon sehnt sich nach einer einfachen Gebetsweise – ohne viel Worte. Welche Art des Betens würden Sie ihm aus Ihrer Erfahrung empfehlen können?

Eine mögliche Antwort aus der Wüste

Einige fragten den Altvater Makarios: „Wie müssen wir beten?"
Der Greis antwortete ihnen: „Es ist nicht notwendig, viele Worte zu machen, sondern man muss die Hände ausstrecken und sprechen: ‚Herr, wie du willst und weißt, erbarme dich!' Wenn aber eine Anfechtung kommt, dann: ‚Herr, hilf!' Denn er weiß, was förderlich ist und wirkt an uns Erbarmen."   (96)

Impulse aus der Heiligen Schrift

„Da sagte Maria: Ich bin die Magd des Herrn;
mir geschehe, wie du es gesagt hast."
(Lukas 1,38a)

„Du aber geh in deine Kammer, wenn du betest,
und schließ die Tür zu; dann bete zu deinem Vater,
der im Verborgenen ist. Dein Vater, der auch
das Verborgene sieht, wird es dir vergelten."
(Matthäus 6,6)

„Wenn ihr betet, sollt ihr nicht plappern wie die Heiden,
die meinen, sie werden nur erhört, wenn sie viele Worte
machen. Macht es nicht wie sie; denn euer Vater weiß,
was ihr braucht, noch ehe ihr ihn bittet. So sollt ihr beten:
Dein Wille geschehe wie im Himmel, so auf der Erde."
(Matthäus 6,7–9a.10b)

„Abba, Vater, alles ist dir möglich. Nimm diesen Kelch
von mir! Aber nicht, was ich will, sondern was du willst
(soll geschehen)."
(Markus 14,36)

„Und Jesus rief laut: Vater, in deine Hände
lege ich meinen Geist."
(Lukas 23,46a)

GEDANKEN FLIEßEN LASSEN ...

Seitdem sich mein Mann von mir getrennt hat, bin ich in einen Sog von Gedanken hineingekommen, die mich einfach nicht mehr loslassen. Ich habe eine sehr gute Gesprächstherapie hinter mir. Tiefere Ursachenzusammenhänge sind mir dadurch klar geworden – ebenso einige Schwachstellen bei mir, mit denen ich jetzt besser umgehen kann als früher. Meine Therapeutin ist sehr mit meiner Entwicklung zufrieden und hat mich auf den Weg geschickt, mein Leben nun allein zu meistern.

Die Flut der Gedanken jedoch ist nach wie vor unaufhaltsam, und ich frage mich, wie das weitergehen soll. In ihnen ist oft eine so fesselnde Kraft, dass ich nicht sie beherrsche, sondern mich von ihnen beherrscht fühle. Viele Methoden, die ich mir aus Büchern über das „positive Denken" angeeignet habe, sind bisher erfolglos geblieben. Durch meine berufliche Arbeit, die notwendige Hausarbeit und meinen Sport komme ich in eine gute Bewegung, die sich befreiend in mir auswirkt. Bin ich jedoch allein und untätig, werde ich sofort wieder von vielen besonders nach unten ziehenden Gedanken überfallen.

Was mich jedoch am meisten erschreckt: Auch im Gebet, das für mich lebenswichtig geworden ist, werde ich nicht frei von dieser rasenden Gedankenaktivität. Der einzig gangbare Weg im Gebet und in der Meditation scheint mir zu sein, die Gedanken anzunehmen, wie sie kommen und gehen, und mich zwischendurch immer wieder in einer kurzen Anrufung auf Jesus Christus auszurichten."

Diese Frau hat auf ihrem nicht einfachen Weg eine Gebetsweise entdeckt, die sich „Jesusgebet" nennt. Sehen Sie hierin eine Möglichkeit, auf Dauer von den vielen quälenden Gedanken befreit zu werden? Oder erfolgt nach Ihrer Meinung bei dieser Art zu beten eher eine Verdrängung der Gedanken?

Eine mögliche Antwort aus der Wüste

Ein Bruder kam zum Altvater Poimen und sagte: „Vater, ich habe vielerlei Gedanken und komme durch sie in Gefahr." Der Altvater führte ihn ins Freie und sagte zu ihm: „Breite dein Obergewand aus und halte die Winde auf!" Er antwortete: „Das kann ich nicht!" Da sagte der Greis zu ihm: „Wenn du das nicht kannst, dann kannst du auch deine Gedanken nicht hindern, zu dir zu kommen. Aber es ist deine Aufgabe, ihnen zu widerstehen!" (97)

Impulse aus der Heiligen Schrift

„Es gibt keinen Menschen, der Macht hat über den Wind, sodass er den Wind einschließen könnte."
(Kohelet 8,8a)

„Was dir zugewiesen ist, magst du durchforschen, doch das Verborgene hast du nicht nötig. Such nicht hartnäckig zu erfahren,

was deine Kraft übersteigt.
Es ist schon zu viel, was du sehen darfst.
Vielfältig sind die Gedanken der Menschen,
schlimmer Wahn führt in die Irre."
(Jesus Sirach 3,22–24)

„Sorgt euch um nichts, sondern bringt in jeder Lage betend
und flehend eure Bitten mit Dank vor Gott. Und der Friede
Gottes, der alles Verstehen übersteigt, wird eure Herzen
und eure Gedanken in der Gemeinschaft mit
Christus Jesus bewahren."
(Philipperbrief 4,6–7)

„Die Waffen, die wir bei unserem Feldzug einsetzen, sind nicht
irdisch, aber sie haben durch Gott die Macht, Festungen zu
schleifen; mit ihnen reißen wir alle hohen Gedankengebäude
nieder, die sich gegen die Erkenntnis Gottes auftürmen. Wir
nehmen alles Denken gefangen, sodass es Christus gehorcht."
(2. Korintherbrief 10,4–5)

ABTÖTEN ...

Auf dem Weg zum Priestertum wollte ich alles gut, ja, besonders gut machen. Und ich arbeitete ebenso daran, ein guter Mensch zu sein oder es zu werden. Da es mir erst mit vierzig Jahren möglich war, den geistlichen Weg einzuschlagen, hatte ich das Gefühl, viele Jahre aufholen zu müssen, in denen ich nicht gerade spirituell gelebt hatte. Obwohl mein geistlicher Lehrer mich immer wieder zur Mäßigung und zur Erdung drängte, tat ich hinter seinem Rücken Dinge, die er – hätte er sie gewusst – bestimmt nicht gutgeheißen hätte. Von anderer Seite jedoch, ich besuchte ein Priesterseminar in Italien, wurden mir Verhaltensweisen nahe gelegt, die ich nur allzu gern übernahm. Der Wunsch, schnell weiterzukommen, und die entsprechenden Vorbilder in der Kirchengeschichte spornten mich täglich neu an. Zum langen Meditieren, Schweigen und dem wiederholten Fasten kam eine besonders aktuelle Maßnahme hinzu, die ich mit wahrer Begeisterung übte. Sie wurde den jungen Theologie-Studenten und den Priesteramts-Kandidaten mit der Bitte empfohlen, sie täglich auszuführen, doch nicht untereinander und in der Öffentlichkeit darüber zu sprechen.

Und so nahm ich über Jahre jeden Morgen ein Sitzbad von zwölf bis fünfzehn Minuten in der mit eiskaltem Wasser gefüllten Badewanne. Diese asketische Übung sollte dazu dienen, die sexuellen Begierden aufzulösen und die Sexualkraft abzutöten. Hätte ich damals gewusst, welch klare Antwort die Wüstenväter, die Schrift und die Ärzte auf die Frage nach dieser Art der Abtötung geben, hätte ich viele schmerzhafte urologische Eingriffe und einen Dauerschaden vermeiden können."

„Komme ihnen nicht nahe und berühre sie nicht, und sie entfernen sich von selbst" – sagt der Wüstenvater. Können Sie diese Art, mit sexuellen Kräften umzugehen, bei zölibatär lebenden Menschen gut heißen?
Wie ist Ihre Meinung zu dem „Abtöten dieser Lebenskräfte"?

Eine mögliche Antwort aus der Wüste
Wiederum fragte ihn (Abbas Poimen) ein Bruder: „Was mache ich mit den nutzlosen Begierden, die ich habe?" Er antwortete: „Wer es mit den Begierden dieser Welt hält, der ist ein Mensch, der bis zum Sterben schläft. Komme ihnen nicht nahe und berühre sie nicht, und sie entfernen sich von selbst." (98)

Impulse aus der Heiligen Schrift
„Wenn sie aber nicht enthaltsam leben können, sollen sie heiraten. Es ist besser zu heiraten, als sich in Begierde zu verzehren."
(1. Korintherbrief 7,9)

„Denn er, der gesagt hat: Du sollst nicht die Ehe brechen!,
hat auch gesagt: Du sollst nicht töten! Wenn du nicht die Ehe
brichst, aber tötest, hast du das Gesetz übertreten. Darum
redet und handelt wie Menschen, die nach dem Gesetz der
Freiheit gerichtet werden. Denn das Gericht ist erbarmungslos
gegen den, der kein Erbarmen gezeigt hat. Barmherzigkeit aber
triumphiert über das Gericht.“
(Jakobusbrief 2,11–13)

„Denn die Gnade Gottes ist erschienen, um alle Menschen
zu retten. Sie erzieht uns dazu, uns von der Gottlosigkeit
und den irdischen Begierden loszusagen und besonnen,
gerecht und fromm in dieser Welt zu leben.“
(Titusbrief 2,11–12)

„Ihr habt gehört, dass zu den Alten gesagt worden ist:
Du sollst nicht töten; wer aber jemand tötet,
soll dem Gericht verfallen sein.“
(Matthäus 5,21)

RUHE SUCHEN ...

Durch den Unfalltod meines Mannes bin ich in eine schwere Krise geraten. Erst jetzt weiß ich, was er mir in den Jahren unserer Ehe alles abgenommen hat. Neben den vielen Überweisungen für Telefon, Strom, Versicherungen usw. hat er versucht, jede Unannehmlichkeit von mir fern zu halten. Ich schäme mich, dass ich dies erst so spät erkenne und nicht mehr in der Lage bin, mich entsprechend dankbar zu zeigen. Ich fühle mich wie vor einem riesigen Berg stehend, über den ich nicht hinwegschauen kann.

Als ich ein Buch über das Ruhegebet las, entschloss ich mich, einen Einführungskurs zu belegen. Meine ersten Erfahrungen, in dieser so ganz einfachen Art zu beten, waren erstaunlich gut. Auch meine ich, den theologischen Hintergrund verstanden zu haben und vor allem, dass tiefe Ruhe heilsam für Körper, Geist und Seele ist. In unserer Gruppe treffen wir uns zweimal im Monat, um zusammen zu beten und zu schweigen. Ich darf sagen: Diese Treffen tun mir außerordentlich gut und ich möchte sie auch nicht missen. Die Erfolge jedoch, die uns der Kursleiter in Aussicht gestellt hat, in allem ruhiger und gelassener zu werden und neue Lebenskraft zu empfangen, sind bei mir noch nicht eingetreten. Der Berg an unerledigten Aufgaben steht genau wie früher unüberschaubar vor mir. Ich weiß, dass ich viel Zeit benötige und Geduld, und doch habe ich mir vom Ruhegebet eine schnellere Hilfe versprochen. Oder mag es sein, dass die hohen Erwartungen, die ich von Anfang an hatte, hemmend im Wege stehen? Wann kehrt endlich die Ruhe und Zufriedenheit wieder bei mir ein, die ich im Zusammensein mit meinem Mann empfunden habe?"

Trotz des Ruhegebetes findet diese Frau noch nicht die erhoffte Ruhe. Was wird sie nachzuholen haben? Was müsste sie tun oder lassen, um im Gebet eher tiefere Ruhe zu finden?

Eine mögliche Antwort aus der Wüste

Ein Bruder saß in der Kellia und durch die Einsamkeit kam er in Unruhe. Er ging zum Altvater Theodor von Pherme und sagte es ihm. Da belehrte ihn der Greis: „Wohlan, demütige dein Denken, ordne dich unter und bleibe bei den anderen." Er kam wieder zum Altvater zurück und eröffnete ihm: „Auch unter den Menschen finde ich keine Ruhe!" Der Alte sagte darauf: „Wenn du allein nicht zur Ruhe kommst und auch unter den anderen nicht, wozu bist du dann ein Mönch geworden? Etwa nicht, um Bedrängnis zu dulden? Sage mir, wie viele Jahre trägst du eigentlich das Mönchsgewand?" Er sagte: „Acht!" Da sagte nun der Greis: „Wirklich, ich zähle siebzig Jahre in diesem Kleide, und keinen Tag habe ich Ruhe gefunden – und du mit deinen acht verlangst Ruhe zu haben?" Als der Bruder das hörte, ging er gestärkt davon. (99)

Impulse aus der Heiligen Schrift

„Nur in Umkehr und Ruhe liegt eure Rettung,
nur Stille und Vertrauen verleihen euch Kraft."
(Jesaja 30,15)

„Der Herr antwortete: Mein Angesicht wird mitgehen,
bis ich dir Ruhe verschafft habe."
(Exodus 33,14)

„Denn ihr seid bis jetzt nicht in die Ruhe und in den
Erbbesitz eingezogen, die der Herr, dein Gott, dir gibt."
(Deuteronomium 12,9)

„Kommt alle zu mir, die ihr euch plagt und schwere Lasten
zu tragen habt. Ich werde euch Ruhe verschaffen. Nehmt
mein Joch auf euch und lernt von mir; denn ich bin gütig
und von Herzen demütig; so werdet ihr Ruhe finden
für eure Seele."
(Matthäus 11,28–29)

„Darum lasst uns ernsthaft besorgt sein, dass keiner von euch
zurückbleibt, so lange die Verheißung, in das Land seiner Ruhe
zu kommen, noch gilt. Denn wer in das Land seiner Ruhe
gekommen ist, der ruht auch selbst von seinen Werken aus,
wie Gott von den seinigen."
(Hebräerbrief 4,1.10)

RUHE FINDEN ...

In einem Benediktinerkloster besuchte ich einen Kursus zur Einübung in das Ruhegebet. Dort in der Stille und weit weg von meinem Zuhause spürte ich bereits nach kurzem Üben eine tiefe Ruhe in mir und war frei von störenden Gedanken. Doch jetzt, wo ich wieder voll in meinen Alltag eingespannt bin, ist nichts mehr von dieser wunderbaren Ruhe zu spüren, und beim Üben reiht sich ein Gedanke an den anderen. Ich habe wohl nicht richtig verstanden, wie ich während des Ruhegebetes mit den aufsteigenden Gedanken umgehen soll. Ich konnte Kontakt mit einem Spiritual aufnehmen, der mir Folgendes riet:

,Wenn Sie Erwartungen an das Ruhegebet haben, sind Sie in gewisser Weise bereits blockiert und nicht mehr offen für den, der uns seinen Willen und seine Liebe kundtun möchte. Gehen Sie daher immer wieder unbekümmert und vorbehaltlos in das Gebet. Als Erstes wird durch das Ruhegebet der Weg frei gemacht für eine Begegnung des Himmels mit der Erde. Sie erfolgt an dem geheimsten Ort der Schöpfung, in Ihrer Seele. Haben Sie Geduld – wie auch der Schöpfer unendliche Geduld mit uns hat. Wenn Sie auch das Empfinden haben, dass nichts mit Ihnen geschieht, so geschieht doch viel. Kommen Gedanken während des Ruhegebetes, so schenken Sie ihnen keine Aufmerksamkeit, damit sie nicht Gewalt über Sie gewinnen. Geben Sie immer dem Gebet den Vorrang und lassen die

Gedanken kommen und gehen. Jegliche Anstrengung, die Gedanken zu verdrängen, ist fehl am Platz. Wenden Sie sich immer wieder dem Gebet und damit der Anrufung Gottes zu, werden die Gedanken von selbst schwinden. Wenn Sie Ihr Beten nicht als solches erleben, so geschieht doch gerade während des Ruhegebetes etwas sehr Wesentliches. Der Weg in eine größere Glaubenstiefe und damit in die Nähe Gottes wird von den Schlacken befreit, um die Liebe des Schöpfers zu uns neu empfangen zu können."

Welche Worte des Geistlichen sind für Sie und für Ihren Gebetsweg von besonderer Bedeutung? Welche Art zu beten kommt Ihnen am ehesten entgegen? Können Sie das Wesentliche Ihres Betens kurz beschreiben?

Eine mögliche Antwort aus der Wüste
Ein Bruder fragte einst einen Altvater: „Meine Gedanken irren ständig umher, und das macht mich betrübt." Dieser antwortete ihm: „Bleib nur in deiner Zelle, und deine Gedanken werden sich wieder sammeln. Denn so wie das Füllen einer Eselin, wenn diese irgendwo angebunden wird, bald dahin, bald dorthin springt, aber doch immer wieder zu seiner Mutter zurückkehrt, so werden auch die Gedanken dessen, der Gottes wegen geduldig in seinem Kellion bleibt, auch wenn sie herumschweifen, dennoch wieder zu ihm zurückkehren." (100)

Impulse aus der Heiligen Schrift

„Bittet, dann wird euch gegeben; sucht,
dann werdet ihr finden; klopft an, dann wird euch geöffnet.
Denn wer bittet, der empfängt; wer sucht, der findet;
und wer anklopft, dem wird geöffnet."
(Matthäus 7,7–8)

„Wir haben ihm (dem Sohn Gottes) gegenüber die Zuversicht,
dass er uns hört, wenn wir etwas erbitten,
das seinem Willen entspricht."
(1. Johannesbrief 5,14)

„Komme ich nach Hause,
dann werde ich bei ihr (der Weisheit) ausruhen;
denn der Umgang mit ihr hat nichts Bitteres,
das Leben mit ihr kennt keinen Schmerz,
sondern nur Frohsinn und Freude."
(Weisheit 8,16)

„Der Herr antwortete: Mein Angesicht wird mitgehen,
bis ich dir Ruhe verschafft habe."
(Exodus 33,14)

KLEINES LEXIKON

Abbas   Vater, Oberhaupt, Lehrer; auch „der Alte"
oder „der Greis"
Ehrentitel für einen geachteten Einsiedler
und Mönch

Altvater   Reifer, erfahrener Mönch, der andere geist-
lich begleitet

Amma   Ehrentitel für eine geistbegabte und in der
Lebensweisheit erfahrene Einsiedlerin

Anachoret   Mönch, der sich völlig isoliert in unbe-
wohnte Gegenden zurückgezogen hat

Apophthegmata Sinnspruch, kurzes Wort, das ein Altvater
zu einem Ratsuchenden sagt
Wesentliche Überlieferungen der sketischen
Mönche von der Mitte des 4. bis zur Mitte
des 5. Jahrhunderts

Archemandrit Oberer eines Klosters. Bezeichnung aus
Mesopotamien

Askese   Selbstgewählte Enthaltsamkeit, die auf eine
übergeordnete Dimension, auf Gott, aus-
gerichtet ist

Hesychia   Herzensruhe, Zustand der meditativen Ruhe
und Stille. Ein Ruhen aller Anfechtungen
und Wünsche, vor allem des eigenen
Willens; ein ganz in Gott Versenktsein

Hesychasmus Beten in der Herzensruhe ohne viele Worte

Kellia Gebiet zwischen Nitria und Sketis mit besonders vielen Behausungen von Einsiedlern

Kellion Behausung der Einsiedler in einfachster Form. Zelle, eventuell auch mehrere Räume

Koinobion Klosterähnliche Wohngemeinschaft von Mönchen, räumlich und asketisch unter einheitlicher Leitung

Nitria, Nitrische Wüste Nordwestlicher Teil des Natrontales. Trotz des nahen Salzsees gibt es dort Süßwasserquellen

Pelusium Ort 38 km südöstlich von Port Said; heutige Bezeichnung: Tell Farama

Sketis, Sketische Wüste Wüstenbecken im Anschluss an das Natrontal. Zentrum der Wüstenväter

Thebais, Thebaische Wüste Gebiet in Oberägypten – in der Gegend von Luxor

QUELLENNACHWEIS

Apophthegmata Patrum = ApP

1   Franz Dodel, Weisung aus der Stille, 100.
     (Rhomaios, 2, ApP, 800)
2   Franz Dodel, Weisung aus der Stille, 45. (Matoe 13, ApP, 525)
3   Abbas Agathon, ApP, 112.
4   Abbas Poimen, ApP, 729.
5   ApP, 1109. (Aus der lateinischen Überlieferung von
     H. Rosweyde)
6   Abbas Poimen, ApP, 585.
7   Abbas Poimen, ApP, 596.
8   Abbas Spyridon, ApP, 881.
9   Abbas Moses, ApP, 496.
10   Abbas Johannes Kolobos, ApP, 322.
11   Über den Heiligen Ephraem, ApP, 215.
12   L. Legnault, Les senteuces des péres du dèsert, N592/50.
     (Deutsche Übersetzung: Anselm Grün, Einreden, 61)
13   Abbas Achilas, ApP, 127.
14   Abbas Longinos, ApP, 449.
15   Abbas Poimen, ApP, 757.
16   Gerd Heinz-Mohr, Weisheit aus der Wüste, 42.
17   Abbas Antonios, ApP, 18.
18   Abbas Sisoes, ApP, 854.
19   Abbas Poimen, ApP, 607.
20   Abbas Euprepios, ApP, 224.
21   Franz Dodel, Weisung aus der Stille, 51. (Lot 2, ApP, 448)
22   ApP, 990. (Aus der lateinischen Überlieferung von H. Rosweyde)
23   Johannes Kolobos, ApP, 331.

24   Abbas Olympios, ApP, 572.
25   Abbas Theodor von Pherme, ApP, 271.
26   Abbas Moses, ApP, 495.
27   Abbas Ammonas, ApP, 117.
28   Abbas Arsenios, ApP, 49.
29   Abbas Poimen, ApP, 688.
30   Abbas Isaak, der Thebäer, ApP, 422.
31   Abbas Poimen, ApP, 666.
32   ApP, 1133. (Aus der lateinischen Überlieferung von
     H. Rosweyde)
33   Abbas Poimen, ApP, 684.
34   Sprüche der Väter. Herausgegeben von P. Bonifatius, 190.
35   Bischof Epiphanios von Kypern, ApP, 199.
36   Abbas Antonios, ApP, 21.
37   ApP, 1123. (Aus der lateinischen Überlieferung von
     H. Rosweyde)
38   Abbas Nikon, ApP, 563.
39   Abbas Sisoes, ApP, 841.
40   ApP, 997. (Aus der lateinischen Überlieferung von H. Rosweyde)
41   Abbas Antonios, ApP, 10.
42   Abbas Poimen, ApP, 675.
43   Friedrich Nau, Histoires des solitaires égyptiens.
     Apophthegmes des Saint Vieillards, 257.
44   Abbas Poimen, ApP, 636 und 637.
45   Abbas Sisoes, ApP, 804.
46   ApP, 1065. (Aus der lateinischen Überlieferung
     von H. Rosweyde)
47   Abbas Kassian, ApP, 429.
48   Abbas Xoios, ApP, 566.
49   Abbas Gerontios, ApP, 182.
50   Friedrich Nau, Histories des solitaires égyptiens.
     Apophthegmes des Saint Vieillards, 169.
51   Amma Synkletika, ApP, 900.
52   ApP, 1092. (Aus der lateinischen Überlieferung
     von H. Rosweyde)
53   Peter Dyckhoff, Das Ruhegebet. Einübung nach Cassian, 35.

54   Abbas Antonios, ApP, 29.
55   ApP, 999. (Aus der lateinischen Überlieferung von H. Rosweyde)
56   Abbas Johannes Kolobos, ApP, 327.
57   Abbas Poimen, ApP, 701.
58   Abbas Sisoes, ApP, 822.
59   Friedrich Nau, Histories des solitaires égyptiens.
      Apophthegmes de Saint Vieillards, 340.
60   Abbas Johannes Kolobos, ApP, 340 und 350.
61   Amma Theodora, ApP, 314.
62   Abbas Poimen, ApP, 749.
63   Abbas Theodor von Eleutheropolis, ApP, 301.
64   Abbas Antonios, ApP, 15.
65   Abbas Theodor von Pherme, ApP, 276.
66   Abbas Agathon, ApP, 90.
67   Abbas Poimen, ApP, 592.
68   Abbas Poimen, ApP, 618.
69   Abbas Poimen, ApP, 685.
70   ApP, 1046. (Aus der lateinischen Überlieferung
      von H. Rosweyde)
71   ApP, 954. (Aus der lateinischen Überlieferung von H. Rosweyde)
72   Abbas Johannes Kolobos, ApP, 316.
73   Abbas Josef Panepho, ApP, 391.
74   Abbas Ammonas, ApP, 118.
75   Abbas Achilas, ApP, 124.
76   Abbas Ammonas, ApP, 122.
77   Benedicta Ward, The Desert of the Heart, 54 – 55. (ApP 765)
78   Abbas Kassian, ApP, 431.
79   Abbas Arsenios, ApP, 64.
80   Abbas Arsenios, ApP, 67.
81   ApP, 949. (Aus der lateinischen Überlieferung von H. Rosweyde)
82   Abbas Theodor von Pherme, ApP, 295.
83   Les sentences des pères du dèsert. Nouveau recuiel, N518.
      Deutsche Übersetzung: Anselm Grün. Geistliche Begleitung bei
      den Wüstenvätern, 54.
84   Abbas Johannes Kolobos, ApP, 332.
85   Abbas Johannes Kolobos, ApP, 317.

86   ApP, 1074 und 1076. (Aus der lateinischen Überlieferung
      von H. Rosweyde)
87   Jean-Claude Guy, Recherches sur la tradition grecque
      des Apophthegmata Patrum, Poimen 2.
88   ApP, 1182. (Aus der lateinischen Überlieferung
      von H. Rosweyde)
89   Abbas Poimen, ApP, 743.
90   Abbas Poimen, ApP, 683.
91   Abbas Matoe, ApP, 523.
92   Abbas Silvanos, ApP, 860.
93   Abbas Poimen, ApP, 748.
94   Abbas Poimen, ApP, 655.
95   Amma Theodora, ApP, 311.
96   Abbas Makarios, der Ägypter, ApP, 472.
97   Abbas Poimen, ApP, 602.
98   Abbas Poimen, ApP, 697.
99   Abbas Theodor von Pherme, ApP, 269.
100   ApP, 1144. (Aus der lateinischen Überlieferung
      von H. Rosweyde)

LITERATUR

Primär-Literatur

Apophthegmata Patrum. Weisung der Väter: Eingeleitet und übersetzt von Bonifaz Miller. Sophia. Quellen östlicher Theologie. Band 6. Freiburg 1965.

Apophthegmata Patrum: Lateinische Überlieferung: Vitae patrum und Verba seniorum von H. Rosweyde. In: Patrologia, Series Latina. Herausgegeben von J. P. Migne. Paris 1878–1890.

Apophthegmata Patrum. Sprüche der Väter: Herausgegeben und übersetzt von Pater Bonifatius OSB. Mönch von Chevtogne. Graz, Wien, Köln 1963.

C.M. Batle: Die Adhortaniones Sanctorum Patrum (Verba seniorum) im lateinischen Mittelalter. Münster 1972.

Wilhelm Bousset: Apophthegmata. Textüberlieferung und Charakter der Apophthegmata patrum. Tübingen 1923.

Jean – Claude Guy: Les Apopthègmes des Pères du Désert. Série alphabétique. o. A. 1968.

Friedrich Nau: Histoires des solitaires égyptiens. Apophthegmes des Saint Vieillards. In: Revue de l'Orient Chrétien (ROC) t. 12 – 18. 1907 – 1913.

L. Regnault: Les sentences des pères du dèsert. Nouveau recueil. Solesmes 1977.

Benedikta Ward: The Desert of the Heart. Daily Readings with the Desert Fathers. Cistercian Publications. Kalamazoo 1975.

Sekundär-Literatur

Berthold Altaner und Alfred Stuiber: Patrologie. Leben, Schriften und Lehre der Kirchenväter. Freiburg[8] 1978/1993.

Antonios der Große: Stern der Wüste. Ausgewählt, übersetzt und vorgestellt von Hans Hanakam. Texte zum Nachdenken. Band 1625. Freiburg 1989.

Athanasius: Vita Antonii. Herausgegeben und eingeleitet von Adolf Gottfried. Übersetzt von Heinrich Przybyla. Graz, Wien, Köln 1987.

Corona Bamberg: Geistliche Führung im frühen Mönchtum. In: Geist und Leben 54. 1981, 276–292.

Regina Bäumer und Michael Plattig: Aufmerksamkeit ist das natürliche Gebet der Seele. Geistliche Begleitung in der Zeit der Wüstenväter und der personenzentrierte Ansatz nach Carl R. Rogers – eine Seelenverwandtschaft?! Würzburg 1998.

I. Baumgartner: Pastoralpsychologie. Einführung in die Praxis heilender Seelsorge. Düsseldorf 1990.

Margot Bickel: Die Wüste befreit. Freiburg[15] 1996.

H. Bone: Buch der Altväter oder Bilder und Sprüche aus dem Leben der Einsiedler. Paderborn 1863.

E. A. W. Budge: The Wit and Wisdom of the Christian Fathers of Egypt. London 1934.

Gabriel Bunge: Akedia. Die geistliche Lehre des Evagrios Pontikos vom Überdruß. Köln 1989.

–: Geistliche Vaterschaft. Christliche Gnosis bei Evagrios Pontikos. Regensburg 1988.

Émile Michel Cioran: Dasein als Versuchung. Stuttgart[2] 1993.

–: Gedankendämmerung. Frankfurt 1995.

Des hl. Abtes Dorotheus Geistliche Gespräche. Übersetzt von B. Hermann. Kevelaer 1928.

Die Wüste lehrt das Leben neu. Hundert Worte über die Weisheit der Wüste. Herausgegeben von Matthias Kopp. München 2000.

Franz Dodel: Weisung aus der Stille. Sitzen und Schweigen mit den Wüstenvätern. Zürich und Düsseldorf 1999.

G. Dörries: Zur Apophthegmataforschung. Wort und Stunde 1. Göttingen 1966.

Peter Dyckhoff: Das Ruhegebet. Einübung nach Cassian. München[4] 1995.

–: Himmlische Gedanken. Die Kraft mystischer Weisheit. München 1996.

–: Über die Brücke gehen. Exerzitien im Alltag nach Petrus von Alcántara. München 2001.

Evagrius Ponticus: Praktikos. Über das Gebet. Übersetzung und Einleitung von John Eudes Bamberger OCSO. Aus dem Englischen übersetzt von Guido Joos. Schriften zur Kontemplation. Band 2. Münsterschwarzach 1986.

–: Briefe aus der Wüste. Übersetzt und eingeleitet von Gabriel Bunge. Trier 1986.

–: Der Mönch. Hundert Kapitel über das geistliche Leben. Herausgegeben von Gabriel Bunge. Köln 1989.

Suso Frank: Mönche im frühchristlichen Ägypten. Aus dem Griechischen übersetzt, eingeleitet und erklärt. Düsseldorf 1967.

Anselm Grün: Einreden. Der Umgang mit den Gedanken. Münsterschwarzacher Kleinschriften, Band 19. Münsterschwarzach 1982.

–: Der Himmel beginnt in dir. Das Wissen der Wüstenväter für heute. Freiburg 1999.

–: Der Weg durch die Wüste. Münsterschwarzach 2001.

–: Geistliche Begleitung bei den Wüstenvätern. Münsterschwarzacher Kleinschriften, Band 67. Münsterschwarzach 1991.

A. Guillaumont: Die Wüste im Verständnis der ägyptischen Mönche. In: Geist und Leben 54. 1981, 121–137.

Jean-Claude Guy: Recherches sur la tradition grecque des Apophthegmata Patrum. Bruxelles 1984.

Daniel Hell: Die Sprache der Seele verstehen – Die Wüstenväter als Therapeuten. Freiburg 2002.

Karl Heussi: Der Ursprung des Mönchtums. Aalen 1981. Neudruck der Ausgabe Tübingen 1936.

Historia Lausiaca des Palladius von Helenopolis Leben der Heiligen Väter. In: Bibliothek der Kirchenväter. Herausgegeben von O. Bardenhewer. Band 5. Kempten, München 1912.

Heinrich Holze: Erfahrung und Theologie im frühen Mönchtum. Untersuchungen zu einer Theologie des monastischen Lebens bei den ägyptischen Mönchsvätern, Johannes Cassian und Benedikt von Nursia. Göttingen 1992.

–: Schweigen und Gotteserfahrung bei den ägyptischen Mönchsvätern. In: Erbe und Auftrag 69. 1993, 314–321.

Johannes Kassianus: Das Glutgebet. Zwei Unterredungen aus der sketischen Wüste. Ausgewählt, übertragen und kurz erläutert von Emmanuel von Severus, Mönch der Abtei Maria Laach. Düsseldorf 1966.

H. Koch: Quellen zur Geschichte der Askese und des Mönchtums in der alten Kirche. Tübingen 1933.

Lebenshilfe aus der Wüste. Die alten Mönchsväter als Therapeuten. Ausgewählt und eingeleitet von Gertrude und Thomas Sartory. Texte zum Nachdenken. Band 763. Freiburg⁵ 1987.

Gregory Mayers: Weisheit aus der Wüste. Schriften zur Kontemplation, 12. Münsterschwarzach 1998.

Thomas Merton: Die Weisheit der Wüste. Frankfurt 1999.

Walter Nigg: Vom Geheimnis der Mönche. Zürich 1953.

Y. Nomura: Desert Wisdom. Sayings from the Desert Fathers. Garden City 1988.

Palladius: Historia Lausiaca. Die frühen Väter in der Wüste. Herausgegeben und übersetzt von Jaques Laager. Zürich 1987.

Uta Ranke-Heinemann: Das frühe Mönchtum. Seine Motive nach den Selbstzeugnissen. Essen 1964.

Norman Russell: The Lives of the Desert Fathers. The Historia Monachorum in Aegypto. Cistercian Publications. Kalamazoo 1980.

Michael Schneider: Aus den Quellen der Wüste. Die Bedeutung der frühen Mönchsväter für eine Spiritualität heute. Köln² 1989.

Katharina Schuth: Die Tore des Gebetes sind niemals geschlossen. Die Wüstenväter und ihr unablässiges Beten. Theologie der Spiritualität, Beiträge, Band 3. Münster 2001.

C. Steward: The World of the Desert Fathers. Fairacres Oxford 1986.

Weg und Wort der Väter. Sprüche altchristlicher Mönche. Ausgewählt, übersetzt und eingeleitet von Gerhard Steege. Berlin 1964.

Weisheit aus der Wüste. Worte der frühen Christen. Herausgegeben von Gerd Heinz-Mohr. Köln 1985.

Weisheit der Väter. Ein Kirchenväter-Brevier. Herausgegeben von Heinz Kraft. Hamburg 1957.

Weisheit der Wüstenväter. Auswahl religiöser Quellenschriften. Herausgegeben von Uta Ranke-Heinemann. Düsseldorf 1958.

Peter Dyckhoff

Immer wieder wurde Peter Dyckhoff gebeten, über sein Leben, seine recht „unüblichen" Stationen und seine Erfahrungen zu schreiben – und immer wieder winkte er ab: „Wen interessiert das schon?", war seine Standard-Antwort. Zu seinem 65. Geburtstag ist es gelungen, dieses Anliegen „durch die Hintertür" zu realisieren. Mit dem Argument, einige Begegnungen in seinem Leben könnten vielen Menschen Hilfe zur Selbsthilfe sein, ließ er sich überzeugen. Aber: „Die offenen Fragen müssen die Leserinnen und Leser für sich selbst beantworten – ich gebe nichts vor", ist seine Einstellung.

Wenn Sie dieses Buch lesen und sich mit den Fragen beschäftigen, werden Sie nicht nur einige Weichenstellungen und Stationen im Leben von Peter Dyckhoff kennen lernen und erfahren, was ihn besonders bewegte – Sie werden vor allem Impulse für Entscheidungen in Ihrem eigenen Leben erhalten.

Peter Dyckhoff:
- Geb. 19. August 1937 in Rheine/Westfalen
- Studium der Psychologie an der Westfälischen Wilhelms-Universität Münster
- 1964–1976: Geschäftsführer des elterlichen Industriebetriebes in Rheine
- Begegnung mit fernöstlichen Religionen und Meditationsfomen
- 1977: Theologie-Studium; anschließend Priesterweihe in Brixen/Südtirol
- Tätigkeit als Kaplan und Krankenhaus-Seelosorger in Bruneck/Südtirol
- Wallfahrts- und Krankenhausseelsorger in Kevelaer/Niederrhein
- Gemeindepfarrer in Adlum bei Hildesheim
- Gründung und Leitung des bischöflichen Bildunghauses „Haus Cassian"
- Kurs-, Vortrags- und Exerzitienarbeit
- Verfassen zahlreicher Bücher und Publikationen zur christlichen Gebets-, Meditations- und Exerzitienpraxis